LIXIANG KETANG DE SAN CHONG JINGJIE

理想课堂的三重境界

——干国祥的教研教改

干国祥　著

漓江出版社

·桂林·

图书在版编目（CIP）数据

理想课堂的三重境界：干国祥的教研教改 / 干国祥著 . -- 桂林：漓江出版社，2022.12
ISBN 978-7-5407-9296-1

Ⅰ . ①理… Ⅱ . ①干… Ⅲ . ①课堂教学—教学研究 Ⅳ . ① G424.21

中国版本图书馆 CIP 数据核字（2022）第 158434 号

理想课堂的三重境界
——干国祥的教研教改

作　　者　干国祥

出 版 人　刘迪才
策划统筹　文龙玉
责任编辑　章勤璐
助理编辑　肖　霞
书籍设计　石绍康
营销编辑　李　蕊
责任监印　黄菲菲

出版发行　漓江出版社有限公司
社　　址　广西桂林市南环路 22 号
邮　　编　541002
发行电话　010-65699511　0773-2583322
传　　真　010-85891290　0773-2582200
邮购热线　0773-2582200
网　　址　www.lijiangbooks.com
微信公众号　lijiangpress

印　　制　大厂回族自治县聚鑫印刷有限责任公司
开　　本　710 mm × 960 mm　1/16
印　　张　17.5
字　　数　260 千字
版　　次　2022 年 12 月第 1 版
印　　次　2022 年 12 月第 1 次印刷
书　　号　ISBN 978-7-5407-9296-1
定　　价　49.80 元

目录

第二章　理想课堂的三重境界

第三章　有效教研范式

前言：向世界开一朵自己的花
——迈向真正的课堂

放弃漫步，练习舞步——用新教育有效教学框架约束自己、规范自己，以期达到教育的自由之境，即从心所欲而不逾矩。

从习惯于讨论“怎么教”，回溯到先讨论“教什么”。

从“教什么”追问到“文本的核心价值”，其核心价值侧重在内容所蕴含的人文价值，还是形式所蕴含的表达价值，或者是可提供做某种操练用的材料价值，这三者，其实就是把教学内容分别侧重于精神思想、表达智慧、阅读程序。

从“文本的核心价值”的辨析开始，区分不同的文体，以及两类经典——文化经典与教材典型。前者如《枫桥夜泊》，后者如《中国石拱桥》。

不仅知其然（形式），而且知其所以然（本质）。不仅读懂这个文本（内容＋形式），而且在读懂的过程中努力走向学会学习（程序、方法）。

课文无非是个例子，这个例子能够说明哪些“道理”（语文知识）？

课文不仅仅是某个道理的举例，它还是一个语文全息图，包容了几乎全部层面的语文问题。

我们真正关注的，不是一堂课，而是整个课程。

课程，就是我们行走的这段旅程中的全部：意愿、计划、资源、行动、反思、建构下的经验。课程就是“道”，就是我们用脚走出来的道路。

课程，就是通过这条道路，走向道路终端的那个人，也就是我们的思考。

理论是灰色的，一朵绽放的花里有一千个未说出的真理。敬畏并服从于事实，理论只是帮助我们理解事实的工具。

我们的艰苦练习只为向世界开出一朵属于自己的花，在那朵花里有着所有经历并深切感受过的词语与理论，但永远不会有一个词语，能够解释它的全部。它既是一个全息的文本，又是一首关于存在意义的诗。

引言：怎样的课才是一堂好课

标志着新教育实验开始转型的2006年北京研讨会对“构筑理想课堂”这个项目的介绍是：“通过创设一种平等、民主、和谐、愉悦的课堂氛围，将人类文化知识与学生的生活体验有机结合起来，追求高效课堂与个性课堂。”

作为教师，有一个问题将一直存在于我们的职业生涯中，而且往往是直到我们离开讲台退休时，仍然没能获得一个明确的答案。

这个问题就是：怎样的课才是一堂好课？

有时候，课堂上学生喜悦的眼神、课后同事的赞誉会把我们推到人生的极乐时刻，让我们获得一种罕有的成就感。但更多时候，我们却深陷于机械、枯燥、刻板以及自我怀疑之中，觉得世界上再没有比教学更难琢磨、更难把握的事情了。课堂教学的技艺究竟是否存在，如何获得？如果说它是一项技术，为何师范院校及培训机构却没有传授这项技术的课程？如果说它是一门艺术，为何更多的时候，旨在促进生命成长的课堂，却显得比任何其他人类活动都更死气沉沉？

为了解决同样的难题，几十年来，我们绝大多数学校的教研活动，基本上聚焦于“听课”这种教师课堂行为观察及改进的教研方式上。占据这种教研活动的课堂话语，同时也是教育杂志、面向一线教师的各种培训及会议、校际和学区的教研活动上最为流行的课堂话语。这种话语基本上围绕一个焦点而展开，这个焦点就是：怎样在众人面前上出一堂精彩的、打动人的、吸引人的好课？

这就是几十年来课堂教学研究的最主要范式，其极端的表现形式，就是讲台上的公开课。

公开以便观摩的课堂，是教学行为得以研讨的前提，也是年轻教师走上讲台最好的范例。事实上，这种公开的观摩活动，对广大教师的课堂教学影响极大，其积极意义不容否认。但是，大家也都清楚一个事实，就是这种课堂话语中所探讨的，并非一般意义上的教学内容，研究指向的并非普通的、日常的课堂教学，而是特指优质课比赛、公开课展示所需要的那种特定的课。一位老师坦诚地认为，“选公开课，第一感觉最是要紧；没感觉的课文，千万碰不得”。也就是说，为了上好这种课，教材是特选的，课堂教学流程是反复演练的，现场效果被提高到至佳的地步。

这意味着，百分之九十的教研活动，是用于研究几乎只占百分之一的特殊课——每位老师每个学期上一堂公开课，这堂课与日常教学关系并不大，日常的课堂教学事实上并未按照这种公开课的模式在进行。也因此，日常课堂教学究竟如何操作，怎样真正有效地提高教育教学质量，这些问题就被简单粗率地斥为应试教育推下了桌面，只能成为一种潜话语，从而形成了“明说优质课、暗搞题海战”的潜规则。这样，在公开表演课占据公开的、桌面上的话语的同时，应试教育的题海战术成为更日常的、更为普遍的学校课堂教学事实话语，成为真正统治课堂教学的潜台词与潜规则。这套从来没有在杂志上公开宣告自己的话语，事实上每一个教师都心知肚明，虽然几乎没有人会宣称它的合法性。

显然，以上两种课堂话语，都不是我们今天所要讨论的，也不是我们想要的构筑理想课堂的话语。值得关注的是最近几年里，有两种新的课堂教学话语，正在被越来越多的学校及教师所接受。它们分别是以洋思、杜郎口等学校为代表的本土校本课堂改革话语，和以王荣生、顾泠沅等人为代表的课程理论＋实验话语。

继承公开课所想解决的疑难问题，洋思、杜郎口等学校的课堂改革话语，主要着力点仍然是课堂程式的改革，但这次他们想改变的，不是某一堂课，而是每一堂课。改革者试图通过课堂教学流程的最优化，让所有课堂、所有学科取得显著的成效。目前这种课堂教学改革的势力堪称一股热潮，而且因为从教师的表演改变为学生的学习，从少数课的卓越表演改变为追求每一堂课的实效，它已经取得了令人瞩目的成就，值得我们关注，并致以敬意。

而继承几十年来的课堂教学理论研究，参照国外的课程及教学理论，许多学院派研究者已经更为密切地参与课程开发、校际教研以及关于课堂实践的对话。这些理论话语通过大量的国外著作的翻译，通过新课程改革的契机，更通过一些优秀研究人员的身体力行，正在逐步地渗透到课堂上。但显然，这种话语是以上几种课堂话语中最为复杂的；对一线老师而言，是较难理解与掌握的；就目前的实际占有率来看，也是最低的。但因为这种话语的历史深度以及科学的态度，我们可以乐观地推断，它或许是最有持久生命力的，并能对明天的课堂教学产生深远影响。

综述以上四种话语，是想对此刻正在言说的新教育课堂话语做一自我定位。新教育的构筑理想课堂，就是对以上四种话语的理解、批判性吸收，以及调和、综合与扬弃。

它想拥有公开优质课的课堂活力，但更想让活力呈现于日常的课堂中；它想拥有应试课堂话语想要的成绩，但希望是以一种人性的、人道的、科学的方式；它想像洋思、杜郎口等校本课堂改革话语一样，是简明的、基于自身的，但也希望是经得起学理解释的；它同样希望自己是能够被高度理论化的，但更是注重应用于实际课堂的。

它并不是想自诩为终极真理，也不是一定要确立如何宏大的架构，更不想唯我独尊。它希望成为当代众多课堂实践探索队伍中的一支，形成一种自我理解、自我反思与修正的关于课堂教学的话语。

当然，理论必须认识到它自身的局限，最终实际决定今天和未来课堂的，仍然不可能是理论的正确与先进，而是家长们、校长们、教育局局长们的意志，是教师的个体知识，是各个学校的历史与氛围。新教育关于理想课堂的探索与言说，只要它不想迎合市场主义，不想迎合应试大潮，不想打出一个哗众取宠的招牌以吸引盲目的人群，它就必定更多地属于未来，但这一点，也还依赖于它自己在时间中的成长。

第一章　有效教学框架

新教育有效教学框架，包含了当前诸多研究者及实践探索者的优秀成果。框架所要实现的，是一个极为远大的理想：让教学扎实、有效、有生命活力。

什么是有效教学框架

概念：

新教育有效教学框架，是新教育实验构筑理想课堂项目组在综合多门学科教学理论的基础上，将最为重要的教学元素，经过反复提炼、修改、实践确定出的一个“理想课堂教学基础模型”。

说它理想，是因为这个小小的框架，包含了当前诸多研究者及实践探索者的优秀成果。框架所要实现的，是一个极为远大的理想：让教学扎实、有效、有生命活力。

又说它只是基础，是因为这个框架本身的精微之处，必须在新教育实验理想课堂的三重境界中，才能得到进一步阐发；这个框架只有在走向完美的课堂教学实践中，才能呈现出其魅力。框架本身，仅仅如同一座神殿的地基而已。

新教育有效教学框架，可列简表，见下页。

组成：

框架主体由六部分组成：

1. 教材及教材解读（教师对教材的理解）。
2. 确定教学目标。
3. 有明确方向的预习。
4. 严谨的教学板块（左手栏）。
5. 对课堂上学生个体学习的预设与规定（右手栏）。
6. 教学反思。

上面六部分中的1、2、4，其重点在于教材和教师，主要是“教什么”

（1、2）和“怎么教”（4）这两大问题。3、5是对学生独立学习的关注，预习是确保学生拥有真正的独立学习机会，有方向的预习是确保学生的学习是朝向高处的。右手栏的设置，是提醒教师在课堂上要清楚每个环节中每个学生应该如何做，只有这样，才是进入了真正的学习状态，而不只是做旁观者。

<table>
<tr><td colspan="3">理想课堂有效教学框架____年级____（学科）教师________</td></tr>
<tr><td colspan="3">课　　题　　第____课　　课题名____________　　课时数______</td></tr>
<tr><td>教材解读</td><td colspan="2"></td></tr>
<tr><td rowspan="3">教学目标</td><td colspan="2">A类</td></tr>
<tr><td colspan="2">B类</td></tr>
<tr><td colspan="2">C类</td></tr>
<tr><td>预习作业</td><td colspan="2"></td></tr>
<tr><td colspan="2">教学板块
（注明各板块解决目标序号及所用时间）</td><td>个体学习清单</td></tr>
<tr><td colspan="2">第一板块——</td><td></td></tr>
<tr><td colspan="2">第二板块——</td><td></td></tr>
<tr><td colspan="2">第三板块——</td><td></td></tr>
<tr><td colspan="2">……</td><td></td></tr>
<tr><td colspan="3">教学反思</td></tr>
</table>

教什么与学到什么，怎么教与怎么学，这教学中的两个核心元素“教”和“学”，在理解中首先需要分开，然后才能在实践中再度整合。而第六部分教学反思，是对整个过程的省察。

作用：

一直以来，课堂都存在着这样的问题，一方面，形形色色的课堂模式层出不穷；另一方面，这些模式都高度个性化，它们既不能被移植到另外一个成熟教师身上，也不能成为大家理解的基础语言。这样一来，教师们缺乏一个关于课堂的公认的结构，一个能够反映、帮助理解课堂上师之教学、生之学习的结构。这一公共课堂话语的缺失，导致在进行课堂评议时，参与者往往自说自话，各执一词，用不同的词典解释着同一堂课，最终无法通过有效的对话，达成对教学行为的进一步认识。因此，我们需要一个既可以帮助我们有针对性地描述课堂，又能帮助我们反思课堂、讨论课堂的基本结构模型。

因此，新教育的有效教学框架，首先可以视为一个理解课堂的工具。“新教师可以把它作为‘地图’来引导自己穿越最初的教学途径；有经验的教师可以把它作为‘支架’以使自己的工作更有效率；大家可以借助它作为‘工具’，努力改善教学。”（夏洛特·丹尼尔森《教学框架—— 一个新教学体系的作用》，中国轻工业出版社，2005 年 2 月第 1 版，原著序）它将提醒上课者关注重要的课堂元素，确保有效教学，也可以提供给参与课堂观察的教师一个观察课堂的框架，以发现并能在同一话语体系中讨论一堂课的优劣得失之处。

接下来，我们将依次对前五部分进行详细的阐述，以明确如此架构的具体理由，以及初步的使用方法。

① 有效教学框架是一个基础模型。
② 它将教学过程细化为六个部分，精细到每一分钟。
③ 它针对每一堂课，而非某一堂课。
④ 它的作用是让所有参与课堂的人：教学双方，教课者与评课者都有统一体系可以参照。

小贴士

怎样解读教材

在绝大多数情况下，教材不能等同于教学内容，更不能等同于师生实际的教学实践（特别是讲过的课程）。在大多数情况下，教材只是教学内容的原材料，只是展开课程的一个凭据。

这里面的情况很复杂，但是我们可以简单描述如下：

在当前的教学现状中，教材是法定课程标准所凭借的指定材料，具有一定程度的法规性质，是相关部门认为实现课程标准的最重要工具。因此，任何学科的教学，不能轻易地置教材于不顾，或者肆意地篡改教材。

同时，当前大多数教材的编纂是仓促的，尤其是语文教材，一来历史上没有足够成熟的语文课程前例，二来因为抢占市场以及跟风等原因，语文教材的编纂往往较为粗疏与草率。如果完全依赖于没有经过实践充分验证，也没有经过学理反复推敲的教材，那么我们的学生可能达不到国家课程标准要求的学习水平，更无法期望我们的学生成为涵养深、素质高的人。

在自然科学类的学科中，教材与教学内容的一致性比较高，有时甚至能够达到教材即是理想的教学内容。而在人文类学科中，譬如语文学科，教材与教学内容的一致性非常低。教材往往只是文章选辑，而没有清晰地指明师生需要如何利用教材，更没指明利用这些教材，师生应该完成哪些教学内容，达到何种教学目的。举例而言，一首贾岛的《寻隐者不遇》，我们可以借它来学音律，也可以借它来练朗读，还可以借它来改写作文，借它来学习古诗中的意象，甚至借它来学习晚唐诗歌的特点，或者体味禅思的空幽寂静。也就是说，如果只把贾岛的这首诗放在教材中，附上一些理解这首诗的最基本的字面意思所需要的习题，那么事实上我们面对的就只是一篇文章，而不是真正的语文教材。

在这个时候，教师就需要对语文教材进行再度创造，自觉地把它转化为一个有清晰教学内容的语文教材（而不仅仅是文选集）。这个二度创造的起点是文本解读，终点是教学目标及内容的确定。

以语文教学为例，我们在有效教学框架中做如下阐释：

> 语文学科含文本解读和教材解读两个部分。
>
> 文本解读是尽可能整体而深入地理解文本本身，从而显现文本的价值——这个价值可能是思想的、主题的、内容的、形式的、材料的。就是说，仅文本解读，也依然包括“进得去”的正确阅读与“出得来”的对文本的形式和主题进行分析这两方面的内容。
>
> 教材解读是把文本放入课程标准的相关年段，以及教材的单元设想中，来最终判定它的教学价值。

我们来看几个例子，以进一步明确文本与文本解读，教材与教材解读的深刻的不同之处。

《春日偶成》——文本解读VS教材解读

苏教版小学语文四年级下册有一首小诗：

春日偶成

〔宋〕程颢

云淡风轻近午天，傍花随柳过前川。

时人不识余心乐，将谓偷闲学少年。

乍看之下，这只是一首浅之又浅的小诗，没有什么需要深度挖掘的，甚至有人会说，这样的诗根本没有什么好讲的。四句话，明白简易如今天的大白话：第一句“云淡风轻近午天”讲的是诗人出游的时间与天气，当然这天气也成为风景的一部分；第二句“傍花随柳过前川”讲诗人的活动或行踪，当然，走过的花、柳、川也成为诗中的景物；第三、四句“时人不识余心乐，将谓偷闲学少年”要合起来理解，诗人为自己辩护，说自己不是像少年人一般在春光里偷闲，而是心里有着常人所不理解的快乐。

作为一首苏教版小学语文四年级下册中的古诗，我想编者挑选的时候，可能正是着眼于这浅易与诗句中的明朗阳光。和绝大多数或寒冷孤峭或情意缠绵的古诗词不同的是，这几乎只是一首纯粹的踏青诗，而且似乎还带有一点童趣与生活的气息。

那么是不是说，这首诗的教学，真的只需理解字词，熟读背诵，想象画面，或者再添加一些时人、少年与“我”的对话，就足以真正理解这首诗，最大限度地体会到作者写诗的情感与意蕴了呢？

“余心乐”——程颢到底“乐”什么？

事实上，这是一首相当难以理解的诗，纵然只做字面上的理解，这首诗也有一个明显的问题：同样是在明媚春光中游玩，同样是傍花随柳，凭什么说诗人的快乐不同于少年的快乐？凭什么说少年的快乐是偷闲，而诗人的心乐，却是高于偷闲的合乎道德的快乐？

这一问——如果能够这样一问——就问到中国文化的要害处，问到了儒家思想的关节处，在传统儒家思想中，这个关节点被叫作“孔颜乐处”，即孔子和颜回觉得“乐”的地方，或者说他们觉得什么才是值得快乐的。典型的《论语》中的“孔颜之乐”有这样几处：

> 子曰：“饭疏食，饮水，曲肱而枕之，乐亦在其中矣。不义而富且贵，于我如浮云。”
>
> “其为人也，发愤忘食，乐以忘忧，不知老之将至云尔。”
>
> ——孔子对自己的评价

“贤哉，回也！一箪食，一瓢饮，在陋巷，人不堪其忧，回也不改其乐。贤哉，回也！”——孔子表扬得意弟子颜回的话

还有一处，孔子让弟子们讲讲各自的志向，几个优秀门生一一讲述了自己的志向后，曾点铿锵鼓琴，然后站起来说：“莫（暮）春者，春服既成，冠者五六人，童子六七人，浴乎沂，风乎舞雩，咏而归。”这时候，夫子喟然叹息说：“吾与点也！”这段话里虽然没有一个“乐”字，而且也不是孔子自己的话，但事实上，我们仍然可以说，这段描绘最是体现了《论语》一书中“乐”的精神。

从这些材料来看，“乐”字确实在古代儒家思想中有着相当的地位，如果借用现代学者李泽厚等人的归纳来说，中国文化的特点是“乐感”文化（相对于西方文化的基本特点“罪感”而言）；用另一位学者刘小枫的概括来说，中国文化的特别之处是求“逍遥”（与西方求“拯救”相对——乐感故求逍遥，罪感故盼拯救）。可见诗中的这个“乐”字有着深厚的来源。

那么是不是说，所有中国古诗文里写到的“乐”，都一定与这个“儒家之乐”的源头有关呢？显然不是。宋代的欧阳修在《醉翁亭记》里讲的“然而禽鸟知山林之乐，而不知人之乐；人知从太守游而乐，而不知太守之乐其乐也。醉能同其乐，醒能述以文者，太守也”，专门探讨了三种不同的“乐”；同样代表儒家精神的范仲淹在《岳阳楼记》的结尾处写道：“不以物喜，不以己悲。居庙堂之高，则忧其民；处江湖之远，则忧其君。是进亦忧，退亦忧。然则何时而乐耶？其必曰：‘先天下之忧而忧，后天下之乐而乐’乎。”从道德的角度讲，这里关于忧与乐的讨论，甚至达到了儒家精神的最强音的水准。但要指出的是，这两处的“乐”，就自觉地继承儒家传统，体现儒家传统，或者说自觉探讨儒家传统中“乐”的真实意蕴而言，其实都还比不上这首《春日偶成》中的“乐”字。

为什么呢？因为这首诗的作者是宋朝儒学大师、理学的创始人之一程颢。统治中国宋明清思想长达数百年的理学、心学，正是由他所开创，而他一生探讨的问题之一，正是“孔颜乐处”，即作为真正的儒家，究竟缘何

而乐？

诗人此刻心里究竟何乐？凭什么说诗人之乐高过同在游玩的少年之乐？要理解这个问题，我们不妨再引当代哲学家冯友兰的散文《人生的境界》中的一些思想与方法。

冯友兰说："中国哲学总是倾向于强调，为了成为圣人，并不需要做不同于平常的事。他不可能表演奇迹，也不需要表演奇迹。他做的都只是平常人所做的事，但是由于有高度的觉解，他所做的事对于他就有不同的意义。换句话说，他是在觉悟状态做他所做的事，别人是在无明状态做他们所做的事。"这就是说，对中国哲学来说，重要的并不是在这个春景中，哲人和别人的外在行动有什么区别，区别他们的，是这同一个场景中他们内在的不同的"觉解"，即对世界、对存在的不同理解。

在同一篇文章中，依据人们的觉解不同，冯友兰把中国人的境界分为四个等级：自然境界、功利境界、道德境界、天地境界。利用这个尺度，我们马上可以看到：春天的鸟儿之乐，即欧阳修《醉翁亭记》中的"山林之乐"，属于自然境界；那些追求外在快乐、自身一时之乐的人，包括《醉翁亭记》中的追随者，以及《春日偶成》中的偷闲少年，属于功利境界。但儒家千年以来的难题，就是"孔颜之乐"究竟是道德境界的快乐，还是天地境界的快乐？从一开始，在《论语》中，这个分歧与矛盾就已经存在，从上面的引文我们不难发现，这里既有体悟天命者的道德义务感、崇高感，也同样有与自然融为一体的超越感。而在冯友兰的"四个境界"里，我们也可以看出，他是既看到了两重性，又比较武断地把天地境界放在了道德境界之上。对这个问题，最好不要陷入非此即彼的狭隘中，事实上，在程颢和他的弟弟开创的理学体系中，理（即道），既是宇宙自然，也是社会人事，因此，这二者本不可分，只是由于人的机缘，对这个纯一的道，从不同的位置及角度，看到了不同的面貌。譬如理论体系完全一致的二程兄弟，程颢就诗意一些，偏向心学，偏向天人合一的自然之理，而程颐就把这同一个理，理解得偏向社会责任一些。

于是我们现在可以回到这首小诗，重新理解作为学者而不是作为真正诗人的程颢，在这首诗里所要表达的真正意图：在此自然宇宙之中，我程颢之心与天地万物、与黎民百姓神秘会合交融，这样天人合一，让我体悟到了唯一的道（理）的存在，这就是余心之乐。

大家都知道，从整体面貌上讲，宋诗相对于唐诗的一个特点就是讲求理趣，作为一个理学家讲述其理学思想的诗作，自然也可以列人理诗之列。

最优秀的以理见长的诗，如苏轼的“不识庐山真面目，只缘身在此山中”，朱熹的“问渠哪得清如许，为有源头活水来”，叶绍翁的“春色满园关不住，一枝红杏出墙来”，杨万里的“万山不许一溪奔……堂堂溪水出前村”，陆游的“山重水复疑无路，柳暗花明又一村”……这些最优秀的哲理诗都有一个特点，就是不直接说理，而是全凭意象的营造，或用意象之间的差异形成张力，或追问意象形成之源，有意无意间造成了哲思。而比较拙劣的哲理诗，就是那些没有意象，只把哲学术语、范畴放进诗歌，直接讲出哲理的诗作，当然这种诗或许也会是好诗，因为哲理本身可能具有深度，具有意义，但严格地讲，这不是诗之为诗的胜利，而直接是哲理的胜利。

从这个标准来评判这首《春日偶成》，我们就可以发现，诗中的景象，淡云、轻风、春花、春柳、春水（川），虽然与诗人心中的天人合一之乐不无关联，但严格意义上讲，这一关联是无机的，是没有水乳交融的诗歌特点的。这些景物的并列并不必然引出儒家之乐，这个儒家之乐并不必然依赖于这些物象，所以这首诗并不是最一流的诗歌，也并不是一流的哲理诗。但是，除这个隐藏的“乐”字的深厚根源外，这首诗毕竟不是道学家板着面孔说玄理，几乎纯用意象在表达。除上述的意象之外，还有就是时人、少年和诗人这三个同样进入诗歌的意象。这样，写景、叙事、抒情还是达到了浑然一体，没有生硬地直接说教，仍然不失为一首不错的典型宋诗。

一定要这样“乐”吗？

写到这里，我相信已经有读者既不耐烦又大生狐疑：小学四年级的一首小诗，有必要讲得这么深吗？

当然没有必要讲得这么深，但是，作为教师，最好能够理解得这么深，甚至更深。只有教师理解正确了，才不至于在课堂教学中出现臆测式的胡乱解读和教学，才能够依据学生的理解力，依据课堂的机缘，并在不失去这些诗的基本意蕴的前提下，适当地进行教学——这里讲的基本意蕴，就是要求，至少要让学生理解诗中的“余心乐”是有一个传统的，大概是可以怎样理解的。教材安排这首诗，其中这个“乐”字，未尝不可是孩子们日后亲近、理解儒家思想乃至中国传统文化的一粒珍稀种子。

以上的例子，是一个比较典型的对教材的深刻解读。一般来说，我们不能要求普通老师都具备这种文化解读能力和对语言文字形式的高度敏感。但是，我们完全可以通过网络检索，通过查阅相关文献，解决绝大部分经典文本的解读问题。而若要自身成为一个自觉的、独立的解读者，就意味着教师还要进行艰苦与漫长的专业发展修炼，这是新教育实验的另外一个项目“教师专业发展”的问题，可参读魏智渊《教师阅读地图》中的相关介绍。

但是，文本解读不等于教材解读。文本解读可力求全面、深刻，而教材解读，则需要合宜、贴切。

《自然之道》——文本与教材的平衡解读

我们再看一个例子——人教版小学语文四年级下册的《自然之道》，来理解如何在文本解读和教材解读之间取得一种平衡。教材如下。

自然之道

〔美〕伯罗蒙塞尔

我和七个同伴及一个生物学家向导，结队来到南太平洋加拉巴哥岛旅游。在这个海岛上，有许多太平洋绿龟在筑巢孵化小龟。我们的目的，就是想实地观察一下幼龟是怎样离巢进入大海的。

太平洋绿龟长大后体重在一百五十公斤左右，幼龟体重不到它的百分之一。幼龟一般在四五月份离巢而出，争先恐后爬向大海。从龟巢到大海需要经过一段不短的沙滩，稍不留心，幼龟便可能成为食肉鸟的美食。

那天我们上岛时，已近黄昏，很快就发现一个大龟巢。突然，一只幼龟把头探出巢穴，却欲出又止，似乎在侦察外面是否安全。正当幼龟踌躇不前时，一只嘲鸫突然飞来，它用尖嘴啄幼龟的头，企图把它拉到沙滩上去。

我和同伴紧张地看着眼前的一幕，其中一位焦急地对向导说："你得想想办法啊！"向导却若无其事地答道："叼就叼去吧，自然之道，就是这样的。"向导的冷淡，招来了同伴们一片"不能见死不救"的呼喊。向导极不情愿地抱起那只小龟，朝大海走去。那只嘲鸫眼见到手的美食丢掉，只好颓丧地飞走了。

然而，接着发生的事情让大家极为震惊。向导抱走幼龟不久，成群的幼龟从巢口鱼贯而出。我们很快明白：我们干了一件愚不可及的蠢事。那只先出来的幼龟，原来是龟群的"侦察兵"，一旦遇到危险，便会返回龟巢。那只幼龟被向导引向大海，巢中的幼龟得到错误信息，以为外面很安全，于是争先恐后地结伴而出。

黄昏的海岛，阳光仍很明媚。从龟巢到海边的一大段沙滩，无遮无拦，成百上千的幼龟结队而出，很快引来许多食肉鸟，它们可以饱餐一顿了。

"天哪！"我听见同伴说，"看我们做了些什么！"这时，数十只幼龟已成了嘲鸫、海鸥、鲣鸟的口中之食，我们的向导赶紧摘下棒球帽，迅速抓起十多只幼龟，放进帽中，向海边奔去。我们也学着他的样子，气喘吁吁地来回奔跑，算是对自己过错的一种补救吧。

不一会儿，数十只食肉鸟吃得饱饱的，发出的欢乐叫声响彻云霄。我和同伴们低着头，在沙滩上慢慢地走。向导一边走一边发出悲叹："如果不是我们，这些海龟就不会受到那样的伤害。"

当前语文教学的弊端，一是教师失去了解读文本的能力，因此也就丧失了鉴别、判断、筛选、重组信息的能力。开始是匍匐于教学参考书之下，后来是迷失于网络的无边信息之中，殊不知没有独立的解读能力，信息不会自动转化为知识。解读能力，无论什么时候，都是阅读教学所指向的核心目标，因此也首先是教师自身所应该具备的能力。无论多完美多详尽的教材和教学参考书，都不能替代教师的解读能力。二是由于课程及教材体系的不完善，老师们习惯于将文本等同于教材，将文本意蕴等同于教学内容，而对"教材是个例子""用教材教""学会学习"这些概念，没有真正领悟。没有意识到，语文教学中，不仅要关注文本意蕴，而且还要关注语文知识，关注解读过程与解读策略……

积弊已久，人们从不同的方向提出了疗治的尝试。有一种声音，特别强调了教师独立的文本解读能力，强调教学也要从感性阅读进入知性阅读，这种声音的代表是"深度语文"。另一种声音重申逐渐淡出课堂的语文知识，提出要强调教材的教学价值而不只是原生价值，这种声音的代表是王荣生教授。

以此课为例，前者会强调优质教学的前提是对这个文本有深切的理解；而后者会强调要有课程意识，要把课文放到一定的课程规格中来理解。用我们惯用的方式来说，就是前者强调关注"自然之道"，后者强调关注《自然之道》。其实这两个维度各有理由，无论是文本解读，还是教材解读，都是语文教学的必要前提。

文本："自然之道"在讲什么？

拿到一篇课文，大多数老师已经习惯于一开始就想：怎么教？却忘了这个问题服务于"教什么"。而"教什么"又服务于"这个文本有什么可教"。要了解这个文本有什么值得教，即发现文本的教学价值，又需要教师首先把课文当成有待理解的文本，把自己当成一个真正的读者。阅读行为所指向的，是尽可能深广地理解这个文本。

从表达方式来说，《自然之道》是一篇记叙散文；从主题来说，它是一篇科普、哲理散文。困难的是界定它想传达的究竟是哪一种“理”，是科普性质的“自然规律”，还是哲理性质的“道”？常见的一种情况是，人们甚至没有意识到要理解这样一个问题：究竟什么才是课文所说的“自然之道”？

一般来说，在初读一篇没有太大障碍的文章时，我们会迅速得到一个整体印象，也会对文章的主旨有个大概的了解。这种整体的大概了解，往往基于我们的“前有”“前见”，即我们头脑中原有的经验结构、思维方式。因为我们的头脑中，对一些事物已经有了固定的看法，所以我们会不自觉地选择那些吻合我们意见的信息。如果我们正巧找到了这种信息，我们就会贸然地认为我们已经理解了课文。像这篇课文，不同的人在初读之下，可能会有多种不同甚至完全相反的课文主旨：

1. 作者告诉我们要保护野生动物，因为它们和我们生活在同一个地球上。

2. 要爱惜和保护小海龟，要谴责海鸟那种残暴的行为。

3. 要维护生态平衡。

4. 要按自然规律办事，如果不按自然规律办事，就像文章中的人们一样，往往事与愿违，好心也会办成坏事。

……

那么究竟哪一种意见，才是最切近文本本义的解读？这需要我们细读文本，要从文本的每一个细节中找到证据，更要把握文本的整体结构，由文本整体来做出答复。而判断以上哪种解读是正确的，其实也就是对课文题目中的“自然之道”究竟是什么做出回答。

显然，以上的几种解答，都是不得要领的，都只不过是将以前的某种已有的“成见”，套用到这篇课文上而已。最似是而非的一种解读是“不按自然规律办事，好心会办成坏事”，但是这篇课文要讲的“什么是自然规律（道）”，如果没有认识到什么是自然规律，而草率地要按自然规律办事，是没有真正进入文本深处的。譬如我们可以追问一下：小海龟有没有按自然规律办事？海鸟有没有按自然规律办事？

其实课文要批判的，是人类从自己的偏见出发，把动物区分出贵贱善恶，从而依据这些人类标准对自然进行干预，而没有从自然的整体来看待动物之间的平衡，以及生命在这种动态平衡中的生生不息。

为什么人们只为幼小的海龟担忧，却没有想到这些海鸟如果找不到食物，它们也将饥饿而死，而它们嗷嗷待哺的幼崽也同样会面临死亡？没有想到这些海鸟如果不以这些海龟为食，那么它们将势必以海鱼海虾为食，而鱼虾不也同样是美丽的生命？所以，一种真正的自然观，首先是不应该人为地把自然生物划分为高贵的与罪恶的。因为这种划分必然会带来这样那样的“措施”，这些“措施”必然会造成对自然平衡的人为破坏。到那时，我们丧失的不仅仅是这只小海龟，或者那只海鸟，而是整个美丽的自然，而一旦大地或者自然这块“皮之不存”，所有生命则“毛将焉附”？

所以，这里的“自然之道”，是《道德经》中所说的“天地不仁，以万物为刍狗（刍狗，古代祭祀时用草扎成的狗，祭祀后即丢弃不顾）”，是“人法地，地法天，天法道，道法自然”。“道法自然”中的“自然”，不是大自然或者自然界，而是“自然而然”。我们称为自然界，是因为它没有人为干预，而是以自然而然的方式存在、运行着。因此这几句话就可以译为：人师法大地及大地上的万物，大地及万物师法“天”（昼夜、阴晴和四季），“天”的运行师法于“道”，“道”的法则是“自然而然”（让万物以它们自己的方式成长、存在、消失）。

几千年后，西方大哲学家海德格尔在《论真理的本质》一文中写道：“人的行为乃是完全由存在者整体之可敞开状态来调谐的。但在日常计算和动作的视野里来看，这一‘整体’似乎是不可计算、不可把捉的。……让存在总是在个别行为中让存在者存在，对存在者有所动作，并因之解蔽着存在者；正是因为这样，让存在才遮蔽着存在者整体。让存在自身本也是一种遮蔽。在此之在的绽出的自由中，发生着对存在者整体的遮蔽——遮蔽状态。”

如果你有一定的哲学基础，你将会惊讶地发现，海德格尔事实上是在西方的道路上，重复了《道德经》的思想，而这些深邃的思想，竟然可以在一篇小小的散文中，有所蕴含与折射。

作为一个成熟的读者，老师应该读到这个高度。事实上，作为一位语文老师，对《道德经》等经典文本的思想，本该有一个初步的理解，而这种文化、哲学上的理解将会给一切阅读带来革命性的影响。

教材:《自然之道》要教什么?

如果说一篇课文是一个语文“全息点”（即整体地包含了字词句篇、语法修辞等所有层面的语文知识），而整个语文课程是一套线性系统的话，那么教学就是要在这套线性的系统中，为文本找到它合适的坐标，并通过对全息的文本进行有所侧重、有所忽略的处理，来实现课程的意图。因此，和作为文本解读的开放趋向所不同的是，作为教材的解读，是一个收缩与定位的解读，它要求把文本视为教材，放到特定的单元中，放到整体的课程中来审视。

所以，无论多深邃的文本解读，都要回到这样一个事实:《自然之道》是第三单元的首篇课文，本单元后面的课文分别是《黄河是怎样变化的》《蝙蝠和雷达》《大自然的启示》。《黄河是怎样变化的》一文通过黄河几千年来的变化说明人与自然的复杂关系，主要也是讲人类对自然的干预与破坏;《蝙蝠和雷达》讲的是人类通过向蝙蝠学习，掌握了雷达技术;《大自然的启示》分两篇小文：前一篇《“打扫”森林》和《自然之道》的主旨相近，是讲人爱干净，打扫掉森林的落叶之后所导致的对自然环境的破坏；后一篇《人类的老师》和《蝙蝠和雷达》的主旨相近，讲人类通过对动物的模仿而改进科学技术。

综观整个单元，可以看到，这是一个以“大自然的启示”为主题的主题单元，而不是类似学习科普说明文这样的知识单元。也就是说，它们写法不一，但主题相同或相关。如我们初步分析所看到的，整个单元的主题事实上由两部分组成：人法地（天、地、自然界）、道法自然（自然而然），即一个主题是人类模仿自然和生物以提高技术，另一个主题是人类意识到自然之道是“无为”而“自然”。

现在，经过一番解读，展现在我们面前的，是一篇蕴含了深邃哲理的浅易的叙事散文，它被放在一个名为“大自然的启示”的科普单元里，面对的是四年级的孩子。知道了这一切，会对你一贯的“怎么教”有所触动吧?

这种自觉的文本解读和教材解读，必然会带来对教学目标和教学内容的清晰思考，从而把课堂教学的准备，推进到教学目标的设置上。譬如上一课，我们认为，它的合理的教学目标可以这样设置：

A类

1. 掌握14个生字的音形义。

2. 能流利、得体地朗读本文，能讲述这个故事。

B类

3. 细读课文，学会从不同角度理解或重述故事，进而学习从故事、现象中提取“启示”。

4. 理解这个故事中“自然之道”的深刻含义。

C类

5. 学会小组交流意见，分享观点，并通过讨论修正观点，形成更合理的观点。

6. 激发对自然及“自然之道”、古代经典的好奇之心。

① 提高解读能力的方法：网络检索、查阅相关资料、进行专业发展修炼。

② 一篇文章的文本意义在于“讲什么”，教材意义在于“教什么”。

③ 找准文本在教材中的坐标。

小贴士

有效教学的三类目标

事实上，教学目标并不属于教学程序的范畴，它源于课程整体及具体教学内容，是课堂的统帅和号令。一堂课确立怎样的教学目标，是一个极为复杂的课程问题。虽然从杜威的教育思想来说，从较长的时间来考察，教育目的只能涌现、形成于教育过程之中，但是，就具体的一堂课而言，教学目标是能够，也应该获得清晰界定的。

近来有一个流行的说法，叫作“生成”，它的意思似乎是说，新课程理念倡导不确立固定的教学目标，在教学过程中如果能够修改预定目标，随机出现新的目标，这是一种比实现预定目标更为优质的教学。很显然，这个观点是过于偏激的，也是对新课程及教学目标的一种误解，它将明确的教学目标，与灵活的教学策略及动态形成的教学过程这三者混淆在了一起。

就教学目标而言，我们不得不承认，后现代课程观在此方面未能有实质性的建树，而受到后现代课程观批判与质疑的泰勒课程范式，是迄今为止开发课程的最成功的范式。而在中国语文课程方面，王荣生先生等人所提出的教学内容、学科知识，事实上也主要是对教学目标的一个明晰与确认。

新课程理论的三维目标

在所有学科的教学中，我们都会遇到一个三维度的教学目标，这就是新课程理论已经阐述的三维目标。

第一维目标：知识与能力目标。主要包括人类生存所不可或缺的核心知识和学科基本知识，基本能力——获取、收集、处理、运用信息的能力，创新精神和实践能力，终身学习的愿望和能力。

第二维目标：过程与方法目标。主要包括人类生存所不可或缺的过程与方法。过程指应答性学习环境和交往、体验，方法包括基本的学习方式（自主学习、合作学习、探究学习）和具体的学习方式（发现式学习、小组式学习、交往式学习等）。

第三维目标：情感、态度与价值观目标。情感不仅指学习兴趣、学习责任感，更重要的是乐观的生活态度、求实的科学态度、宽容的人生态度。价值观不仅强调个人的价值，更强调个人价值和社会价值的统一；不仅强调科学的价值，更强调科学的价值和人文价值的统一；不仅强调人类价值，更强调人类价值和自然价值的统一，从而使学生内心确立起对真善美的价值追求以及人与自然和谐和可持续性发展的理念。

三维的课程目标应是一个整体，知识与技能、过程与方法、情感态度与价值观三个方面互相联系，融为一体。在教学中，既没有离开情感态度与价值观、过程与方法的知识与技能的学习，也没有离开知识与技能的情感态度与价值观、过程与方法的学习。

以上文字，基本清晰地解说了课堂教学的三维目标，强调了三维目标的整体性、统一性。

新教育的三类目标

而新教育有效教学框架，在此理解基础上，在具体操作上将目标分为层次井然的 A 类（基础性、阶梯性目标）、B 类（核心目标）和 C 类（附属性、延伸性目标），这是为了让授课教师更清晰地把握课堂的方向与任务，不笼而统之地将宽泛的教育目的沿袭用作具体的教学目标。这一区分，从某种意义上，既是为了突出 B 类目标，即核心知识，又是为了把与文本及教学过程相关的思想、情感类目标，放到一个合适的位置。既不否定这一类目标，又不冲淡知识、能力教学。具体而言，这三类教学目标可以表述如下。

A类：基础性目标，有为核心目标搭梯的知识，有必须解决的障碍性知识。

B类：教学核心目标，即课堂重点要教学的内容，一般为单元所规定要教的知识与技能。为解决某类问题而开发的方法，与知识一样，往往是课堂教学的核心教学内容。

C类：附属性目标及延伸性目标。一般而言，思想情感价值观多属于此类目标。

从前面《自然之道》一课的设置上，我们可以发现，和一般笼统地设定几个教学目标不同的是，新教育有效教学框架把教学目标分成了三类。

于是有人自然地联想到新课程的三维目标，并武断地把三类目标与三维目标比附起来。但是，如果我们真正理解三维目标和三类目标的含义，就不会产生这种简单的比附。

新课程专家余文森在《"三维目标"就像一个立方体的"长、宽、高"》一文中说得明白：

> "知识和技能""过程和方法""情感、态度和价值观"是新课程目标的三个维度，而不是三种目标，就像一个立方体的长、宽、高一样。首先，"三维目标"具有内在的统一性，统一指向人的发展。其次，"三维目标"是交融互进的。相对于人的发展这一总体目标，任一目标都不能脱离整体而单独优先发展，缺失任一维度都无法筑成完整的人的发展的金字塔。其中，"知识和技能"目标只有在学习者的积极反思、大胆批判和实践运用的经历过程中，才能实现经验性的意义建构；"情感、态度和价值观"目标只有伴随着学习者对学科知识技能的反思、批判与运用，才能得到提升；而"过程和方法"，只有学习者以积极的情感、态度为动力，以"知识和技能"目标为适用对象，才能体现它本身存在的价值。

他在另一篇题为《三维目标是三种目标吗？》的文章中又说：

实际上，不论是写字、阅读、写作还是练习，都有情感、态度和价值观的渗透和方法的学习、知识的掌握、能力的获得。在任何一个显性领域中，都有隐性的目标维度存在。所谓的三维目标，应该是一个目标的三个方面，而不是三个互相孤立的目标，对其理解，可以准确表述为“在过程中掌握方法，获取知识，形成能力，培养情感、态度和价值观”。

如果再从字面上来感受，新课程为何把目标称为“三维”，而不是新教育的“三类”，则我们可以知道，其实这三维目标更适合理解为对一个课堂或一个教学行为的综合理解、评估方式。即教学行为，在一个三维的坐标上，有何侧重与偏颇。而这种反思与评估，自然也会进一步影响教学的设计与实践，成为更高范畴中的教学目标。如果用坐标图标来表示，那就是：

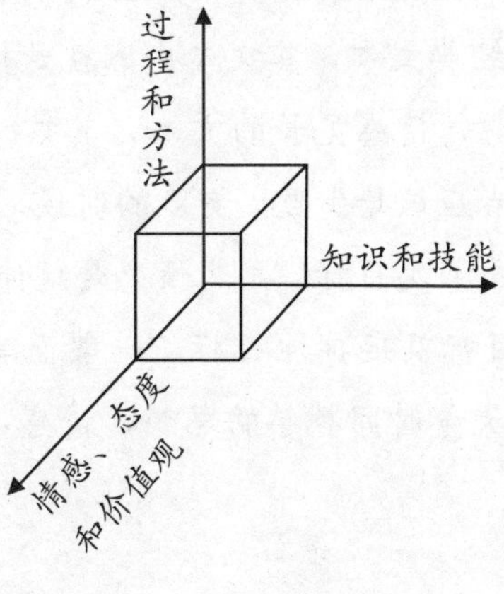

如果说新课程三维目标强调了目标的整体性、统一性的话，那么与此相反，新教育理想课堂的三类目标，恰恰强调了目标的细分，强调了每一个目标的独特性，强调了对整体教学，用几类目标来进行分解、细化，以便更好地落实。

这二者不是谁正确谁错误的问题，这是从不同的层面，服务于不同的需要，而提出的不同概念（理论工具）。打个比方，如果说新课程三维目标强调对教学行为整体的观察，如欣赏一朵花一样，强调其整体性的话，那么新教育的三类目标，则强调了教学目标的设置，要如庖丁之解牛——目无全牛。

当然，这个“目无全牛”，是理解的第二境界，是“浪漫—精确—综合”三阶段中的精确阶段，是“见山不是山，见水不是水”的中间阶段，而不是最后的综合阶段。在综合阶段，我们仍然会强调教学的整体性，所认知对象的整体性。

有了这个参照，我们再来看新教育有效教学框架的三类目标及其初步解释。

A类：基础性目标，有为核心目标搭梯的知识，有必须解决的障碍性知识。

B类：教学核心目标，是课堂重点要教学的内容；既体现文本核心价值，又是单元所规定要教的知识与技能。核心目标要求在课堂上用大部分时间进行教学，不用大量时间教学的一律不得列为核心目标。有些经典文本，其文本内容就是核心目标所规定的教学内容；有些思想、情感见长的文本，其核心目标也可能是思想与情感。但这二者应该是少数，更多的时候，在中高段及以后，文本内容是前提性的A类目标，思想情感是延伸性的C类目标。

C类：附属性目标及延伸性目标。一般而言，并不是文本核心价值，不需要用大量时间教学的思想、情感、价值观属于此类目标。

三类目标如何确定

结合逐年加深的课程标准，我们可以知道，关于三类目标的确定，每个学科和每个年级都是大有差异的。

在一、二年级作为B类核心目标的识字、拼音，到了二、三年级就成为A类目标，甚至以默认已经学会的技能而不再明确地书写为目标，出现在有效教学框架中。而在二、三年级作为核心目标的朗读，除在三、四年级要求有所提升之外，也慢慢地在高段退居为 A 类基础目标，而理解文意、分析段落、分析篇章等，逐渐成为 B 类核心目标。完成了的目标，就这样成为学习的工具，成为服务于后面学习的手段。

所以，具体每一年级以什么为核心目标，要取决于以下几个因素：

1. 学科标准的规定性。

2. 文本中蕴含的最有价值的维度。如假设文本中最大的价值是人物形象的丰富与复杂性，而教学将目标定为段落概括，或者情节分析，那么这就不能不说是一种目标的错失。

3. 学生实际实现的可能性。

譬如《寻隐者不遇》，如果将其确定为对隐士文化的分析或者对晚唐风韵的品读，显然不适合小学的课堂，因为其远远高过学科标准（但学习标准是一底线，在实现此底线标准的基础上，任何有效地向前推进，不能视为超标而加以否定），更是因为确实不太可能在课堂上实现这种教学目标。而如果将这首诗确定为学习绝句音律，或者作文改写，反而没有体现这个文本的最大价值。而意象（文化符码）的初步分析、文眼阅读法，以及诗意的品味，则都是可取的合宜的教学目标。

如前面《自然之道》的 B 类核心目标：3. 细读课文，学会从不同角度理解或重述故事，进而学习从故事、现象中提取“启示”。4. 理解这个故事中“自然之道”的深刻含义。我们可以看出这事实上是将文本处理为现代寓言，两个目标前者侧重于寓言文字表面，后者侧重于寓意。这应该是并不脱离文本，也没有脱离教学实现的可能。

而 C 类目标看起来虽然有些艰深，但如果我们正确理解了 C 类目标是拓展性的，是延伸性的，是顺势而出，是点到为止的，就不会觉得这个目标过于艰涩了。

我们可以发现：

1. B 类核心目标的确立，是为了要求教得清晰、扎实，有层次；不盲目，不油滑，让学生朝着明确的高成就扎扎实实地稳步前进。

2. B类目标和课程标准中的相关年级的学科标准有紧密联系，是其细化和落实。当然，也是期末考试的核心知识。把一学期的核心目标全部梳理出来，就相当于学生的学习标准的核心部分。

但是，或限于对课程标准的理解不透，或限于文本和教材解读能力，或限于经验，在确定三类目标时，实验老师往往难以正确地把握。

仔细阅读教材，我们可以发现，课后习题其实就初步蕴含了各类教学目标。但是正如我们前面检讨的那样，教材在大多数时候，是不够自觉与清晰的，至少它没有把目标清晰地标示出来。这就要求教者需要在较正确地解读文本和解读教材的基础上，提出更为科学的教学目标，确定更为清晰的教学内容。事实上，这本来并不是老师的职责，如前所述，这本来应该是教材的组成部分，明确地、准确地让学生和老师都知道的部分。

当然，在教材远不完美，而且也不可能自动完美（除非我们都参与这一使之完美的努力，尤其是教育实践）的情况下，有志者想要科学地解决这些问题，解决之道，仍在养成充分的、高度的职业素养，即在新教育教师专业发展项目中。

三类目标是有效教学的关键之一

可以说，确定三类教学目标，是新教育有效教学框架的几个核心关键之一，因为它处于整个教学的前沿位置，所以，它事实上也成了推进有效教学的第一道难关。如果没能在此方面有所突破，那么教学或者就依然在感性的公开课路子上谋求表面的效果，或者简单地把所要考试的内容直接列为教学目标，使教学打着有效的幌子，重新沦为应试教育。

确定教学目标是实施有效教学框架的一个灵魂问题，也是一个瓶颈问题，后面其他部分都要从这里开始。在预习、教学板块中，我们都将不断地回到教学目标的问题上来。

另外需要注意的是，因为教学目标事实上就是要求学生“习得”“获得”“掌握”的知识技能，所以，它在书写上千万不能与老师预设的教学策略混为一谈。为了避免这种混淆，我们把教学目标更名为“学习目标”，即要求从学生的角度，来理解这三类目标。

从最本质的意义上讲，教学目标就是每一个学生要在规定的不同程度上，习得的知识与技能。而教师在课堂上教过不能算是目标，只能视作为了达成这些目标而采取的途径、方法。目标的表述要清楚地说明，这些是每个学生通过学习要掌握的知识与技能。

三类目标的使用，在语文教学上尤为重要。因为这种区分，能够帮助我们认清语文课堂上的教学内容，使我们对自己的教学有一种高度的自觉。

下面用“+”表示重视，用“-”表示轻视，则：

	文本内容	文本形式	阅读程序与策略	教学形式
通行公开课	+	−	−	+
语文理论专家建议模型	−	+	+	−
香港等地教学模型	−	−	+	+
新教育	整体并重，具体侧重			

我们可以看到，正是核心教学目标的迷失，使得我们当前的语文教学，尤其是小学中、高年级阶段的语文教学，或停留于低段的认字识词、梳理字面文意上，或一味走向深度主题探讨，而对文本的形式，以及阅读程序，极少有自觉的关注。

而公开课教学，又诱使大家把注意力只集中在那些情感充沛的文章上，以及过度关注教学形式的圆润，对于教学内容的合宜性，实在是缺乏足够清醒的认识。

各类目标可以从课后习题中来。

小贴士

定向预习，课堂不再从零开始

如果说教学目标本该是一切课堂教学的统率性概念，那么对预习的重视，以及对预习这一学习活动的特殊处理，可以视为新教育有效教学框架的一个特色。

我们认为，预习甚至是学生唯一的独立学习的机会，学生最终的学习能力，可以体现于预习的水平上。为此，预习作业要尽可能全面地针对所有教学目标，而不仅仅是为课堂教学做一些准备工作。也就是说，要将预习视为学生独立地完成某个学习任务，而课堂教学则是对独立学习的效果的检测、修正与提升。基于这一理解，在有效教学框架中，预习就成为培养学生独立学习的必不可少的环节，而预习作业也就不再只是体现 A 类教学目标的铺垫性工作，而应该是同时涉及 B 类目标和 C 类目标的对知识的完整的学习。

也就是说，通过预习作业，通过定向的预习，学生要完成对学习材料的全面的独立学习。在此基础上，当他走进课堂的时候，是一个已经完成独立学习的个体，而课堂，也就不再从零开始——这种从零开始的弊端显而易见，这就是要么学习速度快的同学甩下速度慢的同学，而他们的学习掩盖了相当部分同学来不及独立学习这一事实，或者为照顾速度慢的同学完成独立学习，课堂不得不一再停顿，从而让学习速度快的学生效率低下，得不到真正发挥。而完备的预习，也就是要求学生依据自己的速度及特点，完成独立学习。因为预习的改进，课堂教学也就有了一个全新的起点，那种教师掌握着真理，学生没能掌握足够信息，于是只能被动聆听与接受的局面就将被完全打破。

而预习作业的落实，依据不同的学情，以及教学时候的实际，可以在家中完成，也可以部分地放在课堂上，让学生依据要求独立学习，以确保自习的质量。也就是说，预习不一定是课前预习，事实上，它应该是教学的重要组成部分，甚至完全可以是课堂教学的一部分。

预习是学生唯一的独立学习的机会，学生最终的学习能力，体现在预习的水平上。所以，预习作业要全面地针对教学目标，而不仅仅是为教学做一些基础准备。

新教育预习设计要求能够引导学生细读文本，直指重点，让学生带着独立的观点进入课堂。

所以，前面所举的例子《自然之道》，在已经确定三类目标的基础上，可设计预习如下：

1. 自读课文，利用工具解决课后生字词语，及阅读中感觉有疑难的语句。

2. 有感情地朗读课文，画出表达强烈感情的语句。读后思考：课文是以谁的感情变化作为文章的主要内容的？

3. 用简洁的文字，从小海龟的角度（或以小海龟为主角，或以小海龟为第一人称），重新叙述一下这个故事（不超过250字）。

4. 课文中向导曾经说过“自然之道”这个词语，联系全文好好想一想，他说的“自然之道”和课文标题中的“自然之道”，意思一样吗？

5. 开动脑筋想想，我们怎样才能更好地帮助小海龟，让它避免被海鸟掠杀？

6. 写出你认为与这篇文章在意思上相同或类似的课文名和故事名。

7. 浏览本单元课文，读一读单元提示，想一想，它们是怎样围绕“大自然的启示”这个主题的？它们分别告诉了我们什么启示？

稍加分析，我们可以发现，以上预习1、2，是为了达成A类目标。预习 6 事实上也是铺垫性质的，只不过它是服务于主题的。

而预习 3、4、5，则是围绕核心目标展开的。如前所述，本文的 B 类核心目标是：3. 细读课文，学会从不同角度理解或重述故事，进而学习从故事、现象中提取“启示”；4. 理解这个故事中“自然之道”的深刻含义。

在完成 A 类目标与 B 类目标的过程中，附带着可以实现 C 类目标：5. 学会小组交流意见，分享观点，并通过讨论修正观点，形成更合理的观点；6. 激发对自然及“自然之道”、古代经典的好奇之心。

预习不是为了顺利扫清教学上一些“上课时感觉不漂亮的元素”，而是为了让学生独立地对核心目标和教学内容进行探索，同时也是为了提醒学生用已经习得的技能，解决基本知识问题。预习与课堂教学的主体部分息息相关。在我们的研究及实践中，可以说“预习成则课成，预习败则课败”。也就是说，在一定意义上，课堂教学既是对三类目标的完成，也是对预习的检测、校对、提升。

因此，设置预习必须从已经正确确定的教学目标中开始，而理解预习、检测预习，必须从课堂教学上完成。

所以我们先跳转到有效教学板块上，来理解预习与课堂的关系。

第一课时

第一板块——单元综述【单元目标，10 分钟】

1. 朗读单元提示。回答：本单元主题是什么？要求是什么？你已经知道什么？

2. 出示本单元纲领性思想——《道德经》章句“人法地，地法天，天法道，道法自然”：人师法大地及大地上的万物，大地及万物师法“天”（昼夜、阴晴和四季），“天”的运行师法于“道”，“道”的法则是“自然而然”（让万物以它们自己的方式成长、存在、消失）。可思考：哪些课文或段落是讲人法地，地法天，哪些课文或段落是讲道法自然的。

第二板块——朗读课文，整体感知课文，基础检查【目标1、2，20分钟】

1. 点面结合朗读课文，起到既正音，又检查预习效果，又整体感受课文的目的，老师要适时指点。

2. 字词检查。

3. 检测、校对预习2，并做简单讨论。明确：课文以人的情感变化为主要内容。

4. 顺着刚才的情感描写的语句，补写几句感想作为课文的结尾。

第三板块——换角度综述课文，进一步整体把握课文【目标3，10分钟】

1. 讲述，交流，评议。

2. 顺着大家梳理出来的语句，用小海龟的口吻，为课文写几句感想性的结尾。

第二课时

第四板块——理解课文核心词语：自然之道【目标3、4、5，20分钟】

1. 集体朗读课文，或分角色朗读课文。

2. 讨论预习4：课文中向导曾经说过“自然之道”这个词语，联系全文好好想一想，他说的“自然之道”和课文标题中的“自然之道”，意思一样吗？

3. 讨论要求以课文为据，有分歧，则回到课文中。插入必要的朗读等。

4. 如果有必要，可以引入预习5的讨论：开动脑筋想想，我们怎样才能更好地帮助小海龟，让它避免被海鸟掠杀？

第五板块——换角色、换角度思考问题【目标3、4、6，5分钟】

1. 请从海鸟的角度，来叙述这篇课文。

2. 教师引导并维护“海鸟的角度”与“海鸟的利益”。

第六板块——重读课文，用所得的观点批注课文【目标3、4、5，10分钟】

出示目标

教师示范

分组进行：一批注向导，一批注游客和“我”，一批注海龟和海鸟。

第七板块——归纳课文的“自然之道”，或者说大自然的启示，回到单元思想【目标4、5、6，5分钟】

1. 写出课文“自然之道”的含义。

2. 讲讲大自然给我们的启示。

3. 出示单元思想纲要，联系起来进行理解。

4. 布置作业（完成余下作业，并在整个单元中，寻找与本篇课文意思相似的文章和段落）。

上面的第三、四、五、七板块部分，是重点突破核心目标的教学实践部分。如果仔细阅读全部文字，将会发现目标、预习以及板块设计这几者是一个不断丰富、不断展开的过程，其中教学目标是灵魂，预习是全面的尝试，而教学板块中的各项，是对目标的实现。

当我们把教学目标定得比较细致、扎实，而且在一定意义上，它具有超越当前教学平均水平的高度，那么，假若没有相应的预习，课堂上或者只能蜻蜓点水走过场，或者就捉襟见肘难以为继了。

预习问题我们同样将在后面的对所有重要元素的探讨中再涉及。

① 预习的时间：课前家中，课上的部分时间。

② 预习是学生独立完成学习任务，课堂是对独立学习效果的检测。

小贴士

教学板块分栏：左手教，右手学

上面的讨论我们已经呈现出教学框架中课堂教学板块的部分。课堂教学板块，是对教学目标的最终完成。无论是传统的公开课，应试教学，还是新教育有效教学，自然都会把这课堂的40分钟，视为教学成败的关键。从某种意义上讲，教学目标的设置，教学内容的选择，以及确定方向的精确预习，都是师生为了这一块的落实而进行的精心准备。

教学板块分为左手栏（教师主导的集体的教学流程）和右手栏（教师在设计教学中，从个体学生的角度，为完整的独立学习做谋划，并对个体学习，尤其是重要知识技能部分的学习做出规定）。

与完备的预习作业一样，右手栏，即课堂上个体学生的学习清单，也是新教育有效教学框架的一个特色。

在传统教案中，无论是详案还是简案，书写的只是教学中教师教的部分，包括所教知识的内容，以及上课的基本流程。但我们认为学习是学生的学习，每个学生都必须经历一个完整的、清晰的学习过程，每个学生都必须拥有一个目标明确的训练，而教学目标事实上不是一个集体的目标，而是每个学生都需要在一定程度上达到的目标，因此，上述只写出教师行为的教案，就会将课堂教学中最重要的事情——每个学生的学习——忽略不计。

所以，必须单独列出个体学生的学习清单来，让每个教师在思考教学的时候，就明确学生个体学习流程，并在课堂教学上确保每个学生拥有足够的、完整的、有序的训练，事实上也就重新确立了“教”为“学”服务，把学生的学习视为课堂的真正核心这一教学思想。

在新教育有效教学框架中，小学阶段，个体学生的学习清单出现在备课纸的右手栏；在中学阶段，个体学生的学习清单将出现在备课纸的左手栏。这种变化的背后指向，意味着小学阶段，教师直接组织教学，带领学生展开教学活动仍然是课堂教学活动的主导行为，而随着年级递增，学生的自主学习能力越来越强，个体学生的学习就越有可能自主实现，也越有必要放手让学生去自主学习、自主交流。

在教学板块部分，新教育有效教学框架又要求课堂能够清晰地划定为若干板块，并在每一大板块及核心部分的不同小板块叙述后，注上本板块要解决的目标序号及可能所需时间。在此部分一定要以教学板块的角度来叙述，不能只是重复教材及解读，应该清晰地写出教学组织的策略及过程。很显然，这一做法的宗旨是为了体现“效率”一词，使课堂上除了呈现必要的节奏、方式的灵活多样，每一分钟都有所计划，都不会被老师随意的、漫不经心的讲解所取代，而是明确地指向学生学习目标的达成。

教学板块 （注明各板块解决目标序号及所用时间）	个体学习清单
第一板块—— 此部分一定要以教学板块的角度来叙述，不能是文本及教材解读，而应该清晰地写出教学组织的策略及过程。 在每一大板块及核心部分的不同小板块叙述后，注上本板块解决目标序号及所用时间，如:【目标 A2，3 分钟】	此部分务必要以一个学生的角度来描述他的课堂学习行为，如听老师讲，进行小组交流，齐读课文，参与讨论，思考问题。但不能将要达成的目标及内在的感受放在这里，因为这些并非直接的学习行为。
第二板块	
第三板块	
第四板块	
第五板块	
第六板块	
第七板块	
……	

很显然，左、右手栏是相互关联的，从学习的本质来讲，教学板块栏，是服务于个体学生学习清单栏的，而从课堂教学作为一个集体活动的角度来讲，教学板块栏又是课堂上的主要线路。事实上，它们是同一个流程的两个侧面。理解了这一点，那么任何形式的书写都将能够体现教学的本质。

综上所述，新教育有效教学框架，也就是在继承传统“目标—策略—评估”的科学的教学流程的基础上，再次强调了两个重点：一是针对公开课重方法重策略，强调了以精确的目标为课堂教学统率；二是针对当前课堂上教师讲解代表学生学习的现状，强调了要确保、还原个体学生的独立、完整学习。

设计实例

这里仍以《自然之道》为例，来看课堂教学板块部分的设计。

当然，在落实有效的板块式教学的时候，实验老师们在初期经常会遭遇这样一种困难：课堂显得机械破碎，失去了课堂的整体感。

以上面的教学框架而言，如果它强调每一板块所欲达成的教学目标，以及初步规定的时间，确保了教学的有效性的话，那么这种规定并不能够确保课堂教学是一个有机的整体。这就要求教者对认知有一个更高的整体认识。

教学板块 （注明各板块解决目标序号及所用时间）	学生课堂练习单
第一课时	
第一板块——单元综述【单元目标，10分钟】 1. 朗读单元提示。回答：本单元主题是什么？要求是什么？你已经知道什么？ 2. 出示本单元纲领性思想——《道德经》章句“人法地，地法天，天法道，道法自然”：人师法大地及大地上的万物，大地及万物师法“天”（昼夜、阴晴和四季），“天”的运行师法于“道”，“道”的法则是“自然而然”（让万物以它们自己的方式成长、存在、消失）。可思考：哪些课文或段落是讲人法地，地法天，哪些课文或段落是讲道法自然的。	读单元提示。 参与讨论。理解“启示”的含义。 抄写《道德经》章句及主要解释。 参与初步的讨论：哪些是人法天地自然（自然界之自然），哪些是道法自然（自然而然之自然）？
第二板块——朗读课文，整体感知课文，基础检查【目标1、2，20分钟】 1. 点面结合朗读课文，起到既正音，检查预习，又整体感受课文的目的，老师适时指点。 2. 字词检查。 3. 检测、校对预习2，并做简单讨论。明确：课文以人的情感变化为主要内容。 4. 顺着刚才的情感描写的语句，为课文写几句感想性的结尾。	聆听式默读或朗读课文。 按提示填写生字词语及对课文的基本理解。 同桌或自我校对，订正。 小组校对自己所画的表现人的情感变化的语句。在全班讨论中纠正。 试写课文结尾。
第三板块——换角度综述课文，进一步整体把握课文【目标3，10分钟】 1. 讲述，交流，评议。 2. 顺着大家梳理出来的语句，用小海龟的口吻，为课文写几句感想性的结尾。	在小组中听或读改写的文章。 参与小组讨论。 参与全班讨论并批画自己的习作。 试写第二种文章结尾。

（续）

第二课时	
第四板块——理解课文核心词语：自然之道【目标3、4、5，20分钟】 1. 集体朗读课文，或分角色朗读课文。 2. 讨论预习4：课文中向导曾经说过“自然之道”这个词语，联系全文好好想一想，他说的“自然之道”，和课文标题中的“自然之道”，意思一样吗? 3. 讨论要求以课文为据，有分歧，则回到课文中。插入必要的朗读等。 4. 如果有必要，可以引入预习5的讨论：开动脑筋想想，我们怎样才能更好地帮助小海龟，让它避免被海鸟掠杀?	朗读课文。 参与“自然之道”讨论。 参与小海龟拯救策略的讨论。 明确“自然之道”的意思。
第五板块——换角色、换角度思考问题【目标3、4、6，5分钟】 1. 请从海鸟的角度，来叙述这篇课文。 2. 教师引导并维护“海鸟的角度”与“海鸟的利益”思考方向。	思考并聆听第三种角度的叙述。
第六板块——重读课文，用所得的观点批注课文【目标3、4、5，10分钟】 1. 出示目标。 2. 教师示范。 3. 分组进行：一批注向导，一批注游客和“我”，一批注海龟和海鸟。	按所分的任务批注课文相关内容。 交流批注。聆听其他各组的批注。
第七板块——归纳课文的“自然之道”，或者说大自然的启示，回到单元思想【目标4、5、6，5分钟】 1. 写出课文“自然之道”的含义。 2. 讲讲大自然给我们的启示。 3. 出示单元思想纲要，联系起来进行理解。 4. 布置作业（完成余下作业，并在整个单元中，寻找与本篇课文意思相似的文章和段落）。	写出课文标题中“自然之道”的含义，明确课文给我们的“大自然的启示”。 进一步理解“道法自然”的含义。

“思维五步”+“过程三段”——远离机械破碎的课堂

关于认知的更高的整体认识，新教育有效教学引进了怀特海的过程哲学思想和杜威的思维五步法。应该说“思维五步”和“过程三段”的理论对大多数人而言并不陌生，但我们认为，大家都只是把它们当成词语来接受、来理解，并没有真正用它们来理解教育实践。我们认为，一旦真正理解了这些思维与认知的模型，那么课堂教学就会产生深刻的变化。

怀特海的“过程三段”是“浪漫—精确—综合”。这是一个理解范围极为广泛的哲学概念，我们在这里不妨把它的应用局限在教学中的“认知”和“文本解读”这两个小点上。

也就是说，我们认知任何事物，包括对知识的汲取，都首先会“整体地泛泛地感受”，这可以视为“认知的浪漫阶段”。然后，我们会对事物或知识的某一局部进行聚焦，对此一点进行深入地认知、理解，这就是“认知的精确阶段”。但因为局部不是整体，所以这种精确的认知，需要不断地更换焦点，譬如在理解课文时，可能会在文本形式和文本内容之间，进行注意力的转换，或者更常见的是我们逐段加以聚焦分析。甚至有时会对一句话、一个字，进行反复细致的咀嚼。凡此种种，都可以说是“精确”。但这个“精确”总是在最初的整体的背景下完成的，不会失去整体性。即我们在潜意识里知道，当我们在分析一条腿时，这是一头牛的局部（庖丁解牛）。最后，我们终会自觉地把认知焦点放回到整体，这就是认知的“整体阶段”。这种阶段的认知思维，在我们的语文教学中最为普遍地被使用，譬如我们在学习课文时，往往会自觉不自觉地遵循“总—分—合”的结构，而文章，作为一个完整的思维结果，它事实上也往往遵循着这样的一个结构，或者是在此结构上的一些变式。

而杜威认为每一成功的认知思维的两端，开始是一个迷惑、纷乱或困难的情境，结果另一端是一个澄清、统一或解决的情境，思维就在这两端之间进行着。在这两端之间，思维的过程经历了五个步骤。我们可以发现，这与“浪漫—精确—综合”有相似的地方，只是表述的角度有所不同。如果说“浪漫—精确—综合”作为一个哲学模式符合一切事物的发展，包括思维的发展，包括事物的发展，也包括课堂的发展的话，那么杜威的模式更明确地把注意力放在经验或者思维的发展过程上。杜威的思维五步是：

1. 有疑难的情境引发思维的冲动。

2. 确定疑难究竟在什么地方。

3. 提出解决问题的种种假设。

4. 推断每个阶段所得的结果，看哪个假设能解决这个困难。

5. 进行试验、证实，驳斥或改正这个假设。

在实际经验的过程中，有的阶段可以合并，有的阶段历程甚短，甚至没有被人察觉，因此，五个步骤并非固定不变的方式，应随个人思维能力、习惯和具体情境而定。杜威认为，思维过程“既是组织思想的方法，又是做学问的途径”，即学习的最佳办法，是遵循思维发展规律的方法。所以他从思维的五步法类推出他的“以解决问题为中心”的教学过程，提出“教学法的要素和思维的要素是相同的”。即：

1. 提供给学生一个真实的情境——要有一个使学生对活动本身感兴趣的、愿意持续下去的活动；

2. 从这个情境内部产生出一个真实的问题，作为对学生思想的刺激和活动目的；

3. 学生要通过调用已有知识、查阅新的资料、进行必要的观察来解决这个问题；

4. 学生必须一步一步地形成、提出解决问题的方法；

5. 学生要通过实际活动来检验他的解决方法，使这些方法更加清晰具体地体现在教学中，教师可根据具体情况省略其中的某个步骤。

这就是对杜威著名的解决问题的“五步法”的简述。

譬如在《自然之道》这一课的教学板块的后面，教者其实是遵循以下思路来进行的。

思

课堂之思，是指学生的头脑由一个任务、困难或问题所引发，开始一段思维的旅程。

它可以表现为对一个文本的逐渐的深入理解，可以表现为对一种知识的逐渐深入的理解与掌握，可以表现为对一种技能的逐渐深入的认识与把握，甚至可以表现为对一种规则的认识与把握。但是，思是一种进程，这是显而易见的。

本课教学中学生“思的进程”之假设

感知课文。

↓

套用原有的道理（概念）来理解课文；

以原来读过的文章来与课文交叠，对这篇课文的理解取决于他能够记起哪些文章。

↓

感受性地理解“道法自然”的哲理，在哲理与课文之间，尝试联系。

↓

当换位思考开始后，他将豁然看到问题症结之所在。这个过程包括：

从游客视角转到小海龟视角；

从小海龟视角转到海鸟视角；

从海鸟视角转到整体视角（自然之整体）。

↓

在获得整体视角后思考自然背后的道理；

再度获得哲理与课文之间的关系。

↓

用这个哲理观照其他更多的文本，以及整个单元。

课后反思，检查效果

2400 多年前，希腊医学家希波克拉底提高自己医术的策略是：给病人开出药方后，把预测的治疗效果记录下来，并将自己的预测和病情的实际情况进行比较。

正是这种“冷峻的反思”，让希波克拉底成为医学之父，也正是对这种方法的继承，才出现了一代代优秀的医生，并且让医学这门实践技术，享有科学的声誉。

与此相似的是，我们的课堂也同样是这样的过程：针对问题及目标提出决策（开出药方），用行动来践行决策，获得一定的成果，最后获得一个可以评估的结果。

也就是说，如果我们想要实现课堂上的精确与高效，我们应该“记录预测的治疗效果”——我们称之为“教学目标”，即学生应该掌握的内容，下药（教学）过程中及下药之后，将自己的预测和实际情况进行比较。

三大模糊

可惜的是，我们在这一过程中有三大模糊：

一是目标不清，尤其是语文，大多数教师即使上完了一堂课，也说不出这堂课他究竟想让学生掌握什么——他会将自己做过什么，作为对这一问题的回答。这就像是你问他想治什么病，他说他用了什么药一样糊涂。

二是上面所说的，他将自己策略中的自己的行为部分或集体的行为部分，当成了学生的学习过程。也就是说，他没有一个应该有的意识：课堂学习是每个孩子不能例外的事情，你必须清楚，你要让每个学生在学习。

三是和医生治病时，药有没有效，由病人的病情有无好转说了算不同的是，教师的教学有没有效果，是由我们自己说了算的。教师甚至可以利用自己的先天权威，否定学生的学习感受，而判定药方（决策）是正确的，只是病人的肠胃不配合，所以药没有了效果。

三大模糊之下，我们的教学焉能取得理想的效果？

要想改变这一状况，不做一个糊涂“医生”，我们应该设法做到：

1. 课前明确清晰的目标，即课后学生应该掌握的知识与能力，哪怕掌握的部分知识是感受性质的，教师也要能够清晰地描述。

2. 依据掌握的信息制订出课堂“药方”（教学策略），尽可能在课堂上及课下进行检测，用检测出的结果，来检测我们的目标、策略是否合理及有效。

3. 形成一种反思习惯，要持续追问：为什么我的估算正确率如此之低？哪些方法能够得到更有效的课堂反馈？

所以，课后反思，也是新教育有效教学框架的组成部分之一。其实反思更好地是直接在上面用红笔作批注，对解读、目标、预习、板块及清单任何一处成败做批注。这比泛泛而写的老生常谈更有益。

课后反思，既可以由教者做出，也可以由参与本单元的其他老师，即观摩者做出。无论哪一种课后反思，其目的都不是为了自我满足、自我阿谀，或者相互阿谀。而是为了让教师的目光更敏锐，更能够发现问题，提高效率，成为课堂教学中的希波克拉底。

课例：《燕子》——语文味与阅读教学的整体感

因为自我反思往往是在原框架上的批注与修改，不容易看清其面目，所以这里仅以共同体中的反思文本为例。

“语文味”，是近来流行于语文教学研究界的一个神话，在这个神话里，夹杂着太多说不清道不明的东西，与其说它包含着什么明确的意思，倒不如认为这个词语，专门用来反对那些想使语文教学“理性化”“可操作法”，或者说真正“成为教学与课程”的努力。

一般说来，这个词可以被赋予以下几种意思：

1. 语文是一门不同于数学的艺术性学科，它本身就是模糊的，所以，不仅它的知识是模糊的，而且它的教学也同样是模糊的，它只能如此，这是它的性质所带来的宿命。

2. 教学是一门艺术，语文教师事实上应该被视为表演艺术家，他应该在板书、朗读等诸多教学的形式上，直接地体现出语文之美。如果课堂上不能发现这种附着于语文教师身上的神秘但迷人的语文风采，那么这课就没有了语文味。

3. 阅读教学是对一个整体文本的鉴赏，将文本肢解了做精细的分解，是无法达到对文本的整体理解的。

当然，“语文味”这个神话术语事实上可包含的东西还要多得多，这复杂的甚至矛盾的种种意蕴，事实上也自我否定了这个词本身。

对上面的第一个问题，我们可以说，它不仅混淆了教学内容（知识）与教学过程，而且也并没有真正理解语文课程知识方面的特点。事实上，语文课程除了接受一些经典的传统精粹，主要是训练学生拥有解读文本并与之对话的能力。就其所阅读的文本而言，不仅有散文、诗歌等抒情性质的文本（这样说并不完全符合文体特点），还有小说、故事、传奇、寓言等叙事文本，还有说明性、介绍性、议论性文本。模糊一说，本身就是对语文学科认识的模糊所致。语文学科也许是所有学科中最为复杂的，其复杂性不容否定与简化，但是，将之视为一个说不清因此也不必去说清的学科，这是懒惰甚至无能的表现。

更重要的是，即使在某些时候，知识本身因其复杂性与深邃性而无法说清，但是作为教学过程，却仍然可以是清晰的。

譬如在《燕子》一课的讨论中，有老师提出词语的咀嚼是一个说不准的东西，而我的对策，并不是把准确的词义给予学生，而是准确地教授学生一种圈点批注的方法，让学生学会用这种方法去探索“理解关键词句”在文中的意思，我介绍的方法大体如下：

> 在预习中或课堂上请学生找到词语，动笔圈画，体味妙处，加以批注。课堂教师要先重点指导一两个词语，在别人和老师发表完意见并达成共识（这里指较一致的解释）时，学生要及时在课堂上动手写下来，这些不能是靠耳朵听听就过去的。指导重点词语后即放手，请学生自己动手，圈画批注，小组交流，全班反馈。即在课堂上，让每个学生都得到动手、动笔的时间和机会。并且，是明确地让学生知道自己在“做什么”，做这个是“为了什么”。

也就是说，纵然词语仍然因某种原因是模糊难明的，作为教学的课堂活动，它本身是可以清晰的。

对第二个问题的解答，建议最好是改变一下听课的方法，即把目光从老师身上移开，移到学生身上。这时你就会发现，可能老师自以为是滔滔不绝地背诵准备好的台词时，学生的目光却是游离的、蒙眬的。即使有时学生很激动，很兴奋，那也往往是非知性的情绪弥漫在课堂上的结果而已，作为知识的学习，作为知性发展的语文学习，并没有在这个精美的课堂上出现。

这样讲并不是要否定老师讲的意义，更不是要否定教师必要的示范、讲授，以及恰当的表演、演讲。事实上，语文课若长期没有这些，没有教师深刻的示范，没有某种激情调剂，确实会有一种失魂落魄的危险。

但是，学习毕竟最终是学生的事，每个学生要达到这些规定了的学习目标：掌握某些知识与技能。只有教师的讲授是最好地实现这些目标的方式的时候，教师的讲授才是有效的、有意义的。但是，只要学生的学会学习（包括学会独立思想和学会独立完成技能性的作业）是一切目标中的核心目标之一，我们就必须对教师在课堂上的自我陶醉予以警惕。

第三个问题，是最有价值的问题，但仍然是没有认识到语文教学的真正的规律性，或者说更为合理的步骤。这个更为合理的步骤，就是按照“浪漫—精确—综合”的认识过程来安排教学。

也就是说，语文教学——这里指阅读教学，首先需要培养学生对文本的感受力。这表面上是目前语文教学所极力提倡的，而且似乎当前的语文教学到此为止不能前进了。而事实上，我们将感情强行逼入文本，带着夸张的、不真实的表情朗读课文，用这种朗读来代替“感受文本”，只能说是扭曲的教学。无论在什么时候，感情都是从文本中读出来，而不是逼入文本中的，只有读出恰如其分的感情，才是真正的理解文本之路。认识到了这一点，那么默读和朗读全文，都是一种有效的整体感受课文的方法，通过揣摩该如何朗读这篇散文，确实可以说是一种对课文“浪漫”的而没有到达“精确”的学习。浪漫阶段（整体感知文本）可以有多种方法，对《燕子》这样的优美散文而言，揣摩如何朗读是较好的途径。

事实上，“浪漫—精确—综合”是一体的，在我上学期所上的《九寨沟》《小露珠》诸课上，大家已经看到了非常严格的“浪漫—精确—综合”过程。因为浪漫与综合阶段都是对文本的整体理解，所以，文本的整体感以及教学的整体感，就都不会被破坏。（我认为，教学的整体感目前尚不宜被追求，这会误导教师的课堂教学。事实上，课堂研究目前迫切需要的是进入“见山不是山，见水不是水”的第二境界，而不是“见山是山，见水是水”的第三境界，因为不经过第二境界，永远只是第一境界的“见山是山”，而无法抵达第三境界的“见山是山”。）

解决之道其实也非常简单，就是先设计一个指向整个问题的问题，以此问笼罩全文，也笼罩全文的教学。而对此问的解答，又必须细化到对每一部分的精确分析，在对每一部分的精确分析的基础上，我们最后回到这个问题，达成对这个问题的整体解答，也就是经历了一个“浪漫（依据感受在心里试答此问题，但不充分）—精确（在各部分中寻找解答此问题的线索）—综合（综合所得，达成对此问题的解答）”的完整过程。

我在讲《九寨沟》时用一个“画”字统领全文，细析每段每句，最后回到对全文的整体理解。这个方法几乎可用于一切写景散文，若你找不到对具体文本的其他的合适的方法，那么就可以直接把这个方法应用于写景散文的教学。

与《九寨沟》先从最后一段里找出“画”字及“画中全部景物”，然后在各段中找出“画中景物的细致描写”不同的是，《燕子》一文的教学，可以看作在白纸上添画的过程。即将全课的教学，视为在一张白纸上逐渐添加景物，最后完成一幅春景春燕图的过程。

课堂上，需要让学生将头脑掏空，把教学视为一张空白的纸。然后，我们通过阅读，慢慢地添加内容。我们先添加的是背景——主体事物燕子出场的背景：

> 阳春三月，下过几阵蒙蒙的细雨。微风吹拂着千万条才舒展开黄绿眉眼的柔柳。青的草，绿的叶，各种色彩鲜艳的花，都像赶集似的聚拢来，形成了光彩夺目的春天。伶俐可爱的小燕子，从南方赶来了，加入这百花争艳的盛会，为春光增添了许多的生趣。

在这一段中，我们添入了“细雨”“微风”“柔柳”“青草”“绿叶”“花”，然后主角“燕子”出场了。在它出场前，虽然作者努力在将静物写动，但是，整个画面毕竟是静止的。它的出场，改变了这一切：

> 在微风中，在阳光中，燕子带着它剪刀似的尾巴，斜着身子在天空里掠过，唧的一声，已经由这边的稻田上，飞到了那边的高柳之下了。还有几只横掠过波光粼粼的湖面，剪尾或翼尖偶尔沾了一下水面，那小圆晕便一圈一圈地荡漾开去。

这就是特定镜头，对画面主角燕子的特写。课堂教学时，既要嚼字，又要指导朗读，如何精确，这里不再逐一细述。

最后，作者又回到了全景，将燕子还原到背景中：

> 有几对燕子飞倦了，落在电线上。嫩蓝的天空，几痕细线连于电杆之间，线上停着几个小黑点，那就是燕子。这多么像正待演奏的曲谱啊！

如此精确分析，方法与角度都太多。老师在课堂上抓住“几根”“几痕”之辨本来也是不错的，可惜因为对“痕”字的理解不到，便错失了良机。其实“痕”字理解并不难，从字典意义上讲，“痕”指“创伤痊愈后留下的疤，亦泛指斑迹”。也就是说，“痕”是某物留下的“痕迹”，而不是某物的实体。从视角上来讲，它的特点就是“若隐若现”“看不分明”“淡”。这表示在画面上，燕子处于远景之中。

这样，画画的过程就宣告结束，背景—主体—全景，这几乎也是一个“浪漫—精确—综合”的过程。

事实上，一种最深刻的反思方法，被我们称为录像回放，或者课堂的文本细读及批注法。所谓录像回放，就是把课堂用录像设备或录音设备录下来，然后由教者自己或教研组集体进行录像回放，在必要处进行定格分析。而课堂的文本细读及批注，是由第三者依据录像，用新教育称之为“现象学式描绘”的方式，把课堂现场描述成一个文本，然后，大家分别对此文本进行批注。关于此点，在本书的第三部分中将有更进一步的展开。

训练有素

维持课堂纪律一般有以下几种方法：训诫与惩罚，游戏与奖励，知识内在的魅力。毫无疑问，虽然这几种方法都有存在的合理性，但无疑前面的方法是简单粗暴的，是外在的，只有发掘知识内在魅力以吸引学生才是在教育伦理上合法的，在认知科学上合理的。

但是，这显然并不是最高的教育境界，而且它也不十分合理。因为学习往往伴随着漫长的疑难，可能整个过程的大部分十分枯燥，而且还可能会遭遇到最终“失败”，即不能获得打开奥秘时的那种无上的快乐。所以，让知识焕发迷人魅力是一种理想的课堂境界，是教师不懈的人生追求，但是，在教学实践中，还有比它更可行，也更为高明的境界或方式，它就是“训练有素”。

新教育十分强调训练有素，“训练有素”，既指学习行为上的训练有素，包括上课的某些程序，学习的一般流程，以及对话规则等，也指学生思维上的训练有素。思维上的训练有素，就是养成一种比较专业的敏感，能够迅速对问题进行归类，搜索出最接近问题解决的工具和方案，尝试着进行解决。

思维上的训练有素，就是问题之解决，就是上面所说的杜威的思维五步和问题解决法。

从定向预习，到课堂参与，尤其是课堂上的思维渐进过程，到课外独力完成某些延伸作业，事实上，新教育实验无不在强调对学生进行思维上的专门训练。所以，这套程序，既是外在的学习程序、教学程序，同时也是有方向的思维程序训练法。

新教育有效教学在程序上的训练有素包括：

预　　习：布置、运用、检测、评估。

小组研讨：分工与程序、主持、效度评估。

课堂对话：聆听与应对。

课堂练习：时间、准确度、评估。

预习又可细分为：

布置——在直抵核心目标的基础上全面深入。

运用——课堂从预习检测开始，许多时候整个课堂是预习的充分展开。

检测——预习应该进行准确的检测，学生要修正错误的预习。

评估——对优秀的预习，要激励；通过正向反馈及必要的强调，最终让学生习得预习的方式，或者说，把预习当成是最本真的学习。

小组研讨可细分为：

分工与程序——小组要事先固定，异质组成（在同一组内在程序不一、思维方式不一的学生），学生已经有常规的分工（但可轮换）。要有意识地通过聚焦小组研讨，让学生明白小组研讨的程序，养成小组研讨的氛围。

主持——每个小组要有组长，即主持人。除非老师指定，否则由主持人确定本次代表小组发言的人员。

效度评估——在专门训练的初期，教师要对小组研讨进行效度评估。在成熟之后，还要不时进行这种评估。

课堂对话可细分为：

聆听——课堂对话中，聆听是核心，是比发言更要重要的核心要素。所以，要对如何聆听进行专门训练。

应对——聆听质量，体现于相互应对中。包括对同学发言的应对，对老师提问的应对。好的聆听习惯和应对习惯，将创造出真正的对话的课堂，而不是小手如林，急于自我表现的“伪主体性”。高质量的应对，将把思维沿着知识指示的方向，一层层地往前推进，直到“真理”在课堂上显现。

笔记——教师要有意识地培养学生边聆听、边参与、边记笔记的学习习惯。对笔记的方法要进行专门训练，如批注法、关键词法。对重要的知识，教师要有意识地提醒笔记。笔记的进一步发展就是思维的整理，所以在高年级，应该通过图示法，将预习和笔记结合起来，即要有意识地让学生学会用智慧脑图进行笔记。

新教育最终要培养出来的，就是训练有素的学生。所以，“训练有素”四个字在有效教学中有着不可替代的重要地位。

“训练有素”包括行为上和思维上。

小贴士

学习标准

如果要让学生成为学习的自觉者，以及方向明确者，那么他自己应该知道长期内学习的整个方向。

如果要让家长成为学生学习的帮助者，教师的教学帮助者，而不是成为把一捆捆的应试资料盲目地往家里搬的恐惧者，那么他们也应该知道自己的孩子在一个学期或一个学年中应该掌握的知识，应该达到的水准。

新教育有效教学概念系统中的“学生学习标准”，就是一个为了让教师教得清晰，学生学得明白，家长帮得正确的方案。

可以说，它是要求融合学科课程标准、教材核心知识（包括记忆性知识、理解性知识和操作法知识）、测试及应答的一般模式这三者的一个“附加教材”。学习标准是为了避免沦入应试的无边无际的题海之中，同时，又相信测试的积极作用，并承诺把促进学生的学业成就当成教学的第一生命力。

通过清晰的知识梳理，学生能够更好地掌握知识，避免盲人摸象般地跟随老师，在题海之中捞取没有生命力的僵死的“应试知识”。

以下是一个单元的学习标准，它在单元教学之前，就已经发给学生，学生可以依据自己的学力，划去已经掌握的知识与技能，在最有困难的地方，用红笔标示。并要求在此基础上，让家长过目。

课例：五年级语文（下）第一单元学习标准

一、字词

1. 要求学会的生字（会读、会写、理解意思）。

叮 谣 裸 寂 寞 叽 蹦 咆 哮 盈 解 喷 倚 栏

扣 旺 畅 肢 酿 朴 墨 寿 哪 默 瓣 苔 篱 蝶

2. 下面的字只识不写。

锨 镐 煎 熬 颐 澜 棠 额 匾 砚

3. 理解由生字组成的词语。

叮叮当当 歌谣 裸露 寂寞 叽叽 又蹦又跳 咆哮 成千盈百 不解 喷发 栏杆 背倚着 纽扣 旺盛 欢畅活泼 四肢 酿雪 朴素 笔墨 纸砚 哪里 默默 花瓣 苍苔 篱笆 蝴蝶

4. 多音字（弄清读音，理解意思）。

（1）儿童不解春何在：解，jiě，明白。儿童少不更事，对春天、对季节的概念不那么清楚。

（2）使出浑身解数：解，xiè，解数，指武术的架势。也泛指手段、本事。

5. 理解课文中重点词语的意思。

彩翼 成千盈百 座无隙地 烂漫 浑身解数 忸怩 冰清玉洁 纯净 疏淡 润泽透明 应怜屐齿印苍苔，小扣柴扉久不开 儿童急走追黄蝶，飞入菜花无处寻

二、句式训练

1. 比喻句：弄清本体与喻体之间的联系，体会句子所要表达的意思和感情，从而体会比喻句的好处。

课文中的句子：

（1）成千盈百的孩子，闹嚷嚷地从颐和园门内挤了出来，就像从一只大魔术匣子里，飞涌出一群接着一群的小天使。（用“魔术匣子”比喻什么？“小天使”比喻谁？这样写你觉得怎么样？）

用“魔术匣子”比喻“颐和园”，“小天使”比喻“孩子”。这样写更形象地表现出孩子的活泼可爱、勃勃生机。

（2）这繁花从树枝开到树梢，不留一点空隙，阳光下就像几座喷花的飞泉……（用“喷花的飞泉”比喻什么？这使你觉得怎样？）

用“喷花的飞泉”比喻开满淡红色花的海棠树。这样写不仅突出海棠花开得旺、艳，而且形象地展示出整棵海棠树盛开的姿态。

2. 认识顿号，体会顿号的用法。

课文中的句子：

（1）当年鲁迅就在那里读书、习字、对课，或者把宣纸蒙在《西游记》一类的小说上描绣像。

（2）素以品行方正、教书认真著称的寿镜吾老先生严厉地说了这样一句话：“以后要早到！”

标点符号“、”表示句子内部并列词语之间的停顿。主要用在并列的词语或并列的较短的词组中间。

三、能正确、流利地背诵下列课文，能够正确地默写

《春光染绿我们双脚》、《只拣儿童多处行》（第5至第9自然段）

《古诗两首》（《游园不值》《宿新市徐公店》）

对于古诗，除了背诵和默写，还要理解其中的重点词语的意思，知道诗句的大意。

四、片段训练

1. 读到“春色满园关不住，一枝红杏出墙来”，你的脑海里出现了怎样的情景？把你想到的画下来，并且用文字表达出来。

2. 描写春天的一种植物，注意写出它的特点。

3. 读一读《只拣儿童多处行》第 3 自然段，看看作者是怎么描写孩子们的，仿写一段话。

4. 仿照《早》第 3 自然段的写法，写一个你熟悉的场所。

五、关于课文学习，要熟练掌握横线所画的内容

1.《春光染绿我们双脚》：

踏一路春风，撒一路欢笑，走遍青山碧岭，春光染绿我们双脚。

这一节在全文中起首尾呼应、总结全文的作用，表达了同学们绿化祖国、美化自然的豪情壮志。

山下的河水不再浑浊咆哮，荡漾的碧波轻抚着河畔的小草。待到金色的秋天，我们把丰收的果园拥抱。

这段话中表现水变化的词语是浑浊咆哮、碧波轻抚。从这样的变化中可以体会到植树造林给自然环境带来的巨大变化，取得了丰硕的成果。

诗歌第 5、6 自然段描写的小动物有小鸟、松鼠、小兔和小猴，表现它们心情的词语是抖动、快活、叽叽直叫、再也不怕、开心。松鼠有了美丽的家园，快活得叽叽直叫，好像在说："……"

2.《只拣儿童多处行》：

理清作者行踪路线：冰心老人"只拣儿童多处行"，先迎着儿童的涌流，挤进颐和园，接着在知春亭畔看到许多儿童在玩。最后走进玉澜堂，与孩子们共赏海棠花。在整个游览的过程中，冰心老人一路上看到了儿童和花儿的勃勃生机，由此感慨：只拣儿童多处行，是永远不会找不到春天的！

春光，竟会这样地饱满，这样地烂漫！它把一冬天蕴藏的精神、力量，都尽情地释放出来了！

花儿和儿童一样，在春天的感召下，就会欢畅活泼地，以旺盛的生命力，舒展出新鲜美丽的四肢，使出浑身解数。这时候，自己感到快乐，别人看着也快乐。

这篇课文主要描写儿童，作者又用了许多笔墨描写花儿，这样写的目的是托物言志，借花喻人，赞美春天里充满旺盛生命力的花儿，实际上赞美儿童就是祖国的春天。

3.《早》：

按方位顺序介绍了三味书屋的陈设，文中表示方位的词语是朝西、南墙、东面、正中、四面、东北角、前面。

《早》一课作者写梅花就是为了以花喻人，以梅花开得早衬托鲁迅时时早、事事早的精神。

迈进后园，蜡梅开得正盛，几乎满树都是花。那花白里透黄，黄里透绿，花瓣润泽透明，像琥珀或玉石雕成，很有点冰清玉洁的韵致。梅飘香而送暖，梅花开的时候，正预示着春天的到来。二十四番花信风，一候是梅花，开得最早。

提示：体会画横线词的意思，体会梅花的特点（开得多、梅花的色泽美丽、梅花的清香、梅花的品格）。

4.《游园不值》：

这首诗是宋代诗人叶绍翁所作，“不值”是没有遇到的意思。诗的前两句写诗人春游访友不遇，表明诗人遗憾、扫兴的心情，后两句写诗人从露出墙头的“一枝红杏”，联想到“春色满园”，心里一下子高兴起来。

这首诗中表现深刻哲理的诗句是：“春色满园关不住，一枝红杏出墙来。”蕴含的哲理是：任何新生事物和进步力量都是无法阻挡的，它总是冲破阻力向前发展。

5.《宿新市徐公店》：

这是宋代诗人杨万里的作品。这首诗描写的是春天（什么季节）乡村田园（什么地方）的景色，诗中描写春天景色的诗句是：“篱落疏疏一径深，树头花落未成阴。”描写儿童活动的句子是：“儿童急走追黄蝶，飞入菜花无处寻。”

在《宿新市徐公店》这首诗中，作者抓住篱笆、小路、树、黄蝶、菜花等景物，描绘了一幅春意盎然的儿童捕蝶图，表达了诗人对田园春色的赞美和对乡村孩子的喜爱。

六、积累拓展

1. 保护环境的公益用语。

珍爱生命，珍爱我们共有的家园。

多一片绿叶，多一分温馨。

告别城市的喧嚣，投入绿色的怀抱。

水是生命之源，树是水的卫士。

2. 鲁迅珍惜时间的名言。

时间就像海绵里的水，只要愿挤，总还是有的。

节省时间，也就是使一个人的有限生命更加有效，而也即等于延长了人的生命。

哪里有天才，我是把别人喝咖啡的工夫都用在工作上了。

七、写作练习

训练目标：

1. 学生能够留心身边景物，连续观察，并进行丰富的想象，随时记录。

2. 按照一定的顺序抓住过程进行细致描写，写出它的变化经过，要写出景物的特点，注意文章的过渡要自然。

提示：学生要连续观察一种自然现象，如朝霞晚霞，月圆月缺，春风春雨，雾起雾散，等等。

优秀范文：

雾

早晨，一打开房门，啊！世界万物都披上了一层缥缈的轻纱，世界成了仙境一样。就连早晨就会升起的太阳也被雾这位神奇的魔术师隐去了，往日鲜艳的脸庞模糊了，只留下一圈黄红相间的圆晕，在迷蒙的雾气中，透出些许红晕来。

雾，越来越大，好像要把整个世界笼罩得严严实实才罢休似的。人们的身影在大雾中忽隐忽现。近处，人们都被雾这位画家描绘了幅全身像，远处则绘出了半身像，如同上半身悬挂于空中，神奇美妙。这大概只有雾这位杰出的画家才能栩栩如生地刻画出来吧。

雾，把人们带进了一片浩瀚无垠的大海。在这茫茫的雾海中，高大的楼房似乎都矗立在宽阔的大海中，楼房是海中的一个岛屿。而汽车、人们就是岛中一座座移动的小岛了。

在人群较密集的地方，彼此打招呼时首先要辨认一下，自己是否看真切了。在汽车灯光的指引下，在一束束交叉着的灯光的影响下，雾中的世界又变得迷离起来。如果不是来来往往的车辆发出的喇叭声此起彼伏，还真会以为自己来到了天庭。

来到了郊外，雾渐渐浓了，已经伸手不见五指。会感觉人都是突然从某个角落冒出来的，而不是一步一步走来的。雾，让一切穿上了隐形衣，四周朦朦胧胧、渺渺茫茫、轻轻柔柔。

深一脚，浅一脚，行走着。雾在睫毛上、头发上顽皮着，凝结成玲珑剔透的水晶球，一眨眼，便从睫毛上滚落下来，清爽无比。这时，悠悠地飘着几缕清风，把雾纱轻轻掀开，吹起一角，于是光亮闪现在人们眼前。

渐渐地，仙气如烟般袅袅地散开，湛蓝的天空逐渐明亮起来，好像刚才只是一场梦。

雾，神奇的雾！

八、关于“练习 1”

训练目标：

掌握字谜的特点，能根据谜面猜出谜底，并且能自己创作谜面。诵读散文诗，领会散文诗的韵味，提高感悟语言文字和审美的能力。练习口语交际，学会在生活中遇到麻烦或者困难的时候向别人请求帮助。

例 1：字谜是怎么创作出来的呢？书中的例子第一则用了形象化的描述；第二则是用了“转转盘”的方法，巧妙地借用了偏旁表义的造字规律；第三、四两则，都是一半描写字形，一半影射字义。当然还有一些别的方法。我们可以先试试。

从下面几个字中，任选一个来创作字谜，也可以选别的字。（后面的谜面仅供参考）

（1）哭——一只狗，真少有，头上长了两只口。

（2）休——人倚树旁，歇会儿再讲。

（3）盯、灯、钉、叮——有眼看得紧，有火看得明，有铁钻得进，有口说不停。

（4）笔——上边光，下边松，竹竿一头毛茸茸。

（5）众——三人一条心，黄土变成金。

例 2：这是一首散文诗，我们要反复诵读，并在此基础上，抓住“张开”“笑了”“醉了”“乐了”“染红”“漂白”“描青”“绘绿”“闻到”“花瓣”等词语体会散文诗所描写的意境，想象春天来了，大地在春雨的滋润下，一片生机盎然的景象以及人们的欣喜。

例 3：请你帮个忙（口语交际）。

提示：

1. 在生活中遇到麻烦或者困难时要主动向别人寻求帮助。

2. 求助时要注意有礼貌，让对方知道你的需要是什么。

两套大纲

仅从“学生学习标准”和服务于教材教学的有效教学框架来看，我们不能不反思一个问题：新教育构筑理想课堂，除了强调“训练有素”以及在核心教学目标中强调发掘知识这一伟大事物的魅力之外，本身有多少“超越的成分”？而无真正的超越，无论怎么精敲细打，也只不过是一种更为精致的应试技术。

这个问题，只有放在整体新教育的背景之下，才能得到更好的理解和解释。

何谓两套大纲?

如果说课堂教学是前台的话，教师专业发展（包括职业认同）就是它必要的后台。没有高度的专业，课堂教学就极容易沦为一种形式主义的应试，无论是成功的或者失败的应试教育。

如果说理想课堂是明线，是第一套学习大纲的话，那么新教育儿童课程就是暗线，是第二套学习大纲，是整个智力的背景，是完整人性的基础。

在学科教学中，哪怕是在本该“浪漫”，保持其整体性的小学低、中段，我们也因为学科制的原因，过早地切割了各个学科，成为零碎地教学。而在实现第二套大纲的新教育儿童课程中，生命与生活，教育与阅读，都还保持着整体性、完整性和阶梯性。

另外，新教育依据心理研究，相信精确的认知，只有建立在丰富的感受基础上，才能达到理想的效果。所以，作为第二套大纲的儿童课程，又为第一套大纲的学科教学，提供了丰富的、丰厚的智力背景。

有了宽广的智力背景，有了较丰厚的感性材料，那么精确的学科教学，就可能达到一个前所未有的高度。

两套大纲主要是指在漫长的学习生涯中，课堂教学和整体生活（尤其是课外阅读）之间的关联性。但是，它也不排斥在局部的课程里，实现其完美的结合。

下面是小学四年级“晨诵·农历的天空下·落花课程”中的几个片段，从中我们可以看到强调浪漫的儿童课程，与强调精确的课堂教学，是如何结合在一起的。整个落花课程历时十天，共学诗歌十余首（学生有差异），我们从中选取几个片段，相信通过这些片段，我们能够窥见两套大纲各自的作业。

课例一：明日落红应满径
（第二套大纲）

（4月9日）

昨天听了陈美丽老师的晨诵课，“百花课程”的告别仪式，“落花课程”的启动仪式。“落花课程”这个星期启动，贯穿整个开放周，正好在开放周的最后一天，以一个特别的仪式结束。

在“百花课程”中，陈老师精心地把孩子们的生活与诗词联系了起来。如“春色满园关不住，一枝红杏出墙来”这首，投影上显示出优秀学生的晨诵本；“红杏枝头春意闹”这首，出现的是前些天春游时的快乐照片；“竹外桃花三两枝，春江水暖鸭先知”联系的是运动会；“桃花一簇开无主，可爱深红爱浅红”这首，照片上孩子们正在实地欣赏桃花……凡此种种，都体现了“课程”这个词语的理念。课程，即把美好事物编织进我们的生活、我们的生命，也即是我们共同经历感受的这些美好诗词，这个季节，这些事情，这些心情。

一个课程，就是一个完整的表达。这个完整的表达，应该有自己特定的主题，有主题诗词，有主题音乐，有主题画面。但是，表达的主体，却不是诗词，而是活生生的我们——是每一个孩子，是教师自己。经历的，朗诵的，悲喜的，兴发的，感动的，觉悟的，是我们而不是其他人。这些诗词，应该能够与我们的日常生活相交织。

就像昨天陈老师在“落花课程”中讲到的第一首诗，唐朝严恽的《落花》：

落花

〔唐〕严恽

春光冉冉归何处，
更向花前把一杯。
尽日问花花不语，
为谁零落为谁开。

如果只是诗人站在花前，喝酒忧伤，那么它又与我们何干？事实上，我们不仅同样面对着季节的更换，面对着春天的离去，面对着美丽花朵的凋零，而且我们自身，不也是在季节中盛放与凋零的花朵？人的生命或者可以称得上是花中之花，但人应该学会追问：我为谁而开又为谁凋零？这是个永无答案，但永不能停止追问的问题。

依据课程，我今天上的是张先的《天仙子》。这首词，我曾经在年少时背诵过，昨天进办公室，和智渊、马玲说起，他们随兴背诵了里面的几句，可见此词影响之深远：

天仙子

〔北宋〕张先

水调数声持酒听。午醉醒来愁未醒。送春春去几时回？
临晚镜，伤流景。往事后期空记省。
沙上并禽池上暝。云破月来花弄影。重重帘幕密遮灯，
风不定，人初静。明日落红应满径。

这是一首难度极大的词。去年春天早些时候，我的女儿干如云还在上四年级，我发现她几乎不能以诗词的方式去理解诗歌。现在进行了两个月“农历的天空下”课程的四年级孩子，是否能够更好地理解这首词呢？昨天傍晚，在发下这首词的打印条时，我匆匆写了几点注解：

1. 水调：指水调歌头，词牌名。

2. 临晚镜：指睡前梳洗，照镜子。

3. 伤流景：景本指阳光，流景就是流逝的时光，伤流景就是为时光流逝而伤感。

4. 往事后期空记省：后期，后会有期的约定；记省，记起；整句诗说徒然记起相逢的美好往事和后会有期的约定。

5. 沙上并禽池上暝：天色晚了，池塘的沙渚上有水鸟并排而眠，大概是鸳鸯吧。

6. 云破月：一丝丝流云从月亮前穿过。

7. 花弄影：花在月光下摆弄着姿态。

学生自己结合这几条注释读一读，至少在字面意思上，应该大致可以感受，但要理解这首诗，却没那么容易。而晨诵，不能过多讲解，它要的是呈现，最直接地呈现、重现诗词，涌现出诗之为诗的那一刻，那种感觉。

最好的方式，是老师的范读，是老师非常简单但却画龙点睛的串讲。

早晨，音乐响起，是童安格的《花瓣雨》，我选了这首也许有人认为并不太合适的歌曲作为“落花课程”的主题曲。我的理由是：儿童课程不是道德教育，它是要把美好的事物原汁原味地给孩子们，绝不能因为《花瓣雨》中有一点思念和爱情，就当成是洪水猛兽。关键是它的美丽，它的纯粹，关键是通过这些美好的事物，让孩子们珍惜时间，珍惜生命。

前奏过去，童安格浑厚声音响起的时候，孩子们自动地站了起来，按照角色分配的提示，重温了昨天的《落花》——本来“落花课程”的主题词是《春晓》，但是因为昨天学生读此诗不到位，而我要在下周一重新讲解，所以今天就暂时没有出现。

学生诵读之后，我同样用朗诵的方式追问孩子们：

我问的是你，
你这花中之花，
你为谁开放？
你是否也会零落？

然后，画面出现月历和日历，提醒孩子们，这一天是2009年4月9日星期四，农历三月十四。我告诉孩子们，今天，我们来了解一个诗人的一天，看一个诗人，或者诗人笔下美丽的“女主角”，是怎样度过一天的。

我为孩子们朗读了《天仙子》。有孩子鼓起掌来，出乎我的意料，因为晨诵并不需要这些外在的形式刺激，它更需要我们静静地进入诗的灵魂。当然，真的进入时，鼓掌、欢笑、哭泣，也都只是生命的随机呈现。

孩子们也读了一遍，因为有我的范读，他们读得也比较到位。我问了一下他们的自读体验，毕竟难了些，孩子们只从字面上，读到了时光流逝的伤感（伤流景）和忧愁（午醉醒来愁未醒）。然后，细读就开始了。

第一句“水调数声持酒听”，我问：“什么时候在听歌曲？听时的心情怎样？”

我的本意是考查一下孩子们的理解能力，但事实上，在晨诵时，本可以没有这些问题，老师可以直接讲给他们：早上，怀着忧愁的心情，端着酒杯，一遍遍地听着歌女唱《水调歌头》（学生有误解《水调歌头》就是苏轼的那阕词《水调歌头·明月几时有》的，我略作了纠正）。

第二句“午醉醒来愁未醒”，时间流逝，上午和中午在听音乐喝酒，下午在午睡，但醒来后，酒是醒了，愁却未醒——所以上面持酒听音乐的心情，也应该是愁闷的。

那么诗人愁什么呢？紧跟着三句，既是时间流转，也是对愁为何物的解释：

送春春去几时回——这是为春去而愁；

临晚镜，伤流景——这是为自己的青春流逝而愁；

往事后期空记省——这是朋友、爱人远去，自己孤单一人而愁。

就这样，上阕从早上写到傍晚，关键词只有一个：愁。

理解了，就再读一读，注意时间的流逝，注意主人公的活动与心情。孩子们读得很好。

再来看下阕：

沙上并禽池上暝——暮色四起，池上沙渚上有水鸟并排挨着即将栖息，但这个"并"字，岂不显出"我"的孤单？那就读读这句中的孤单吧。

云破月来花弄影——月儿穿云，云儿遮月，花儿在月光下顾影自怜，独自起舞。这绝美的夜景中，静静起舞的岂止是花，也是孤单的美丽的"我"呀。读一读，读出这一份美丽。

重重帘幕密遮灯——作者在月光下花影前站了多久？站多久也要回房睡觉的啊，也要用重重帘幕把自己遮起来，把自己的心事密密地遮起来，不让人看到啊！读一读，读出这委婉与婉约，读出这心思的细密，这夜的宁静。

风不定，人初静——但是躺下，外面风声仍未安定啊。风不定，人又怎能安定？风不定，人又怎能安静？慢慢地，人终于安静下来，安定下来，也该睡觉了吧。

明日落红应满径——但是蓦地百转千回又一个念头跳出来，到明日，这花园的小径上，又将是落红遍地了吧？这春天，这青春，这花的美丽，毕竟留不住啊，毕竟在这宁静的夜里一直流逝着啊。

读一读吧，读一读这些转折：风不定，人初静，明日落红应满径。

孩子们读得很好。

再合起来把整首《天仙子》读一读，心中要有时间感，从上午，到午睡，到下午，到傍晚，到暮色四合，到夜渐深……

再分角色把词读一读，因为齐读会容易破坏诗歌的韵味。

最后，《花瓣雨》的音乐又响了起来，屏幕上有诗句在叩问孩子们，因为它们也曾一再地叩问我自己：

尽日问花花不语，为谁零落为谁开。

有花堪折直须折，莫待无花空折枝。

因为，因为明天，明日落红应满径。

……

课例二：花落知多少
（第一套大纲）

（4月13日）

从“诵”开始

这节课，干老师笑称它“亦是晨诵，亦是语文”。

课，果真就是从“晨诵”开始的。

从2009年2月立春开始，402班的同学们在陈美丽老师的带领下，在“农历的天空下”且歌且行，虽身在城市，却心翔大地，“浴乎沂，风乎舞雩，咏而归”，一路进行“梅花课程”“百花课程”，经过立春、雨水、惊蛰、春分、清明各个节气，走过了整个春天，也感受着一个个诗人生命的诗性的本真存在。课程就是一段旅程啊，不知不觉两个月走下来，许多听课老师都惊喜地发现，孩子们的气质、精神真的在潜移默化中有了变化，如春草，不见其生，却日有所长。

本次开放周名为“梦里花落知多少”的落花主题农历诗词课程，既是承接前段时间的“百花课程”，同时也是与整个春天告别。这一朵朵芬芳的自然之花啊，从梅花开到百花；历经千年，花开花谢，一直开到这个春天，虽已是沧海桑田，世事变迁，可是，却总有着同样的兴发感动，同样的喜悦惆怅，在一朵朵花绽放时，在一朵朵花凋零时，心情也随之起起落落。对于这些四年级的孩子来说，在这个微妙的年龄，用一种特殊的方式，把中国传统文化中最美妙的，也是最精髓与深邃的，注入他们的生命，而生命，也将在这个时刻开始发出永恒的追问："我这花中之花啊，我又为谁开放为谁零落呢？"

可是"落花课程"又实在太厚重了，这些精选的诗词与前面百花盛开的诗词不同，如干老师所说："孟浩然的《春晓》，语极浅，意极深，寥寥20字，情节极曲折而神情极冲淡，读来容易，解开极难。仅仅是'花落知多少'这5个字该用何种语气来读，便只怕会难倒许多解诗人，恐怕一不小心还会掀起一场解读的大战。"

因此，这次"晨诵+语文"的尝试，他意在教给学生一个武器，一个厉害无比的武器——王国维《人间词话》中的"有我之境"与"无我之境"。这样，在后面的"农历诗词课程"中学生便可以更加灵活地运用了，"符码""以己证诗""儒道精神""有我之境与无我之境"，也便成为师生的主要武器，在后面的"农历诗词课程"的行走中，慢慢揣摩运用，从而走向更高处！

就是在这样的背景之下，干老师以同学们上周晨诵的张先的一阕《天仙子》开始了今天的课堂。他以"一个诗人的一天"巧妙地将整首词的词意串联起来。

这样，在和学生共同温习了诗意之后，干老师再请学生来朗读这首诗，把词句中所蕴含的"优雅、闲适、惆怅、美丽、孤单、婉约、感伤"，通过声音传递出来。学生读得就很入境了。

怎么"诵"

"天终于亮了！天终于亮了。"很自然地，承接着《天仙子》，干老师引入了今天要学的新诗——《春晓》，面对这连每个刚学说话的孩童都会背诵、熟悉得不能再熟悉的22个字，干老师的第一个问题是："谁来为我们把你对这首诗的理解读出来？”

一个戴眼镜的女生自告奋勇，她的声音清脆、平稳，在最后一句的时候略显惆怅。而另一个女生则在评价的时候针对这一句特别指出：“最后一句她应该把诗人强烈的感情读出来。”

干老师就请她把自己的想法读出来。这个女生很可爱，回答问题的时候声音轻轻的，可是读诗句的时候却昂扬起来，尤其最后“知多少”，正好和前面那个女生相反，声音重重地加以强调。她的朗读引来一些同学的赞同，有个女生情不自禁想要伸手鼓掌，甚至刚才那个女生也拍手表示赞同。

但也有同学不赞同，还是一个女生又提出异议，说：“这首诗，诗人是带有一丝伤感的，她没有读出来。”她也读了一遍，“夜来风雨声”声音渐高，而“花落知多少”则渐渐低落下来，以表达出那种伤感之心。

“看来，这首诗大家都认为读得越伤感越好，读出那种死去活来的感觉最好了。”干老师幽了一默，同学们都笑了，看来，他们都认可了这首诗应该是读出一种“伤感”的。

前排一个戴眼镜的男生也站起来读了一遍，然后解释说，刚才那几个同学是用重重的声音来读，表现伤感，而他则是用轻轻的声音来读得愁一些，伤感一些。

那么，到底这首诗该怎么读呢？干老师让大家理解了这首诗后再说。

诗的感情 VS 诗人的感情

诗句的文本细读，就是一个词一个词地细读，将极其精练的词还原到诗人当时诗心涌动的刹那。

先从“春眠”说起吧！

一个男生直接就说了：“春眠就是春天睡觉。”

而另一个男生就显得有灵气了，他说：“春眠就是春天睡觉，感觉不到人要醒来一样。”

这时，屏幕上出现了另一首诗——金子美铃的《春天的早晨》，这不就是对“春眠”二字的最好印证吗？老师让男生齐读一遍，啊，这些词句真是天真啊，真是稚气啊！

春天的早晨

〔日〕金子美铃

鸟儿不要叫
天气这么好
呼噜噜，呼噜噜
再让我睡一觉

上眼皮想要睁开
下眼皮还不愿醒来
呼噜噜，呼噜噜
再让我睡一觉

“这样的睡觉，难怪不愿醒来。可是怎么又会‘处处闻啼鸟’呢？究竟他是‘觉晓’还是‘不觉晓’？”干老师接着带大家继续细读。

“他是听到鸟儿的叫声才醒来的。”一个男同学说。

“我觉得他应该已经醒了，只是还有些迷迷糊糊的而已。”另一个男生提出更加具体的意见。

“那已经醒来，他为什么会醒来？”干老师紧抓着核心——“觉”还是“不觉”不放。

“他还有点瞌睡。”这个男生的解释把大家都逗乐了。

“因为他到了八点钟自动醒来了。”这是第一排一个男生的发言，看来早上他就是这么醒的了。果然，他话音刚落，又是一阵笑声。

“我认为他这会儿还在睡觉呢！只是在潜意识里听到了鸟叫。”这时，又一个戴眼镜的男生起来，做了一个很有质量的发言。

干老师马上表扬了他“潜意识”这个词用得好，接着又简单讲了一下

“意识”与“潜意识”之间的差别：意识就是你感觉到的，睡着的时候意识就没有了，但是你是有潜意识的。因此，在诗中也就是说，他睡着的时候，他潜意识里听到了鸟叫，但是他没有醒来，后来鸟叫声越来越多越来越多，他就慢慢地醒来了。因此，要想把这两句诗读好，就要读出来一个人从“潜意识”里听到慢慢到“意识”里听到，开始时一声、两声鸟叫，诗人还在沉睡，但是后来越来越多，诗人就醒了。就要把这种变化过程读出来。然后他让学生再读前两句：春眠不觉晓，处处闻啼鸟。

不过，这两句诗真是难读啊，只拿这个“处处”来说吧，它其实并不是一下子就“处处”了啊，而是先“一两声”，然后慢慢才“处处闻啼鸟”。这个朗读，对于四年级的学生来说，要想读出神韵，真是难啊！

“诗人潜意识里除了听到啼鸟声，还听到了什么？”在刚才这个“潜意识”巨大发现的基础上，干老师带着孩子们继续向前探究。

“他还听到了风声和下雨的声音。因为‘夜来风雨声’。”

“这时候他是睡着还是醒的？”干老师故意追问一句。

“睡着。”

“那他怎么能听得到风雨声？”

“潜意识。”全体学生一起说了。呵呵，这个概念他们马上就掌握了。听课老师和孩子们一起都哄笑了。

“那么，到底是‘风雨声’在前还是‘啼鸟声’在前呢？”干老师把新的问题又抛了出来，这就是文本细读啊，一字一句见真章。

当然是“风雨声”在前了，可是为什么诗句却要把“啼鸟”放在前面呢？很自然地，又要让学生深度思考了。

“他先写现在，然后再写他回忆昨天晚上听到的风雨的声音。”还是那个前排戴眼镜的男生，他的思维品质还是很好的。

干老师肯定了他的意见，然后又带学生做了一个“游戏”，把这首诗按照时间的顺序重新排列一下，会是什么样呢？

春　晓

〔唐〕孟浩然

（时间）夜	
（感觉）春眠	生命
（时间）夜来风雨声	浑然不觉
（感觉）不觉	（遮蔽）
（时间）闻啼鸟	↓
（感觉）渐闻—渐觉	
（时间）处处啼鸟	（去蔽）
（感觉）闻—觉	渐渐觉悟
（感觉）觉悟	

这样，将诗人从“眠”一直到“晓”的心理过程全都呈现出来了，学生这时也都很精细地知道了这首诗所描写的具体内容。于是干老师让大家把这首诗再读一遍，把这个诗人随时间过程而发生的内心变化，再品味琢磨。

接着干老师又带领同学们继续理解诗句的最后一句——花落知多少。

他仍然从同学们朗读时“伤感”的语气入手，问学生：“你准备用怎样的语气来读‘花落知多少’？”

随之，大屏幕上出现了“悲戚”“伤感”“凄厉”“淡淡的惆怅”“无心的宁静”几种语气让同学们选择，大家都异口同声地选择了“淡淡的惆怅”。一路“落花课程”，花谢花飞，那种惜春伤春的感情，已经比较深地渗入他们的情感中了。但这首诗真的也表达着同样的情绪吗？“花落知多少”一句也是全诗最难理解诗人那种复杂微妙情绪的。

“那么到底应该怎样来读呢？”干老师并没有直接告诉孩子们“淡淡的惆怅”是否合适，而是带领学生先来理解诗人当时的心情究竟怎样——在这首诗的背后站着一位怎样的诗人？

“当时肯定是淡淡的惆怅，我估计他肯定很老了。”一个男生这样理解。

“我觉得应该是强烈的感情。因为从‘知多少’就可以看出来。”还是那个强调应该读出“强烈”的感情的女生。

“应该是惋惜时光的流逝。”另一个女生说。很明显，她深受最近“落花课程”的影响。

那么，到底这首诗背后站着一个怎样的诗人呢？干老师让大家再读全诗，他又带领学生，从字句中深入诗人的内心。

春眠不觉晓——这是怎样的睡眠？是“午醉醒来愁未醒”的“睡”吗？通过几种比较，学生明白了，这种睡眠和那种愁眠，以及那种极度疲惫后的浓睡，还有那种辗转反侧的睡眠都不同，是一种恬静自然的睡眠。

处处闻啼鸟——这又是怎样的“啼鸟”？是“子规夜半犹啼血”，还是“雄鸡一声天下白”？通过引入的两句诗歌比较，学生知道了，这“啼鸟”和“子规啼血”的凄厉悲惨不同，和“雄鸡高唱”的嘹亮高亢也不同，它不带有那么浓烈的情感，不表示悲伤，也不表示喜悦，而是清脆悦耳，自然的啼叫，这是一种清新自然的啼叫。

夜来风雨声——当老师再问这是怎样的风雨时，很多孩子依然说这是“狂风暴雨”，这是“强烈的风雨”，这是“残暴的风雨”，原因只有一个——花落知多少！这的确是个难点，干老师又引入了几句很明显表达诗人对雨充满情感的诗句，“好雨知时节，当春乃发生”“吹面不寒杨柳风”，这样的风雨，让人很明显感到温和；而“昨夜雨疏风骤”，“疏”和“骤”则明显表示昨晚的风雨是一阵一阵的。这样通过比较，学生理解了，其实“雨”并没有感情，而我们之所以对这样的句子产生喜悦之感，是因为诗人以自己的感情来看待这风雨了。而在孟浩然的这句诗中，则是“自然而然”，风雨就是那样自然而然地在夜里出现了。

花落知多少——这是怎样的花落呢？是无可奈何花落去，还是春来草自青，春去花自落？同样，在这一句的理解上，学生仍然受自己的经验影响很大，他们无法真正去感受孟浩然当时的“诗人之心”，在他们的这段生命中，对于“落花”已经是非常看重了，因此，大部分同学仍然坚持对“花落”的惋惜、惆怅、伤感。

干老师也感觉到了让学生理解这种“无我之境”实在比较难，但是他仍然继续努力着，他又把全诗连起来回顾了一下，让学生体会到底这诗的背后站着一个怎样的“我”:“这是一个美美地睡觉的‘我’，可是他的睡觉被谁唤醒了呢？先是风雨，后是啼鸟，唤醒之后，他开始是不觉，后来才‘觉’——‘闻啼鸟’，闻的时候却并无悲喜，然后他就问花了——花落知多少。这时候诗人有没有悲喜啊？”

“没有。”“有。”学生仍然是两种意见。

“诗人是无心的啊，就像是一面明镜一样，花落花开、风雨啼鸟，就全映照在他的心灵里，他听到风在刮着，雨在下着，鸟叫了，花谢了，他本来都是无心的，所以是无心如明镜，静静地照出万物。可问题在于，他最后问了一句——花落知多少？这一问，你就要回答，诗人本身没回答，可是你读了这首诗，你就要回答。你怎么回答呢？”干老师直接挑明了。

这时，时间过去了 25 分钟。

与《如梦令》比较

这时候，诗句一下子出现了跳转，李清照的《如梦令》出现在屏幕上，面对“花落知多少”的询问，只有这两个答案：一个说“海棠依旧”，一个说“绿肥红瘦”。那么，哪个对呢？

“绿肥红瘦。”很多孩子琢磨着作出了选择，也有同学说“全对”。

这样就进入本节课第二首词《如梦令》的学习。

如梦令

〔南宋〕李清照

昨夜雨疏风骤，
浓睡不消残酒。
试问卷帘人，
却道海棠依旧。

知否？知否？

应是绿肥红瘦！

干老师先让大家把这首词朗读一遍。这时，干老师也发现了学生存在的一个重要问题，周五布置下去要求认真完成的预习作业，他们并没有认真完成，因此在读这首感情非常充沛的词的时候，学生的声音却显得平淡、漠然，你只能听到诗词的节奏，却听不到诗人心跳的节奏、诗人呼吸的节奏。

接下来，干老师继续就预习单上的预习作业，组织学生对《如梦令》和《春晓》进行比较学习。预习作业有三：一是借助老师给的注释翻译《如梦令》；二是比较《春晓》和《如梦令》的相同之处与不同之处；三是阅读王国维《人间词话》中"有我之境"和"无我之境"的相关解读。其中关于两首诗词的比较预习作业如下：

> 1. 熟读两首诗词，至能有感情地朗读、背诵。仔细揣摩一下，这两首诗词在朗读中的感情有什么不同？想想诗人各有怎样的性格与感情？
>
> 2. 想想这两首诗词有哪些相同的地方？把它们写下来。

可是由于学生的预习并没有认真完成，没有去经历这一有深度的独立思考，因此在这时的回答上同《春晓》相比，就暴露出问题来了。对于两首诗词有哪些相同之处，学生只找到了最基本层面的一些：

1. 这两首作品都有风吹雨打。
2. 这两首作品都写到了昨天的事。
3. 这两首作品都写到了昨天夜里，风吹雨打，第二天看花有没有落。

此时，也许在干老师的内心里也做着选择吧：就学生现在的反应，教学目标该如何调整呢？是继续细细引导他们来更清楚明白地理解《如梦令》，还是在重要处点上一点，然后继续带领学生走向"有我之境"和"无我之境”？

他把两首作品的相同点投放在大屏幕上，带领学生更深入地比较阅读，来体会这两首作品的情感是否一样。

如梦令	春　晓
浓睡不消残酒	春眠不觉晓
昨夜雨疏风骤	夜来风雨声
试问卷帘人……	处处闻啼鸟
（卷帘人）却道海棠依旧	花落知多少
知否？知否	
应是绿肥绿瘦	这两首诗的情感， 真的一样吗？

干老师引导学生，首先从内容上再做更深入的比较：《春晓》一首诗只问了并没有回答；而《如梦令》不但有了回答，而且有两个答案，一个是“却道海棠依旧”，另一个是“知否？知否？应是绿肥红瘦”，这两个答案是不一样的。

接着，他又把张先的《天仙子》引入进来，和《如梦令》做一词意上的关联：“知否？知否？应是绿肥红瘦！”她知道年华流逝，青春去了，她会怎么做呢？哦，她会“水调数声持酒听。午醉醒来愁未醒”。而当牵挂着“明日落红应满径”沉沉睡去的时候，第二天醒来，会怎样啊？“试问卷帘人，却道海棠依旧”。这样，两首词在意思间就构成了一个有趣的循环。

这是用学生熟悉的《天仙子》来帮助理解情感同质的《如梦令》，接着，对于情感异质的《春晓》，干老师再带领学生做更深入的比较：

“风雨声”和“雨疏风骤”有什么不同？——风雨的大小是包含着诗人的感情的啊！

“不消残酒”暗示着什么？——联系我们学过的诗词，暗示着她喝酒是用来消愁的啊！

为什么要“试问卷帘人”啊？她会怎么问？——“试问”只是小心翼翼地问啊，为什么？只因为她太在意那些花儿，不忍看它们凋零了啊！

为什么卷帘人会回答“海棠依旧”呢？——是因为卷帘人对这些花可不像诗人那样敏感啊，而且是一点也不敏感，所以她才会回答“海棠依旧”。

“花落”与“绿肥红瘦”有什么区别？“知多少”与“知否？知否？”有什么不同？——这当然有区别啊！是诗人对花太敏感的一颗心啊！

这样又一次比较理解完后，干老师让同学们把这首词再读一遍，把这种理解了的感情通过声音表达出来。重点读出卷帘人的麻木与诗人的敏感。

这样，再问“这首《如梦令》的背后又站着一个怎样的诗人”这个问题时，学生就有更深一层的理解了。

不过因为时间关系，这个问题干老师就没有让学生像对前面《春晓》一样细细地分析回答了，因为预习作业完成得不充分，所以他还是把教学目标做了调整，本来是两首作品并重的，但是前面《春晓》就已经很详细地学了，这首《如梦令》就做了较大幅度缩减，作为一个工具，以它的“有我之境”来更深地对比理解《春晓》的“无我之境”了。

哪种“境”

最后，干老师让同学们根据预习作业单上的“有我之境”与“无我之境”来判断一下《春晓》和《如梦令》分别是哪种“境”。（见下页表）

经过老师又一次的讲解，这时，学生已经能够辨别出《春晓》是“无我之境”，《如梦令》是“有我之境”。

这样，虽然艰难，但是通过《春晓》和《如梦令》的精确阅读分析，“有我之境”与“无我之境”这一重要武器还是让学生有了一个比较整体、直观的感受。

有有我之境，有无我之境。	诗词所描写的意境，可分为“有我之境”和“无我之境”。
“泪眼问花花不语，乱红飞过秋千去”“可堪孤馆闭春寒，杜鹃声里斜阳暮”……有我之境也。	像这样的诗句，就是“有我之境”。
“采菊东篱下，悠然见南山”“寒波澹澹起，白鸟悠悠下”……无我之境也。	像这样的诗句，就是“无我之境”。
有我之境，以我观物，故物皆著我之色彩。	有我之境，是用“我”的眼睛去观察事物、景物，因此事物和景物都染上了“我”的情感色彩。“我”悲伤它们就显得悲伤，“我”喜悦它们就显得喜悦。
无我之境，以物观物，故不知何者为我，何者为物。	无我之境，“我”就像也只是一个物体，因此用物体照看事物、景物，也分不清哪个是“我”，哪个是“景物”。“我”消失在景物中了。
古人为词，写有我之境者为多。然未始不能写无我之境，此在豪杰之士能自树立耳。	古人写的词，大多数是“有我之境”的，但也有一些是“无我之境”的。“无我之境”，是水平高的人才能够写的。
无我之境，人惟于静中得之。	“无我之境”，只有人特别宁静的时候才能够达到，能够写出来。
有我之境，于由动之静时得之。	“有我之境”，是人在生活中获得的，但也只有在宁静下来的时候，才能够写出来。
故一优美，一宏壮也。	因此，“无我之境”就显得自然优美，“有我之境”就显得情感热烈。

（注：左栏原文摘自王国维《人间词话》，右栏的注解是干老师为方便大家理解而写的。）

接着，干老师又让学生运用这个武器，对那首已经非常熟悉的晏殊的《浣溪沙》，再用“有我之境”与“无我之境”来进行观照，通过老师所打幻灯片上字体颜色的区别，学生再一次体会到了“有我之境”是以“我”的感情色彩来“染”万物啊！

词、酒、天气、亭台、夕阳西下、花落去、燕归来、小园香径这些都只是“物”，本身是没有感情的，但是加上其他字句，这些物便被附着了诗人的感情，整首词便体现出“有我之境”，以“我”观物，以“我”的感情“染”物，“我”的感情喜则“物”喜，“我”的感情悲则“物”悲。

最后，再回到《春晓》和《如梦令》上。老师让大家再读，但是这一遍读，就要努力体现“无我之境”和“有我之境”了。

学生把两首作品放在一起来读，这时，两种不同的感情便也通过他们的声音透了出来。

而干老师又继续努力着，再把学生往上带一带。他最后把这两首作品同学生的，也是同众多现场听课老师的生命存在联系了起来，他说：

“《春晓》，生命在睡眠中浑然不觉，仿佛被什么东西给遮蔽了；然后鸟儿在你的身边啼叫声声，仿佛把遮蔽你生命的东西给去除了，因此你的生命就活泼泼地出现在这个世界之上。这时你就与这个世界有一份感情，也许你觉得它美丽，也许你觉得它短暂，也许你觉得它太无常了，也许你像某些‘卷帘人’一样麻木不仁。同学们，什么是你生命的春天阶段呢？什么是你春天的黎明阶段呢？你的生命是不是已经觉醒了呢？你的生命是‘春眠不觉晓’还是‘处处闻啼鸟’呢？或者你已经在问‘夜来风雨声，花落知多少’了呢？”

此时，偌大的教室静悄悄的，学生和老师们的表情各异。孩子们仍然有些懵懂，他们需要更多的时间去理解，可是已经经历了若干载春秋，惯看秋月春风的老师们却如同被击中，当生命一下子被一首诗照亮的时候，那种心情真是难以描述的复杂啊！

“夜来风雨声，花落知多少？”

是啊，面对这千古一问，我该怎么回答呢？

而答案至少有两种，一种是“海棠依旧”，生命麻木不仁；一种是“知否？知否？应是绿肥红瘦！”生命敏感地意识到自己的存在……

而你的答案呢？

夜来风雨声，花落知多少？

这真的是要用一生来回答的啊！

（马玲根据录像整理）

课例三：自在飞花轻似梦
（第二套大纲）

（4月14日）

开启黎明

孩子们进场了，前面的屏幕上，是他们已经熟悉的画面，背景中粉红色的花瓣在纷纷飘零，古典的音乐在大厅中回荡，这音乐的标题，就是“自在飞花轻似梦”。屏幕的正中，打着这个小课程的主题词：梦里花落知多少。

孩子们坐下来，听音乐，自由地读前面学过的那些诗，或读已经发下的纸条上的今天的晨诵内容。

突然，音乐转换，是《花瓣雨》那熟悉的前奏，美妙的钢琴，一声声，如花瓣下落，叩动人心。

当童安格的歌声响起的时候，孩子们站了起来。此时讲台上没有一个老师，我尚隐身在人群之中，和老师们讨论着另外的事情。

屏幕上出现提示：

这是早晨，人们还处于半梦半醒之中。

亲爱的小鸟，请用优美动听的啼鸣，唤醒所有的人吧——

于是孩子们天真的声音响起来，是孟浩然的《春晓》，是昨天又唤醒几个敏感心灵的绝句。画面转换，屏幕上提示：

面对落花，孟浩然无心静照，不喜不忧。

而李清照笔下的叶和花，不仅有了颜色，而且也了肥瘦，有了爱憎。请把李清照的感情带入词中，用你的声音读出来！

于是，孩子们按规定的字体颜色分角色，用他们今天所能够理解的程度，读出这《如梦令》中对青春和时光流逝的急切呼喊。屏幕上又提示：

再来一首。梦一样的格调，水一样的情怀啊！

接着就出现了晏殊著名的《浣溪沙·一曲新词酒一杯》，因为陈美丽老师昨天带着他们认认真真地读过，所以孩子们的感情处理得很好：

浣溪沙

〔北宋〕晏殊

一曲新词酒一杯，去年天气旧亭台。夕阳西下几时回？

无可奈何花落去，似曾相识燕归来。小园香径独徘徊。

漠漠轻寒上小楼

然后，我出场了。我感谢孩子说：春眠不觉晓，处处闻啼鸟——亲爱的孩子，亲爱的小鸟，感谢你们用悦耳的声音，又唤醒了许多半梦半醒的人们，又唤醒了这个黎明。而今天，我们再来学一首新的与落花有关的作品。

屏幕上出现了今天学习的内容：

浣溪沙

〔北宋〕秦观

漠漠轻寒上小楼，晓阴无赖似穷秋。淡烟流水画屏幽。

自在飞花轻似梦，无边丝雨细如愁。宝帘闲挂小银钩。

我问谁愿意再用自己的声音为大家来读这首词，一个女孩站起来，轻轻地、慢慢地读了一遍。音很准，感情处理得当，只是读得有点平，少了一点平静背后必要的内在词意的起伏。

于是我也为大家读了一遍，尤其是下阕，情感转换力求非常细致。无边的丝雨中，飞花自在而落，细雨如愁，愁如细雨，飞花似梦，梦似飞花，但当感情将要生起，人将要悲伤、将要哀愁之际，忽然又跳转到美丽的小楼：宝帘闲挂小银钩。多么美丽，多么雅致，多么宁静啊！

然后，我让大家读，读后，来分享一下问题与感受。

一个女生问“宝帘闲挂小银钩”的意思。我说，“帘”是知道的吧，就是“试问卷帘人”中的“帘”，就是“重重帘幕密遮灯”的“帘”，但这里是怎样的“帘”呢？这是“宝帘”，是非常珍贵的帘。它现在是“酒醒帘幕低垂”吗？孩子说不是，是卷起来了。是啊，因为天亮了，它已经卷起来了，挂在钩上，挂在怎样的钩上呢？这是小银钩。瞧，多么精致，多么美丽的生活啊！

一个男生问“晓阴无赖似穷秋”中的“无赖”什么意思。我说，大家都知道“无赖”有两个意思，一是流氓无赖，二是“最喜小儿无赖”中的可爱，但大家不知道这两个无赖还有相同的意思，就是调皮不听话。天亮了，诗中人想要一个风和日丽的好天气吧，不料一看天气，依然是阴沉沉的，就像是深秋。所以说它无赖。不过，难道大太阳照着就一定好吗？大太阳底下能写出这样美丽的诗吗？所以这无赖，也不一定是不好、不美。

一个女生和大家分享了她对“自在飞花轻似梦，无边丝雨细如愁”的理解，她这段长长的话，真是说得好啊。她大意是说，花自由自在地飘落，很美丽，就像梦一般迷离，但是，这美丽、梦幻、忧愁，其实都是诗人自己的内心，不是外在的景物，是诗人自己感觉到了迷离，感觉到了忧愁，他就把这忧愁，加到了飞花和丝雨上，说它们轻似梦，细如愁。

瞧，这就是昨天讲授的“有我之境”中的以情染物，今天就有孩子能够如此出色地运用。

所以，我请大家把她的理解带进去，再读读这两首词中最美的句子。

淡烟流水画屏幽

这是一首用心细描的好词，我们的晨诵，也该用心细细品味一下才对。

我带着孩子们先看上阕。它讲了什么呢？刚才我们复习的诗句中有一句“去年天气旧亭台”，这上阕，讲的也是天气和亭台啊，但它们又是怎样的天气和亭台呢？孩子们找到天气，是“寒”和“阴”，找到亭台，是“小楼”，是“画屏”。

因为是晨诵，我没有让孩子们再去找，而是以自己的描述为主。我说，这是怎样的“寒”呢？这是轻寒，是漠漠轻寒。这是怎样的“阴”呢？这是晓阴，这是无赖的晓阴，这是似穷秋的晓阴。这是怎样的“画屏”呢？这是美丽的画屏，画屏上画着淡烟流水，而诗中人就坐在这画屏背后，安静孤独，所以说是“画屏幽”。

多么美丽但令人忧愁的天气，多么精致的小楼和画屏啊，来，把上阕读一读：

> 漠漠轻寒上小楼，晓阴无赖似穷秋。淡烟流水画屏幽。

再来看下阕，同样是天气、风景和亭台。

天气与风景，是“飞花”和“细雨”。对亭台的描绘，用的是刚才讲过的“宝帘”和“银钩”。但这是怎样的“飞花”啊，它自由自在，如梦般轻盈，如梦般扑朔迷离。这又是怎样的“细雨”呢，它弥漫在整个空间，不大，所以安静、迷离，所以忧伤。但是，这是多么神奇的比喻啊，你只听说过细如牛毛、细如发丝，哪有细如愁的？细如愁，又是怎样的纤细呢？哦，原来，它说是愁细得像这无边的雨，是像这雨一样，弥漫着，无边无际，细细的，无名无由。来，再读一读，读出这美丽，这忧愁，这恬静：

自在飞花轻似梦，无边丝雨细如愁。宝帘闲挂小银钩。

所以，这就是“有我之境”啊！这就是昨天讲的“以感情染景物”啊！

再读一读，注意这些染上去的色彩，尤其是其中每一句都有一个词，它们分别是：寒，阴，幽，梦，愁，闲。

音乐响起来，音乐的名字就叫《自在飞花轻似梦》，孩子们读得很好。

我利用屏幕，把以感情染景物的过程简单重演，并分类。于是，三类词语，就共同刻画了“宁静的春天”“美丽的风景”和“精致的小楼”，但是，它少了什么呢？

哦，原来是少了一个画中人啊。

但这会是怎样的一个诗中人、画中人呢？诗没有一个字写这个人如何，但是我们已经知道，他或者她，会是怎样的一个雅致、美丽、宁静、落寞的人啊！

来，把这些美丽与雅致读出来。

再分角色朗读一遍。音乐一直响着。

然后音乐再度转换，《花瓣雨》再度响起，我读出屏幕上的词句，作为今天晨诵的结束语：

为万物，为每一天
细致地涂上生命的色彩
自在飞花轻似梦
无边丝雨细如愁
宝帘闲挂小银钩

歌声回荡，人们远去。近20分钟的晨诵结束了，一首美丽的小令，又在多少人的灵魂中，如啼鸟一般，轻轻地唱过呢？

第二章　理想课堂的三重境界

老僧三十年前未参禅时，见山是山，见水是水。及至后来，亲见知识，有个入处，见山不是山，见水不是水。而今得个休歇处，依前见山只是山，见水只是水。

——〔唐〕青原惟信禅师

古今之成大事业、大学问者，必经过三种之境界：“昨夜西风凋碧树。独上高楼，望尽天涯路。”此第一境也。“衣带渐宽终不悔，为伊消得人憔悴。”此第二境也。“众里寻他千百度，蓦然回首，那人却在，灯火阑珊处。”此第三境也。

——王国维《人间词话》

理想课堂有哪三重境界

新教育实验研究认为，课堂可以从教学活动基本框架的落实、知识理解抵达的深度、主客体之间及主体间的对话质量这三个层次来考查其成败；这三个层次上的优化，可以谓之理想课堂的三重境界。

第一重境界：落实有效教学框架

新教育理想课堂第一重境界：落实有效教学框架，是为课堂奠定一个坚实的基础。

有效教学框架是基本的方法，这个框架，或者说这种“工具”“武器”的熟练使用，首先能够让课堂教学达到扎实有效。而扎实有效，可以说是课堂教学的常规要求，也是基础要求，所以，新教育理想课堂，把它视为理想课堂的第一重境界。

关于有效教学框架及其理解、操作，详见本书第一部分。

第二重境界：发掘知识的内在魅力

课堂，是真理呈现之处；教学，是知识散发出魅力之时。在静态的教材下面，蕴藏着人类最伟大的奥秘：发现宇宙与人类，书写宇宙与人类的整个过程。课堂教学，是这一发现与书写的重温和延续。而如果没有将“问题—

知识—真理”作为课堂教学的核心，那么教师的精彩表演是浅薄的，学生的小手如林是肤浅的，教育与教学的真谛，将不会被师生在课堂上把握，课堂用表面化的热烈，替代了紧张的脑力劳动——而紧张的脑力劳动，有针对性的思维训练，正是课堂教学的本质所在。

第三重境界：知识、生活与生命的共鸣

如果说第二重境界强调的是学习过程中的“思”，即知性的学习的话，那么第三重境界就是强调学习过程中的“诗”，即从存在意义的角度来理解课堂，要求课堂。

如果我们把人类知识的创造过程，引用《庄子》中的话，表述为“判天地之美，析万物之理”，那么我们对理想课堂教学的追求，就是希望在课堂上既重现这个“美”，这个“理”，又重现这个“判”的过程，这个“析”的过程。

如果我们错误片面地理解了上面的表述，忽略了知识的背后有个“共同体”的概念，忽略了从后结构主义的角度，用主体去重现、重写知识与真理的意义，而把教学的全部重心都放在认知这一维，那么有可能我们会达不到预期的目标，而犯下另一种错误。对这种错误，多年前叶澜教授就进行过批判：“把课堂教学目标局限于发展学生认知能力，是当前教学论思维局限性的最突出表现。这一方面是近代以来理性主义哲学和主智主义教育主流思想的反映，同时也是习惯于把原本为整体的事物分割为部分、方面的思维方法的表现。具体地说，就是把生命的认知功能从生命整体中分割出来，突出其重要性，把完整的生命体当作认知体来看待。”她还认为，“课堂教学蕴含着巨大的生命活力，只有师生的生命活力在课堂教学中得到有效发挥，才能真正有助于新人的培养和教师的成长，课堂上才有真正的生活。因此，要改变现有课堂教学中常见的见书不见人，人围着书转的局面，必须研究影响课堂教学师生状态的众多因素，研究课堂教学中师生活动的全部丰富性，研究如何开发课堂教学的生命潜力。”（叶澜《让课堂焕发出生命活力——论中小学教学改革的深化》）

发掘知识的内在魅力

新教育理想课堂第二重境界：发掘知识这一伟大事物内在的魅力。

理想的课堂什么样

最大可能地促进、实现学生每个个体的学习，这是有效教学的根本追求，也是将课堂的注意力从教师的教转变到学生的学的关键所在。但是，如果没有充分理解有效教学框架中的教学目标，尤其是B类核心教学目标这个概念，没有将整个教学框架视为一个有机的统一体，那么片面强调学生的主体性，就同样要冒滑向“虚假的主体性”或“主体性神话”的危险。

在一些名为新课程探索的课堂上，我们可以发现学生举手如林，发言争先恐后，一个学生提出意见后，马上有许多小手举起来，对之进行或补充或评价。这样的课堂更像是学生才艺的展示会——就像公开课模式之下，课堂是教师个人才艺的展示会一样。那么我们可以追问：这样的课堂，是不是理想的课堂？学生长期在这样的课堂上学习，最终是否能够获得我们满意的结果？

答案显然是否定的，因为这种儿童中心主义，或者说主体性神话的失败，是已经被太多的事实所证明了的。对于这种课堂教学虚假主体性的拨乱反正，新教育理想课堂的第二重境界，事实上也可以视为是向更为古老的人文主义致敬，或者说，是对因理解失误而导致方向失误的儿童中心课堂的反正。

当然，这里所讲的“知识”，不能理解为静态的写在书本上的可以朗读出来的知识，而要视为一个动词，一个有待重新发现的事物奥秘，以及发现这种奥秘的方法和过程。

重现探索知识的神奇过程

课堂的中心，应该是一个问题的提出、理解及解决的过程，是一个知识——作为问题解决的工具被探索、被发现的过程。优秀的课堂教学，要重现这一神奇的创造过程。

也就是说，优秀的科学课堂，应该在课堂重现这一切：人类面对宇宙及生命现象而战栗，而感动；对未知的漫长探索，知识的艰难的形成过程，其间的种种困惑、尝试、失败以及豁然开朗后的狂喜。这个过程中，将继续保持对未知领域的敬畏和惊奇。如果消除了对事物及其奥秘的敬畏，人类就会走向肤浅与狂妄，而如果失去对事物及其奥秘的惊奇，人类就会走向麻木及早熟。无论是光现象、电现象、原子结构、显微镜下的细微之物，以及化学的变化……这一切，曾经带给人类多少深刻的困惑与喜悦。科学教育，要重现这一切。教学不是重复前人定下的知识，而是重现这个知识发现的过程，是重新经历。经历原初的困惑与探索，以及喜悦。

优秀的语文课堂，应该在课堂重现万物得以命名时的冲动与喜悦：无数匹奔跑的马终于凝固于汉字“”，无数只飞翔的鸟儿终于凝固成汉字“”和“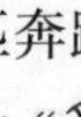”……重现每一个汉字在凝固时的智慧与喜悦。能够从“慈母手中线，游子身上衣”中，体味古典的亲情与人伦；从“独立小桥风满袖，平林新月人归后”这14个汉字里，体味到人生失落与期待的复杂细腻的滋味；从反反复复的“平平仄仄平平仄”里，体味到汉语独特的悠长韵律……在新教育小学，优秀的老师已经一再证明，只要用心体察，任何一个汉字，任何一个词语，任何一篇普通平凡的课文，因为系前人匠心所运，所以，都

并非平淡无奇的一堆文字，而是心灵的一次次运筹，是思维的一次次锤炼，是漫长字词历史的又一次独特运用。如果课堂上能够重现这些，那么每一堂课，都将不可能是平淡、平庸的。

同样，优秀的数学课堂，应该让学生通过学习感受到、理解到教师所使用的和所教学的，是曾经被人类视为上帝语言的奇妙的数。无论是中国人对圆形的迷恋，还是莫比乌斯环的神奇，以及日常生活背后隐秘地运营着、支配着这个世界的数字，都让人不得不对数学学科报以敬畏。同时，数学的思维方式，也是一切思维中最为严谨可靠的。可以说，我们称之为科学的事物，在一定意义上指的就是符合数学的以及接近数学的理论及事物。也因此，明代徐光启在翻译古希腊数学名著《几何原本》时说："能精此书者，无一事不可精；好学此书者，无一事不可学。"数学并不是冷冰冰的图形与数据，而是自然、社会、历史背后的神秘，是人类探索世界过程中发现的最可靠的武器、工具。优秀的数学老师，能够在课堂上发掘出数学的独特魅力，并让学生重现这个发现数学之神奇的过程。而且，在所有学科教学中，数学是目标最为清晰，最能全面训练、准确反馈，以及提供智力挑战的学科。数学的课堂上，应该完美地实现这一切。

这一切，诚如帕克·帕尔默所言："通过对我们认知的探索，一个真理的概念突现出来：真理是怀着激情和原则就重要事物进行的永恒对话。"

第二重境界的主体是全体学生

综合新教育理想课堂第一境界的追求和第二境界的追求，我们还应该进一步确认：发掘知识这一伟大事物的魅力，重新经历此过程的，不应该只是教师，而更应该是学生——全体学生。这样，课堂教学上的三个元素——知识、教师、学生，就不应该是教师隔在知识与学生之间，用某种手段将现成的知识转交给学生。优质的教学应该是师生共同围绕在"问题—知识"的周围，来进行一次艰苦的探索。从这个意义上讲，第一境界有效教学框架中的强调学生预习，也是确保每个学生能够直接地接触问题与知识，而不只是吞食由教师仔细嚼烂了的软化了的知识，即现成的结论。

帕克·帕尔默以下这段感慨，表达了知识在课堂上的独特地位："我们的教育共同体的传统概念忽略了把我们召集在一起，呼唤我们去认知、去教学、去学习伟大事物与我们之间的关系。我看到，当排除伟大事物的魅力而全靠我们自己相当有限的魅力时，教育共同体就变得渺小了。"他说："我所指的伟大事物，是求知者永远聚集其周围的主体——不是研究这些主体的学科，也不是关于它们的课本或解释它们的理论，而是这些视为主体的事物本身。""我指的是生物学的基因和生态系统、哲学和神学的隐喻和参照系、文学素材中背叛与宽恕以及爱与失的原型。我所指的是人类学的人为现象和族裔，工程学的原料的限制和潜能，管理学的系统逻辑，音乐和艺术的形状和颜色，历史学的奇特和模式，以及法学领域里难以捉摸的正义观等。""诸如此类的伟大事物是教育共同体的重要聚焦点。正如原始人一定曾经聚集在火堆周围，透过聚集在它们周围并尝试去理解它们，我们成为求知者、教师和学习者。若我们处于最高境界，表现出色，那就是因为伟大事物的魅力诱发出我们的美德，赋予教育共同体最佳、最优的状态。"

当然，有人仍然会提出异议：并不是所有的知识都是具有魅力的，甚至教学中的有些知识还会是错误的，也并不是所有的学科都能够让所有学生产生兴趣，因此，发掘知识这一伟大事物的魅力，会不会是海市蜃楼、空中楼阁？是实验室里的浪漫构想？它在实际的教学中，是不是很难实现？

要理解这一点，我们可以先回顾新教育的另一个核心理念：共读共写共同生活；通过共读共写，师生、亲子间拥有共同的语言与密码。我们同样可以反驳说，这个过程并不容易，许多家长或者学生已经很难改变，而且大家都带有各自的利益诉求会聚在一起，这种追求只能是乌托邦的浪漫设想；而即使实践这种理念，这个过程中也一样会充满猜疑、争斗、挫败感。是的，所以这一切怀疑并非毫无道理，但是事实总是一再呈现：我们不仅应该共读共写共同生活，通过共读共写，师生、亲子间拥有共同的语言与密码，而且只要坚持这样行动着，教育的命运共同体就会慢慢形成，共同生活就会出现，过一种幸福完整的教育生活，就会在整个艰难、探索的过程中不断闪现。

完全是同样的原理，我们首先要把“发掘伟大事物的魅力”这个概念视为对自己终归将要经历的教学生活的一种新的描述。

也许以前的教学与学习生活我们可以描述为：教师把上级规定的教材（由问题与答案构成）通过某种活动，转交给每个学生，并对学生的接收效果进行检查。那么我们所想要的新的教学生活，在第二境界的层面上，我们希望描述为：师生围绕着“问题—知识—文本”（由教材、考试所提出，与背后深广的学科及更为深广的人类生活相联系），展开一段发现问题、理解问题、解决问题的旅程。这段旅程，将充满着怀疑、困惑、挑战，也不能完全没有机械记忆、挫败感、羞辱感，但是，它的核心永远是智力挑战、思维训练，是知识作为解决问题的工具而涌现时的惊奇与喜悦，是对复杂问题形成新的理解时的豁然。

课例一：《景阳冈》

我们用案例来理解理想课堂的第二重境界，来理解在知识焕发迷人魅力的课堂教学中，知识如何成为让师生环绕的火堆。

以下是我所上的《景阳冈》第一课时。在一般的语文教学中，第一课时往往是扫除一些“没有味道”的障碍。而《景阳冈》一课的精彩，似乎也仅在于武松打死老虎的片刻。凡此种种，既是对语文的误解，也是对作为整体生命进程的教学的误解。

这一课，我们确定的教材（浙教版小语第十二册）目标和学生（浙江杭州萧山区银河小学）完成的预习如下：

教学目标

A类

自觉掌握课后15个生字，用查词典或联系上下文等方法理解课文中的陌生词语。

B类

1. 通过文本细读，分析武松这一文学形象。

2. 练习进行文本细读（用批注法等），欣赏古典小说名著的高超艺术。

3. 感受、学习武松大胆豪迈、心细如发的性格，通过文字感受其高超的武艺。

C类

提高默读速度，练习一边默读一边思考。

预习作业

1. 自学掌握课后生字。

2. 给各段加上序号，将全文分成四部分，为每部分加小标题。

3. 用铅笔批注能够体现武松性格的精彩语句，并在旁边用词语注上其性格特点。

4. 综合填写：一个________________________（填性格，多项，先主后次）的武松。

以下是马玲依据录像所做的课堂描述。

课前：准备好了吗

银河小学的临时教室里，上课班级六（1）班的学生被众多听课教师三面围坐在中间，如众星拱月一般。这是新教育研究中心有效课堂教学研究提倡的“观课观”：听课老师分坐在上课班级学生的侧面，以将听课注意点放在观察学生课堂的学习状态，而非上课老师的表现。同时，听课老师根据提前下发到手中的该教师按新教育有效教学框架设计的备课教案，在上面做相应教学板块完成时间、一个具体学生的学习清单等相关记录批注。

六（1）班的学生已经连续经历了三天这样的课堂，因此，这些本来就已经踏上“天蓝色阶梯”的少年，看上去更庄重沉稳了。课还没有开始，虽处于周围老师们窃窃的讨论声中，但是他们却很安静地坐着，可是又没有低、中段孩子那样刻意表现出来的呆板与拘谨。

这时，一曲由著名歌星刘欢演绎的《好汉歌》响起来了，豪壮的歌声使空气中似乎也充满了郁郁勃发的力量，连原本安静的学生们也忍不住跟着一起小声哼唱起来。

于是，就有了干国祥老师和学生的这段对话：

“准备好要上课了吗？”

“准备好了。”学生的声音低，却有些飘。

“真的准备好了？”老师加重了语气。

“准备好了。”回答的声音响了一些。

“歌中是怎么唱的？”老师引用歌词说，“该出手时就出手，风风火火——”

“闯九州。”学生的声音很温柔。

“哪有这样闯九州的？风风火火——”老师的音调再次上提。

“闯九州！”学生充满力度地回应。

“好！今天这课跟昨天、前天不一样，今天这课要上出一个精气神来！”

开始：检查预习

“大家有没有把每一段标上序号？”（注：预习作业 2 要求给各段加上序号，将全文分成四部分，为每部分加小标题）

“标了。”

“总共几段？”

“13 段。”

"好，现在我检查一下，大家都打开书本，你分成哪四部分？说出序号。"

有同学举手欲发言，老师制止他们："我检查，不用举手。"（注：这个班是小班，人数在20人左右）

老师走到一位同学跟前，请他站起来说出自己的预习结果，并告诉其他同学："如果有不同意见，可以马上举手。"

"1至4自然段，说的是武松在阳谷县一家酒店里喝酒之后，不听店家劝告，执意要过冈。"这是一个有些文静的男生，说话的声音也是轻轻的。

"够不够啰唆？加个小标题。"干老师对他的回答马上做出了反馈。

"执意过冈。"其他同学纷纷说道。

还有一个同学说："武松喝酒。"

"如果只能要你说两个字，你可以给它加什么？"老师提高了难度。

"喝酒。"

"喝酒或者吃酒。"老师表示赞同，示意那位同学继续说下去。

"5至7自然段是第二部分。"

"讲的又是什么？你现在根据刚才讲的迅速把你的意思概括成一个小标题。"干老师让他挑战自己。

"武松上冈。"这个男生很快说出了这四个字。

"如果要用两个字你会怎么概括？"干老师决不降低要求。

"上冈。"不但是这个学生，其他孩子也都一直参与着。

"好，现在大家不要'青口白牙'说说，还要拿起笔来，随手就把它写在书上。这两天我们一直在学拟小标题（注：指的是同时进行的干老师每天和孩子们一起童书共读《草房子》时的学习，而'青口白牙'这个词语，也正是这本书学习过程中的所得）。第一个：两个字就行了，喝酒。第二个用两个字就可以，上冈。"干老师并没有忘记全班任何一个学生，他要他们都实实在在地参与到学习中。

那个男生继续回答："8至12自然段是第三部分，打虎。"没有同学表示不同意见，他继续说，"最后一段是第四部分，下冈。"

干老师听到下面有同学把“下冈”说成“下岗”，便幽默地说：“不是‘下岗’，是‘下冈’，你还没‘上岗’呢怎么就‘下岗’了呢？”大家都笑了，刚才一直显得紧张思考的课堂气氛也轻松愉悦起来。

干老师又向全班同学反馈了“分段及拟小标题”的情况，大家都跟这个同学的结果完全一样。干老师称赞说：“这说明大家的预习做得非常好，这一关就过了。”

引导：《水浒传》中谁最英雄

“在《水浒传》中，总共有多少位英雄好汉啊？”干老师抛出这样一个话题。

“108位。”这自然难不住学生。

“有外国人把《水浒传》翻译为英文，书翻译好了，想来想去这个书名不好翻译，为什么？《水浒传》人家能听懂吗？”

“听不懂。”

“听不懂。结果他取了一个书名，你猜一猜，他起的什么书名？”

“《水浒传》。”一个同学很单纯地说。其他同学和听课的老师都不禁笑起来。干老师也笑了。

笑声中，同学的思维却没有停下，这时又有一个同学提出了新的猜想：“108将。”也有一个同学说：“英雄传。”但从同学们的神情来看，大家对这些说法都不太满意。

这时干老师揭晓了谜底，原来那个外国人取的名字叫“105个男强盗和3个女强盗的故事”。此话既出，先是引起了学生的笑声，然后当干老师问他们这个名字好不好的时候，他们一致摇头：“不好。”

“因为他们是英雄，不是强盗啊。”一个女同学说出了大家的想法。

“哦，那应该翻译为‘105个男好汉和3个女好汉的故事’，是不是？”这段对话只是一个活跃课堂气氛的小插曲，真正的问题在干老师随后提出来的问题中。

“这108位好汉中，你最欣赏哪一位？”

并没有小手如林积极地表示，经老师统计，原来看过《水浒传》书的只有一两个，而看过电视连续剧《水浒传》的也寥寥无几，所以这一百单八将对于学生们只是个粗疏的概念，要谈“最欣赏”的确实是无从谈起了。

“你们现在这个年龄这个水平已经完全能读懂了，所以大家在课外或者放假的时候可以找来读一读，这本书的内容非常好非常精彩，当然里面的强盗行径不要学。”干老师叮嘱大家。

他将问题做了调整：“就你所知道的《水浒传》中的好汉，你最喜欢谁？”

“林冲。”一个细高的男生站起来说，“因为他是八十万禁军教头，武功很高。”

“除了武功很高以外，还有一个原因你也喜欢，因为他的官大。”老师开玩笑说。这个男生乐了，其他同学和听课老师也乐了。

“及时雨宋江。因为他很仗义。”后面一个叫高卓挺的戴眼镜男生说。

“哦，因为他还是一个领导。”又是一阵笑声。

“一个林冲，一个宋江，还有吗？”老师问了几遍，没有人应声了。

“清朝有一个人，他特别欣赏另外一个人，他说：‘一百八人中……’”与此同时，伴随着大屏幕上补充文字资料的出现，干老师向大家介绍清代金圣叹对《水浒传》的一段著名点评：

> 一百八人中，定考武松上上（就是一百零八人中，武松是最好的）。时迁、宋江是一流人，定考下下（时迁、宋江是最差的）。然而此一百六人也者，固独人人未若武松之绝伦超群（去掉时迁、宋江后的一百零六人里面，都比不上武松）。然则武松何许人也？曰：“武松，天人也。”

“武松何许人也？天人也！”干老师再次强调了金圣叹对于武松的评价，问学生：“你们觉得这评价怎样？”

“太高了！”学生纷纷表示。

“这评价太高了，你们不赞同。虽然男同学非常喜欢武松，打虎英雄。但是这评价也太高了，是吧？”老师说出学生心里所想。

“我也不赞同。这评价太高了，凭什么？就凭打虎吗？所以我们今天就来细读课文，来看一看，究竟他说的有没有道理，武松是不是‘上上人也’‘天人也’？接下来有个作业要大家帮我完成一下，这也是个预习题（指预习作业4综合填写）。说武松是‘天人’，刚才我们不赞同，那么我们认为应该是一个怎样的武松呢？”干老师在黑板上板书：一个________的武松，让学生填空。

“倔强、豪放、勇敢。”第一个发言的同学就说了三个，老师一边把这些词语写在黑板上，一边统计着也用这些词语作为对武松形象评价的学生人数。

“直爽”“机智”“敢于拼搏”“无畏”“多疑”“鲁莽或者莽撞”“要面子”……洋洋洒洒几乎占满了一整面黑板。

“这就有意思了，好汉的后面拼出了怎样的一张表啊，怎么什么都有，而且有的还自相矛盾。”

学生也点头表示同意。

“好，矛盾先放在一边，我要问大家的是：武松的这些性格品质，你认为哪一个在课文中最突出？”

学生翻开课文开始思考。片刻，一个男生起来说：“我觉得是‘无畏’。”

“也就是说‘勇敢无畏’（这两个词在刚才学生发言时老师相机做了更细微的辨别），赞同他的举手！也就是说你认为‘勇敢无畏’是武松的第一品质。”

很多同学举起了手。

有一个同学又提出“豪爽”也是武松最重要的性格特征，但是他的意见没有得到更多的支持。

还有一个同学提出“直爽豪放”，同样若作为武松的“第一性格”，他的意见也没有得到更多同学的支持，只有一位同学表示赞成。

“勇敢拼搏。”又有一个同学这样说，说完他马上又修正道：“敢于拼搏。”

“哦，‘勇敢拼搏’和‘敢于拼搏’，两个词中都有一个相同的字，就是‘敢’。不同的是，一个突出了‘勇’，勇气;而一个突出了‘拼搏’，敢拼。”老师对这两个词的词意做了澄清后再问大家是否赞同，有五六个同学把手举了起来，表示赞同。老师同样把黑板上“敢于拼搏”这个词也圈了出来。

“还有另外的吗？”

“倔强。”这个同学获得了两位同学的支持。

“看来，最得人心的是哪一个啊？”老师来到黑板前，和学生一起再来回顾。

“勇敢无畏”一词成为全班同学一致认可的最能体现武松性格特点的词语。

渐入：哨棒的作用

此时，大屏幕上白色的背景下，一条鲜红的长方形色块占据了主体位置，“勇敢、大胆、无畏”三组竖排的黑体大字，格外引人注目。

“勇敢、大胆、无畏，最突出的体现在哪一点？”老师问。

“打虎！”学生纷言。

“证据何在？我们要找证据。有同学说‘打虎’，‘打虎’肯定是一处。我觉得武松最大的勇敢体现在哪里呢？就是我们有一句成语叫‘明知山有虎，偏向虎山行’，是不是？”与此同时，在大屏幕的右上方，对着“勇敢无畏”，也出现了这句话的字样。干老师接着说：“所以我认为这一点最能淋漓尽致地呈现出武松的性格，对不对？”

大部分学生应声，但也有学生显出怀疑的神情来。

这时，屏幕下方出现了这样一段话，老师让同学们一起读出来：

“我是清河县人，这条景阳冈少说也走过了一二十遭，几时听说有大虫！你别说这样的话来吓我！——就有大虫，我也不怕！”

这是从课文中店家和武松对话中摘录出来的一段话。

“‘就有大虫，我也不怕！’”干老师把末句重复了一遍，问：“这是不是

‘明知山有虎，偏向虎山行’啊？”

后面一个男生站起来说：“不是的。他认为店家是骗他的。”

“他认为山上有虎吗？”老师追问。

“没有。”其他同学倒一起说了。

“你们这些应声虫，我最看不得的就是应声虫了。刚才说‘明知山有虎，偏向虎山行’，你们说‘对，是的是的’。”干老师学着学生刚才的样子，学生都笑了。他接着说：“而他（指那个同学）说是店家骗他（指武松）的，又是‘嗯，是的是的’，那么到底是什么？到底是‘明知山有虎，偏向虎山行’，还是不相信山上有老虎？”

“不相信山上有老虎。”学生齐说。

干老师接着又表扬了这个学生，让大家为他鼓掌，同时希望其他同学在上课的时候用自己的脑子去判定，而不要跟着一起应和。

教学继续进行。

“武松认为店家骗他，这山上就没有老虎。”干老师对前面做了小结，让学生继续读大屏幕上显示出的另一段话：“就真的有虎，我也不怕。你留我在家里歇，莫不半夜三更，要谋我财，害我性命，却把大虫吓唬我？”

“我们看这个语句，‘就真的有虎，我也不怕’，是不是‘我也不怕’，是真的不怕吗？”

“怕。”学生说。

“到底是什么，我们待会儿来分析。”干老师又解释说，“现在我们只是用这一点来让大家疑惑一下，他明明是‘明知山无虎，才向虎山行’（这时，大屏幕上刚才那句‘明知山有虎，偏向虎山行’的句子，已经被‘明知山无虎，才向虎山行’的句子替换了，造成了一种特殊的效果，学生和听课老师都不禁笑出声来），是不是这样啊？（大家不禁纷纷点头）也就是说，如果山上有老虎，他上不上山？”

学生说：“不上了。”

可是老师却并没有就此过去，他紧接着问：“哪位同学在课文中‘他知道山上有老虎，就不会上山’的地方做了批注？”（注：批注是学习这篇课文的一个重要方法，因此在预习作业中老师布置了“用铅笔批注能够体现武松性格的精彩语句，并在旁边用词语注上其性格特点”）

一个同学举手，老师请他把课文第几页第几段内文字读出来，并且再说出自己的批注。同时要求其他同学拿起笔，随听随记。

“在第131页‘武松乘着酒兴，只管走上冈来。不到半里路，看见一座破烂的山神庙。走到庙前，看见庙门上贴着一张榜文，上面盖着官府的印信。武松读了才知道真的有虎。武松想：‘转身回酒店吧，一定会叫店家耻笑，算不得好汉，不能回去。’”男生流利地读完了这一段。

“你批注了什么？”老师问。

“这写出了他本来是怕虎的。”

“他是不是无畏？”老师又回到刚才的讨论话题上。

“不是。”学生说。

“是啊，他本来是怕老虎的。这批注写得好。”老师再次表扬了刚才发言的那个男生。

“他爱面子。”这个男生受到鼓励，又接着说出他对这段话做的另一个批注。

“哦，他爱面子。”老师又转向其他同学，“布置预习时我要大家把体现武松性格的句子画出来，再做批注，那么像刚才这位同学一样，也画出这段的举手。”

有六七个同学举了手。

“同时也做了批注的举手。”老师又问。

这六七只手又几乎同时放了下去。

“所以，读文章要细致，还要更细致。”干老师语重心长地说。他接着又说：“好，你看这一读，刚才还在说武松勇敢、大胆、无畏，现在变成什么了？”此时，大屏幕上醒目的“勇敢、大胆、无畏”三个词被换成了“无畏？”

“缩头乌龟。”学生居然用这个词语来重新评定武松了。

“缩头乌龟？他有没有缩头？”干老师马上反诘。

“没有。”学生马上意识到自己简单思维了。

“武松并没有缩头，我只是给你了个问号，你马上得出结论说他是缩头乌龟。”干老师批评学生没有主见。

学生又嘿嘿笑了。

“好，到底武松是不是缩头乌龟，这个过程是怎么演变的，我们已经读了课文，时间有限，我们不能一一细读，我们就来扮演一下武松和店家，同学们想扮演武松呢还是店家？”

“武松。”

“好，做武松要有精气神的，我做店家可以精神低迷，你可一定要有精神。”点拨了一下读“武松”时该有的语气，师生的分角色朗读开始了。大屏幕上只显示出武松（红色字体）与店家（黑色字体）的对话，其他旁白提示语则统统略去。

“主人家，快拿酒来吃。”

（一饮而尽）“这酒真有气力！主人家，有饱肚的，拿些来吃。”

“只有熟牛肉。”

“好的切二三斤来。”

“好酒！”“主人家，怎么不来筛酒？”

“客官，要肉就添来。”

“酒也要，肉也再切些来。”

“肉就添来，酒却不添了。”

“这可奇怪了！你如何不肯卖酒给我吃？”

“客官，你应该看见，我门前旗上明明写着‘三碗不过冈’。”

“怎么叫做‘三碗不过冈’？”

“我家的酒，虽然是村里的酒，可是比得上老酒的滋味；但凡客人来我店中，吃了三碗的，就醉了，过不得前面的山冈去，因此叫做‘三碗不过冈’。过往客人都知道，只吃三碗，就不再问。”

“原来这样；我吃了三碗，如何不醉？”

“我这酒，叫做‘透瓶香’，又叫做‘出门倒’：初入口时，就觉得好吃，一会就醉倒了。”

“别胡说！难道不付你钱！再筛三碗来！”

读到这里，老师对学生说：“这时候你已经喝了几碗了？”

“18碗。”

“你已经喝了18碗了，满嘴酒气，朝我冲来，然后提着哨棒就出去了。”学生都笑了。角色继续。

“客官，哪里去？”

“叫我做什么？我又不少你酒钱！”

“我是好意；你回来看看这抄下来的官司的榜文。”

“什么榜文？”

“如今前面景阳冈上有只吊睛白额大虫，天晚了出来伤人，已经伤了三二十条大汉性命。官司限期叫猎户去捉。冈下路口都有榜文；教往来客人结伙成队，趁午间过冈；其余时候不许过冈。单身客人，一定要结伴才能过冈。这时候天快晚了，你还过冈，岂不枉送自家性命？不如就在我家歇了，等明日凑了三二十人，一齐好过冈。”

读到这里，老师又问学生：“武松他为什么不看榜文？”

“他不信。”

“他为什么不信？”

“因为这条山路他已经走了一二十趟了。”

“哦，因为他这条路以前走过，到底多少趟谁也不知道，有时他也会吹吹牛。但是，他在这条路上确实没有遇到过老虎，他有经验。还有呢？”

“他的性格也比较多疑。”一个男生说。

“他为什么多疑呢？后面已经说了。”干老师不在“多疑”这里盘桓，而是点拨学生道，“在这里有几个字可以说明武松为何不看榜文，哪几个字？”

学生迅即回视屏幕上这段文字，老师又说：“在我（指店家）说的话里。”他又读道：“我是好意；你回来看看这抄下来的官司的榜文。”

老师还没读完，一个叫陈一宁的男孩子已经脱口而出：“抄下来的。”

干老师请他说，他站起来，告诉大家他的发现：“这是‘抄下来的’，它不一定是真的。”还没反应过来的同学顿时恍然大悟，“嗯”着点头。

“你有没有在‘抄下来的’这几个字上做批注啊？”干老师顺势又点了一下做批注这种学习方法的重要性，“如果我这句话是‘我是好意，你回来看，县政府就在我家留了一张榜文呢！’”干老师话还没说完，学生就迫不及待地说：“那当然要过去看看啦。”

“你就要过来看看啦。看了之后又怎样？”

“留下来呗。”

“那就留下来了。那么打虎还有吗？”

“没有了。”

“就没有后面打虎这么精彩的故事了。所以‘抄下来的’这四个字有学问啊。”随着干老师的点评，大屏幕上“抄下来的”四字旁边出现了干老师做的批注：

> 奥秘全在“抄下来的”四字中！或无此四字，便无“武松打虎”的精彩故事，世上便无打虎之英雄也！

一路顺藤摸瓜，学生明晓了做批注的作用，干老师让大家再次拿起笔来，赶紧把刚讨论完的这处批注也写在自己的书上，但老师又提出要求：“不要只想着去简单抄写老师的批注，你要想怎么去做批注。”

同时，干老师对自己做的这处批注也做了修订：“我说奥秘全在‘抄下来的’四字中！若无此四字，便无‘武松打虎’的精彩故事，世上便无打虎之英雄也！我重点在批‘奥秘’，并没有说武松的性格，这里可以看出武松‘多疑’来。”

角色扮演继续，学生继续读武松的话：

“我是清河县人，这条景阳冈少说也走过了一二十遭，几时听说有大虫！你别说这样的话来吓我！——就有大虫，我也不怕！”

“我是好意救你，你不信，进来看官司的榜文。”

“就真的有虎，我也不怕。你留我在家里歇，莫不半夜三更，要谋我财，害我性命，却把大虫吓唬我？”

“我是一片好心，你反当做恶意。你不相信我，请你自己走吧！”

“我（店家）认为你（武松）这种行为是什么？”读完后老师紧接着问。

“好心当成驴肝肺。”学生马上反应道。

“用一个成语来说，就是‘以小人之心——’”

“度君子之腹。”

听了这话，干老师故意停了一会儿，打量着几个同学，突然说：“你是小人！”角色朗读的游戏还在继续着。

学生愣了一下，但马上反应过来，分辩说：“我不是。”

“你不是小人，那你是什么？”老师又问。

“武松！”有一个男生很单纯，马上说，“武松是小人，我不是，我是大人！”

大家轰一下都乐了。

“呵呵，武松是小人了，那你现在不要做武松了？”干老师幽默地说。

“要做的。”别的同学倒抢先说道。

“我说你是‘以小人之心度君子之腹’，你不同意，那是什么？”干老师紧追不舍。

好几个学生把手举了起来，一个戴眼镜的男生起来辩护道：“武松就是多疑了一点嘛。”

“多疑了一点。那你把‘小人之心’给我换一换。”干老师给孩子们布置了一个非常巧妙的文字局，看学生似乎还有难度，他又略作提示：“四个字调换一下顺序。”

马上，好几个声音同时叫起来：“小心之人！”

哈哈！这个快乐的笑颜啊，同时在好些活泼的脸蛋上绽放。

“哎呀，原来武松是一个‘小心之人’啊！”干老师也开心地总结。

这时，陈一宁又站起来补充：“而且他（指店家）的话有些地方也不一样，他刚刚还说是‘抄下来的’，这边又说早已经‘贴’在那里了。”这个孩子，还一直在专注地为武松找着证据呢。

“文中有说‘贴’在那里吗？”（注：原文是“你不信，进来看官司的榜文”。干老师只这么一招“打回文本去”，学生就知道了书中并没有这么写。）

“刚才我们学习的其实就叫——细读课文。”这时，大屏幕上“细读课文”四个大字又赫然入目。干老师接着说：“文章一定要细读，你拿起笔来，哟，干老师布置了一道预习，我就随便做两下吧，那成吗？”

“不成。”学生已经从刚才的例子看出认真完成预习作业的重要性，他们纷纷摇头。

“那不成。”干老师加重了语气说，“我告诉你，古典名著里精华可多着呢，给你那样匆匆一读，就全坏了。”接着，干老师又以自己的阅读为例，进一步带领学生学习“文本细读”。

“我一读就纳闷了，为什么呢？大家看看课文第二段的第一句是怎么说的？”

学生看书上写道：“武松走进店里坐下，把哨棒靠在一边……”

老师问：“大家知道什么叫‘哨棒’吗？”

“金箍棒。”一个学生冒出这么一句，又逗得大家一乐。

“为什么棒前要加个‘哨’字呢？因为那个棒子的一头是空的，可以吹，一吹，就发出龙吟虎啸之声，用来吓走狼群等猛兽。供古时候的人们行走防身用，还可挑担等，作用很多。”

解释了“哨棒”这个本文中出现的重要工具后，干老师提出这样一个问题:“我的疑问，武松如此勇敢，武艺如此高强，为何要时时带一根哨棒？”

学生也一下子被这个问题问住了，并引发了他们的共鸣，是啊，既然武松如此勇敢无畏，为何却“棒不离身”呢?

“课文中几次写到了哨棒？”面对学生困惑又茫然，不知怎样入手的情况，干老师剥茧抽丝，引领学生细读文本。

由于学生是第一次尝试给课文做批注，因此预习作业的完成情况不是很好，少有人能批注出“哨棒”这一妙处来。干老师便让学生拿起笔来，先迅速在课文中把描写“哨棒”的语句都画出来。

学生找画的过程中，老师则不断地观察着学生的学习情况，发现问题及时更正，比如有些同学居然是要拿着直尺才在书上画线的，认真倒是认真了，只不过这已经不是阅读，而是“测量”了。

3分钟后，学生陆续有完成的，干老师一边继续给未完成的学生时间，一边提出新的问题:“你一共画出了几处‘哨棒’？哪一处描写最精彩？”让学生思考。

“古时候文字是用毛笔写的，写字很繁，所以文章就写得很紧缩，不像现在电脑可以随便复制，所以古人写书，是没有多余的字词、句子的，‘哨棒’数处出现，肯定是有讲究的，我们来看一下。”干老师开始和学生一起细读“哨棒”之妙了。

大屏幕上，将有关哨棒的文字逐一呈现，干老师先做“批注阅读”示范:

> 武松入到里面坐下，把哨棒靠在一边。

“我当时就想了，英雄如此，为何带根哨棒？这到底是为了什么？”（此批注同时出现在屏幕上原文旁边，以下皆同，略去。）他问眼前的一个男生，“你为何要带根哨棒？”

“自卫。”

“你武艺那么高强，还用得着哨棒吗？”老师追问。

“可能，可能会打不过吧。”这个学生揣测着说。

“哦，我小心为妙。”老师面向全体同学，说：“虽然我武艺高超，但是我还是小心为妙。仍然突出他的什么？”

“小心。”众生纷言。

这时，后面一个学生举手欲言，老师冲他示意，他说：“有可能几十个强盗来群攻。”

“哦，如果是单打独斗，那还好办。但如果人多的话，我抡开哨棒，那就会好多了。有道理，你的心思很细腻。”老师称赞了他的合理之处，又总结说，“这处哨棒的描写，足可见‘武松胆虽大，却谨慎得很！’”（引号中文字也同时显示在屏幕上，为老师批注的范本。）

学生点头称是。老师又让大家赶紧拿起笔，把它批注在书上。

“剩下的课堂上不能一一注上了，我在这里只是提醒你先记着，课下再把细节的补注上去。剩下的我们只能是交流了。”

老师又出示了后面几处描写“棒不离身”的句子：

> 武松提了哨棒，大踏步走上景阳冈来。
>
> 武松拖着哨棒走上冈来。
>
> 武松一面走，一面把毡笠儿掀在脊梁上，把哨棒插在肋下。

“他无论怎么说，哨棒就是不离开身，对不对？原因何在？”

“因为上冈了他怕有狼。”一个学生猜测。

“现在他怕的是有什么？”老师问。

“虎。”学生马上更正过来。

“他不相信有虎，但是心里还是觉得小心为妙，宁可信其有，不可信其无。但是奥秘还不在这里，要问的是，他这么步步写哨棒，目的何在？但是答案不在这里，答案在后面。好，我们读一下。”

武松走了一程，酒力发作，热起来了，一只手提着哨棒，一只手把胸膛敞开，踉踉跄跄，奔过乱树林来。见一块光挞挞大青石，武松把哨棒靠在一边，躺下来想睡一觉。

学生读完，老师评价说：“这次读，气势不够，但是我没有纠正你，为什么呢？因为你这时酒已经喝多了。”学生都笑了。

“酒醉之际，你仍然不忘带着这根棒子。作者何故反复提及此棒？原因何在？”笑声中带来的这个问题才是真正重要的呢。

“处处都写出了武松的细心、谨慎。”这一点学生已经体会得很深刻了。老师再让大家继续往下读：

忽然起了一阵狂风。那一阵风过了，只听见乱树背后扑地一声响，跳出一只吊睛白额大虫来。武松见了，叫声：“啊呀！”从青石上翻身下来，把哨棒拿在手里，闪在青石旁边。

“你读这几句琢磨出了什么？”

“那哨棒起作用了。”一个学生说。

“什么作用？”

“打老虎。”

“这下可以护身了，原来小心还是有用的。所以他一看见老虎，马上想到的就是什么？”

“哨棒。”

“因为他心里就有这根哨棒。他心里有这根哨棒，所以作者能不能把这根哨棒丢下？”

“不能。”

“所以没有写他穿什么衣服，可是却不能不写他手里拿的哨棒。”

这段和学生的对话，让大家清楚了“哨棒”之用。干老师接着让学生再往下读：

武松见大虫翻身回来，就双手抡起哨棒，使尽平生气力，从半空劈下来。只听得一声响，簌地将那树连枝带叶打下来。定睛一看，一棒劈不着大虫，原来打急了，正打在枯树上，把那条哨棒折做两截，只拿着一半在手里。

“这段在读的时候要注意，前几句要读得气势如虹，在这（指的是哨棒打虎）之前，武松怎样？”

“逃。”

“逃了几次？”

“三次。”

“三次？记住，是四次。这个作为一个课下作业，重新看看武松逃了几次。那么，这时抡起哨棒，实实在在地打下来，这一棒下来，还不打得那只猛虎脑浆迸裂？所以我说读的时候要气势如虹。但是——没打着！”学生一下全乐了，虽然情节是熟悉的，可是老师这么绘声绘色讲来，还是有趣。

“棒一下子——折了。所以要读出这种变化来。”干老师重新起头，让学生再读这段话。

这一遍读得明显改观，抡棒打虎的气势出来了，哨棒打空的情形也出来了。

“我就觉得，这个作者有问题。我这么精心写这个哨棒，不就是为了它能打虎吗？可是一打它就断了，既然后面要断，我前面就不该写它。是不是啊？”读完后，干老师又抛出一个关于“哨棒”的难题。

“嗯。”学生情不自禁赞同道。

“你今天就学会嗯了。”干老师嗔责道。听课的老师都笑了。

“不对，”一个男生止住笑，起来说道，“后面他又在用棒打虎了（指文终怕虎不死，武松又用断棒打了一气的事情）。”

“哦，你的意思是后面还有用，所以要写。还有不同意见吗？”干老师问。

“突出他赤手空拳，打死老虎。”后面一个男生说。

“也就是说，如果用棒打死老虎怎么样？”干老师将他的意思转为更清楚的问题。

学生都笑了，说：“那就不稀罕了。”

“那是英雄，但不是大英雄了。”老师说，“如果你用机关枪打死了老虎，那么人们还会佩服你吗？”

学生都笑了，说：“不会。”

“所以武松英雄就英雄在哪里？”

“赤手空拳打死了老虎。”

老师又故意幽了一默：“不是，是棒断了。”又是笑声一片。

关于这几处“哨棒”的讨论告一段落，这时，老师又把自己备课时对这些段落做的相关批注投影在大屏幕上，对学生既是示范，也是总结。

干老师说：“所以，这些地方都要去仔细地揣摩。大家看，这就是我的批注。‘前面是大虫追着武松，武松躲着大虫（气势一直被压着，多紧张啊）；这里武松举起哨棒使命一劈，方才扭转气势（可是哨棒又断了）。’这里一波三折写得妙啊！‘若哨棒不折又会怎样？’‘棒若不折，后面的精彩不再出现（就是武松一棒打下，老虎一命呜呼）；棒若不折，武松便不是赤手打虎的顶级英雄。’‘带棒：心思细密，谨慎；折棒：武艺高超，无畏！’（在这里老师又顺便分析了‘武艺高超’不是武松的性格，而是他的特点，英雄不是说只有勇气就行了，他又幽默地拿自己做例子，假如是自己的话，有很大的勇气，可是一上去就会被老虎吃掉了。‘在二三十人的死亡名单中又多了一个叫干国祥的。’全场哄笑）所以在这里既是说明武松‘武艺高超’，又说明了他的‘无畏’。”

分析了这许多写“哨棒”句的妙处，干老师又问：“棒到这里是不是就没用了呢？”

“不是的。”

“还有用！读一下。”干老师让学生继续读文中最后一处写“哨棒”的句子。

武松放了手，去树边找那条打折的哨棒；只怕大虫不死，拿棒橛又打了一回，眼看那大虫气儿都没了，才丢开哨棒。

"'气儿都没了，才丢开哨棒'。我的批注是：狠！狠毒！斩草除根！除恶务尽！小心如此，细心如此！真英雄啊。"由于时间关系，这处干老师直接把自己的批注抛了出来，尽管这样，还是给了学生很多启发。

"真英雄啊，胆要大，心要细。这'哨棒'功劳大吧！好了，现在'哨棒'已经完成了它的光荣任务，可以——（学生接道：退休了）所以现在才把这哨棒'丢开'。"

至此，对于文中"哨棒"这一具体细节的批注教学结束。

干老师最后总结道："这'哨棒'妙不妙？妙在何处？"

学生一下子千头万绪，却不知从何说起。以至于像陈一宁一样居然也对这根"哨棒"产生了依依不舍的留恋之感，只听陈一宁有些怅惘地说："我觉得这根哨棒用得着的时候就拿上，用折了不能再用就丢掉，实在有些可惜。"细读文本居然在课堂上产生如此之趣，不亦快哉。

"一根哨棒贯穿全文。对不对？"

"嗯。"

"一根哨棒尽显武松谨慎、细心性格。是不是？"

"嗯。"

"一根哨棒尽显武松武艺高强、临危不惧。妙不妙？"

"嗯。"

呵呵，学生又成了"嗯嗯虫"了。

"你看，这根'哨棒'写得多妙啊！同是一根棒，说他小心也靠棒，说他勇敢、大胆、武艺高超也靠棒，真妙啊！这是谁看出来的？"这时，大屏幕上又出现了金圣叹点评《水浒传》的两段话。

徒手而思杀虎，则是无赖之至也；然必终仗哨棒而后成于杀虎，是犹夫人之能事也。故必于四闪而后奋威尽力，抡棒直劈，而震天一响，树倒棒折，已成徒手，而虎且方怒。以徒手当怒虎，而终亦得以成杀之功；夫然后武松之神威以见。

有草蛇灰线法。如景阳冈勤叙许多“哨棒”字……骤看之，有如无物，及至细寻，其中便有一条线索，拽之通体俱动。

干老师简单把这两段文字解释给学生听，并表扬了在众多听得如醉如痴的学子中还奋笔疾书，拼命想将这两段批注都抄在书上的曹远同学，因为唯有她，才真正领会了“批注”是一种良好的学习方法。

拓展：哨棒与红门

最后，干老师又用了几分钟的时间和学生们探讨了一个有趣的话题：课文中的“哨棒”，与《草房子》中“杜小康”部分的何物相似？说来听听。

《草房子》是这次新教育萧山实验区培训高段选定的一本共读童书，在每天下午，干老师也用一节课时间，就《草房子》中的各主要人物形象和六（1）班的学生一起进行深入分析。三天下来，陆鹤、杜小康、纸月这些性格鲜明的人物形象，就从那飘荡着洁白芦花的油麻地小学，从几十年前的岁月，走进了这些孩子的生活。而“杜小康”，也是书中颇受大家喜欢的一个男孩子的典型形象。

“红门！”看到问题，学生便马上说出故事中对于杜小康来说非常典型的一个象征物——红门。

“它们有哪些地方相似啊？”这却是学生理解不到也说不出来的了，于是他们专注聆听干老师的比较分析。

“在故事开始时，武松是仗哨棒而行，而杜小康仗红门而贵；故事发展过程中，《景阳冈》是处处写棒，而《草房子》也是一一写尽红门好处；故事转折处呢，哨棒折了，红门倒了；故事高潮及结果呢，武松赤手空拳打死了老虎，杜小康战胜了苦难，得到了真正的高贵与尊严。你们看文章结构是不是相似的呢？作文，如果也能写到这样的程度，那就不得了了。”

最后，金圣叹对武松的那句点评再次出现在大屏幕上：“一百八人中，定考武松上上。”这也是最初上课时同学们觉得对武松评价得有些过了的那句话，现在老师再问大家：“你觉得这句点评有没有一点道理呢？”

学生众说纷纭，这次并没有简单地改变自己的想法，其实就这个问题的结论是什么倒并不怎么重要，重要的是整个分析的过程，以及分析方法。

由于课堂上显示学生的预习作业完成情况并不乐观，因此在下午第一节上课前，干老师又布置午间巩固作业如下（因为是借班上课，受时间所限，所以中午完成了）：准备生字词语的听写；用这节课所学的方法，补充课文批注，多多益善，精益求精——课堂的精彩源于课前的精致、谨慎、细致。把笔当做武松的哨棒——课前“随身而带”，课堂上丢棒打虎！

附：比较案例

近年来，一方面是由于国外速读法的引进，另一方面也是由于工具论的重新崛起，语文教学出现了一种重形式分析、阅读策略的课堂教学。应该说，这种知性的阅读教学，在态度上是一大进步，但是，我们不能不遗憾地指出，这样的探索，往往没有发掘出作为伟大事物的文本中真正的魅力。以下通过《月光启蒙》的两个课例，我们可以比较两种教学观下不同的课堂取向与风格。

课例二：《月光启蒙》香港版——KWL 模式

执教：王衍菁（中国香港）

点评：干国祥

课前谈话。（在此之前，老师没有见到学生）【干国祥点评：不和学生见面，甚至不让学生预习，这都是非常态教学，此种为让公开课和优质课比赛有一定公平性的措施，其实都并不值得提倡。为了最佳的学习效果（而

不是教学效果)，在课前不仅应该见到学生，而且还应该给予预习指导。】

师：同学们会不会读老师的名字？我的名字呢，叫王衍菁。那老师今天呢，需要借助你们这双眼睛，借助你们这双美妙的眼睛，用心去感受这堂课，好不好？我们用心一起去上一堂很美妙的课，去感受一段很美妙的时光，好不好？那首先，我们请起立，好，各位同学早。

生：老师早。(学生有一点不适应，很无措，台下大笑)

师：好，向右转，跟来自全国各地的老师打个招呼好不好？

生：……(学生不知道说什么)

师：好，各位同学，我们面向全国各地的各位老师，跟大家说各位老师早。

生：各位老师早。

师：好，大家请坐。你们表现得非常好。那么今天，王老师知道大家的座位和你们平时是不一样的，有的同学可能很新奇，有的同学可能不习惯，我们这样做……都搞得不清楚，不要紧，咱们今天去感受另外一种学习模式，好不好？【**干国祥点评**：我不知道在王衍菁老师心里，这KWL是否真的是一种另外的学习模式。事实上教者应该明白，这并不是一种真正意义上的学习模式，至少在课堂上，学习并不是真正按照这种模式来进行的。我知道了什么，我想知道什么，我学会了什么。这个只是一个非常粗浅的认知步骤，而且这种接近课外阅读的认知步骤中，存在着一定的与语文课程偏离的地方，这就是“我想知道什么”与“我还应该知道什么”的区分。教学目标，不仅仅是“我想知道什么”，更有“我还应该知道什么”。那么无论是作为所要阅读的文本《月光启蒙》，还是作为一种阅读行为操练的“关于或借助《月光启蒙》的阅读”，“我”还应该知道什么呢？】

第一部分：介绍KWL学习模式

师：好，接下来看一看今天我们学习的这篇文章叫什么名字？大家一齐说。(生齐读课题《月光启蒙》)哇，好想让你们说呢，我觉得你们说得很整齐，普通话也说得非常好。没错，今天我们就来学习《月光启蒙》这篇课文。同学们，你们有没有听过KWL这个学习方法？你看看黑板上，KWL，这个学习方式大家有没有听过？

生：没有。

师：KWL，今天我们就来试一试这个学习模式。你看，K代表你知道了什么。同学们，看到“月光启蒙”这四个字你知道了什么？开动你的想象力，你就这样想象：哎，我只是看课题，我知道了什么啊？有没有同学告诉我，举手，你来说——

生：在月光下得到一些知识。

师：非常好，第一个是“得到一些知识”，你能把它写在黑板上吗？就写在横线上。好，其他同学呢？你们想到了什么？你来说——

生：这是一件在月光下的事。

师：月光下的事。好，接下去，我们看看W，你想知道什么。你想知道什么？看到这四个字，首先要自己有个想法：我学了这篇文章，知道些什么？你来说——

生：我在月光下得到什么启蒙。

师：我在月光下得到什么启蒙，非常好，我们请这位同学上黑板，和那位女同学走到一块去，写下来。其余同学呢，你又想学什么啊？说说你想学的，你想学什么，告诉我。

生：我想学到什么知识。

师：你想学到什么知识，非常好。最后一个，我学会了什么。L代表我学会了什么。哪个同学能带着这个问题，一起来上一堂课，这堂课学完的时候，你要知道，这一课中，你学会了什么。等一会儿告诉我。【**干国祥点评**：所谓KWL，就是已知、欲知和需知、新知，从认识规律来讲，这也未尝没有意义。但问题在于，这种太过浅易的模式，事实上千篇一律，一来不能应对真正复杂的高级认知，尤其是文本解读，二来也会在一定程度上，干扰已经习得的更为高级与复杂的阅读状态。严格地讲，这是一种极初级的知性阅读，或者说是初级知性阅读中的一种策略。知性阅读是对感性阅读的一种提升，但是，知性阅读也容易步入机械割裂的困境。打个比方，把规律作为显性课程的阅读就是学骑自行车，注意焦点在学车这上面，而理想的阅读状态，是要到达文本深处，即用车把自己带到某处，其注意焦点，本在某处，或沿途风景，而不在骑车的动作上。如何解决既骑车又到达目的地这样一个难题？解决方案就是自觉地进行焦点转换。另外，就是也可以采取一种更为高级、有用的阅读策略，但是，是在默化的方式下反复习得。课堂及认知焦点在《月光启蒙》，这就是传统的“教教材”，或者人文性；焦点在KWL，这就是“用教材教”，或者引进工具学文本，这就是传统所谓的“工具性”。此课开头，王老师双线并进，这不失为一种自觉。但是，这工具真能有助于此文本之阅读吗？或者说此工具真的值得细研，而且此文本真的合适对此工具的掌握吗？】

第二部分：理解课文内容

（速读—听读—引入歌谣—还原画面）

【**干国祥点评**：我们可以猜测，这将会是从“教教材”角度学课文，还是“用教材教”角度学工具？】

师：接下去的时候呢，请同学打开你们桌面上的那篇文章纸，速读课文，两分钟。（配乐，有节奏，稍显急促）【**干国祥点评**：此种阅读，是速读信息提取式阅读，其注意焦点在读的行为上，而不对所读内容进行暗示。所以，没有采取情境教育的抒情音乐。其利其弊，仁者见仁，智者见智。】我看同学呢，速读得差不多了。那接下来呢，请同学把眼睛闭起来，用心是朗读文章的第一步。听老师朗读第一节，用想象力，把你的文章，把你的内容，勾画成图画，在你的脑海中。等一会儿，老师要问一下，你的那幅图画，画了些什么？

童年的夏夜永远是美妙的。暑热散去了，星星出齐了，月亮升起来了，柔和的月色立即洒满了我们的篱笆小院。这是孩子眼里最美的时辰，母亲忙完了一天的活计，洗完澡，换了一件白布褂子，在院中的干草堆旁搂着我，唱起动听的歌谣。

好，把你的眼睛睁开，王老师现在想问一问，你的那幅图画中有些什么？你来说？

生：天空上群星闪耀，挂着一轮明月，非常美丽。

师：好，非常美丽，给点掌声鼓励好不好？他用了群星闪耀，我觉得非常美丽，把一个美妙的情景展示在了我们眼前。其他同学，你的那幅图画是什么样子的？举手告诉我。

生：我看到一位母亲，在有月光的篱笆小院，抱着一个孩子，给他讲述一个童话世界。

师：给他讲述一个童话世界，不错，其他同学呢？你们那幅画里都画了什么啊？举手。你来说说。

生：晚上群星闪耀，母亲搂着一个小孩子在院中的干草堆旁，给他唱起了动听的歌谣。【**干国祥点评：**前面全是速读信息提取法，这是一种阅读力的训练。与文本细读法正好相反。但未尝不可以作为文本细读法的基础。】

师：非常好，母亲搂着她的孩子，在篱笆院里唱起动听的歌谣。同学们，你们想不想听歌谣啊？【**干国祥点评：**这就是另外一条道路，另外一种思路了。两条道路，在王老师这里，是并不足够清晰的，于是上下板块，突兀生硬。】

生：想。

师：好，我们来听一听。

1.月亮出来亮堂堂，打开楼门洗衣裳，洗得白白的，晒得脆脆的。

2.月儿弯弯像小船，带俺娘俩去云南，飞了千里万里路，凤凰落在梧桐树。凤凰凤凰一摆头，先盖瓦屋后盖楼。东楼西楼都盖上，再盖南楼遮太阳。

啊，同学，你听到歌谣，有什么感受？能告诉我吗？举手告诉我。

生：一听就会。

师：啊，一听就会。其他同学，你的感受呢？

生：像三月的和风。

师：哎，三月的和风你都听出来啊，其他同学呢？

生：歌谣朗朗上口。

师：歌谣朗朗上口，非常好。还有没有其他？你来说说。

生：我仿佛回到了童年时代，母亲抱着我在院中给我唱歌谣。

师：哟，给他的感觉……仿佛回到了他的童年对不对，仿佛变成了小婴儿那样，哈，接下来请同学到课文中找出来，文章的作者在小朋友的年代，在他的童年，听着妈妈唱这首歌的时候，有什么感受，他用什么去形容，能不能找到，告诉我？举手。好，你来说。

生：她用甜甜的嗓音为我吟唱，轻轻地，像三月的和风，像小溪的流水，小院里立即飘满了她那芳香的音韵。

师：说得很准，很有感情。我们来看一看，没错，她用甜甜的嗓音深情地为我吟唱。没错，这一段，我想请全班同学一起来朗读一次，我们要读得深情，读得轻轻的，读出像三月的和风，读出像小溪的流水，好不好，我们一起来读一读。（生齐读）非常好，接下去，老师请大家看一幅图画，你看到了什么，告诉我。举手。（一幅非常模糊的树的轮廓）

生：我看到一棵树，树上有一些白云。

师：哇，你这样也能看到。同学你能看得清楚吗？觉得它很清楚的举手？（几乎没有人举手）觉得它不清楚的举手。（几乎全部举手）把手放下，大部分同学觉得不清楚，很朦胧的。接下去，现在，你看到了什么？好，你来说说你看到了什么？

生：我看到一棵大树，旁边飘飘悠悠飘着许多白云，很清楚。

师：啊，清楚地看到一棵大树，对不对？母亲就是用歌谣，把孩子对世界的这种感觉，就像这棵树这样，从一种朦朦胧胧不清不楚，变到现在这样清楚。在文章中，哪一句话，写孩子的心智像这棵树这样，从朦胧走向清晰的，能找出来吗？你来说说看。

生：母亲用歌谣把对故乡的爱，伴着月光给了我，让一颗混沌的童心豁然开朗。

师：非常好。母亲用歌谣把对故乡的爱，伴着月光给了我，让一颗混沌的童心豁然开朗。

【**干国祥点评**：这个图的教学环节，纯粹是浪费宝贵的时间。这训练了什么？如果前面有还原画面的要求，那么这样的图片的出示，纯粹是对想象画面的破坏。

以上环节，教者欲达到初步浪漫感知文本的作用，其要求就是通过语言文字还原画面。但是，这整个设计远不够自觉，而且严重低估了学生的阅读力。另外，我还不知道学生速读的，是全文还是从开头到听歌谣的部分。如果是后者，则问题就更大了。以下鱼骨图，就是教者欲知性地教学。既是对文本进行梳理，也是传授如何梳理文章结构的方法——鱼骨图。当然我们可以追问：不梳理文章结构，理解会有困难吗？文章结构，是本文最有价值的教学内容吗？】

第三部分：鱼骨图梳理结构，彰显作用

师：接下去，我们来看看一个鱼骨图。有些同学可能感到奇怪，什么是鱼骨图呢？比如我们这一课鱼骨图呢，就是文章的脉络，把文章更加清楚地展示在自己的眼前。

好，我们来看看时间：一个美丽的夜晚。事情呢是作者的童年时代，妈妈搂着他，在月光下唱着动听的歌谣，母亲唱过歌谣是不是走去睡觉啦，接下去母亲又做了什么？哪位同学告诉我，举手来说。

生：母亲唱累了，就给我讲嫦娥奔月的故事，讲牛郎织女天河相会的故事。……像一尊玉石雕像，她给我唱起了幽默风趣的童谣，使我的思绪从天上回到人间。

师：啊，不错，接下去，母亲就说起了故事，刚才的同学说得很好，说了嫦娥奔月的故事，牛郎织女的故事。这些故事是真实的吗？同学，是不是真实的？

生：这些故事都是神话，不是真实的。

师：非常好，这些都是神话故事。神话故事在运用我们的什么能力，才变得更加精彩的？

生：运用我们的想象能力。

师：非常好，运用我们的想象能力，组成具体的故事。形成你脑中的图画，是我们的想象能力去想象出来的。【**干国祥点评**：进文本。】好，接下去我们又回到了鱼骨图了。【**干国祥点评**：出文本。】夏日某夜，我们看着月亮慢慢升起来了，妈妈和我在月光下唱歌谣说故事。说完故事之后呢，刚才那位同学也说了，说完故事之后又做了什么？一起来说——

生：唱起了幽默风趣的童谣。

师：非常好。在这里有三首童谣，哪位同学，有没有你觉得很喜欢的，就读给我们听啊？你喜欢读哪一首？哎，读之前，我们先给她一个节奏好不好，我们拍拍手，给她一个节奏，她会读得更好听。手拿出来。（两首都如此，后面几位老师都学着她打起拍子来，但是处理的效果却不尽相同）

生：小老鼠，上灯台，偷油喝，下不来——老鼠老鼠你别急，抱个狸猫来哄你。

师：真的很好，哪位同学也这样来读一读？好，你来试试看，其他同学拍手，先给节奏。

生：毛娃哭，住瓦屋。毛娃笑，坐花轿。毛娃醒，吃油饼。毛娃睡，盖花被。毛娃走，唤花狗，花狗伸着花舌头（具体字句有出入）。

师：非常好，同学你听着两首童谣有什么感觉？你有什么感受，可以告诉我吗？

生：我感觉这些童谣都很有趣。

师：很有趣，除了很有趣呢，还有没有其他？

生：这些童谣很幽默，听起来心里很高兴。

师：除了幽默还有吗？刚才我们给他打拍子的时候，你又体会到了什么？你来说——

生：我觉得童谣很有节奏，使人感觉到非常精彩开心。

师：非常好，她感受到了韵律对不对，感受到了节奏，这种节奏很轻快很柔软，好，我们来看一看，妈妈又唱起有节奏的童谣，培养了小孩子，其实在不知不觉之间呢，让他明白了诗歌美的精神。让他明白什么叫诗歌的韵律，喜欢上了诗歌。【**干国祥点评**：前读童谣可谓“进文本”。】接下来又做了什么？你来说说。【**干国祥点评**：鱼骨图就是“出文本”分析。】

生：接着妈妈又给我猜谜语。

师：非常好，接着妈妈又给我说起了谜语。我想问问同学，说谜语的时候，你运用什么能力能够把谜语的答案猜出来啊？

生：运用自己的想象力。

师：运用想象力之外呢？你还要怎么样？你来说说。

生：一起去思考。

师：一起去思考，没错。你要动脑筋才能够找到答案。所以在不知不觉之间，小朋友的智慧又让妈妈慢慢地发掘出来了。【**干国祥点评**：谜语部分没进文本，在外评议与梳理了。】

好，接下来我们看看（回到鱼骨图），月亮慢慢升起来了，在静谧的夏天晚上，妈妈搂着孩子，在院子里唱歌谣、说故事、猜谜语、唱童谣。我们能不能用一个词语去形容那天晚上他们在做什么？在月光下，妈妈怎样呢？用一个词语。或者我们想一想，为什么我们的课题不用我和妈妈在月光下做这些事，而用另外一个名字，哪位同学想到了？你来说说。【**干国祥点评**：结构总概。】

生：启蒙。

师：没错，小孩子原本什么都不会的，但是，通过妈妈做这些事情，让一颗混沌的心豁然开朗了。并让他最后怎么样啊，在最后一节，我们看哪位同学能找到答案？

生：母亲为我在月光下唱的那些明快、欢乐的童谣……展开了想象的翅膀，飞向了诗歌的王国。【**干国祥点评**：主旨点明。问题是，这些在课堂之

前，或者说不必教学，学生已经自能得之。】

师：非常好，这就是文章的主旨，妈妈通过这些不同的事情，让小孩子最后飞向了诗歌的王国，成了一位诗人。好，接下去我们看到了黑板上会有一张工作纸，刚才我们已经把文章的脉络透过这个鱼骨图呢，很清楚地展现在了大家眼前，但是老师要测验一下，要考查一下，同学们有没有认真听，那么唱歌谣，这些童谣呢，运用了小孩子哪一方面的能力呢？这些事都有什么作用呢？接下来王老师会请两位老师来派发工作纸，那每一组同学呢，只要做一张就好了。老师为什么要分组呢，做完之后老师要随便抽，比如第三组的一号同学，你就要回答了，知道吗？每一位同学你都要懂得，每一位同学你都要知道，每一位同学都要积极投入，去参与我们的课堂活动。好，请邓老师和王老师给大家派发工作纸。

好，同学拿到工作纸的时候，你们就开始讨论，每一组的2号同学负责做记录，好不好，把讨论答案写下来。

赶快讨论，刚才老师说什么马上告诉2号同学，把答案写下来。时间很紧张，只有两到三分钟的时间。

（所谓工作纸，就是在鱼骨图旁边加上填空，填上相应的作用。两位派发工作纸的老师没有下去，而是共同帮助学生协作学习。三位老师指导六组学生。）【**干国祥点评**：这个作用，是“进文本”谈对孩子的作用，还是“出文本”谈文本形式的作用？】

师：好，大家的速度再加快一点点，字不用写得太工整，把主要内容写下来就可以了。其实呢，我非常欣赏你们的字。如果你们写完的话呢，全组同学都要有一个共识，老师随便找一个组随便找一个序号来回答，每一个同学你都要知道怎么做才可以。（生继续准备）

好，时间到了哦，停下来啊，我看看同学们能不能完成。同学们都想很认真地把字写漂亮，老师很欣赏你们这点。那接下来按照老师的要求找同学来回答哦。准备好了没有啊？（生没有反应）

准备好了没有啊？哈，信心不是那么足够，没关系，我们大家都来试一试嘛，对不对？那老师请谁来回答呢？

唱歌谣的作用是什么呢？我来看看请哪一组。不举手的，老师叫到的每一个同学都要作答。第一组的 2 号同学，你来回答唱歌谣的作用是什么，对小孩子的启发是什么，放松一点来回答。

生：让我感受身临其境、诗情画意的境界。

师：非常好。那么同学呢，那么小孩子呢，感受到了诗情画意，感受到了身临其境。【**干国祥点评**：答非所问。问的是“歌谣对小孩子的启发是什么”，自己回答的是“文章让我们身临其境”。】接下去说故事呢？这个非常简单，说故事给作者什么感觉，谁来说，哎，第几组呢？第一组的 3 号同学是谁？

生：作者的想象力非常丰富。【**干国祥点评**：仍然是问在文本内容，却答在文章效果。】

师：你刚才注意听课了，非常好。那么接下来唱童谣呢？第五组 1 号同学。

生：启迪了作者的想象。【**干国祥点评**：这一次是答在文本内容中，即作用于童年的“我”，而不是读者。】

师：启迪了作者的想象，这是说故事，我们说唱童谣，刚才同学们拍着手表演过了对不对？ ×× 组 1 号同学。

生：……让我们放松心情。【**干国祥点评**：又到文章效果去了。】

师：放松心情之后，接下来让我们感受到了什么呢？【**干国祥点评**：文本外的“我们”，还是文本中的“我”？老师自己也不清楚。】

生：让“我”的心绪从天上拉回到人间。

师：把思绪拉回人间。还有呢？我们刚才拍着手唱童谣有什么感受呢？【**干国祥点评**：“我们”还是“我”？】第八组 4 号同学。

生：为“我”打开民间文学的宝库。

师：还有吗？第五组 4 号同学。

生：……

师：坐下，我们来看看正确答案。（投影）明快，含蓄，让小朋友懂得去体会诗歌的韵味。【**干国祥点评**：这个小朋友是谁？是文本中的“我”，还是课堂上的学生？】接下来猜谜语呢？第二组 2 号同学。

生：让孩子学会思考。

师：让孩子学会思考，可以，启迪了他的智慧。【**干国祥点评**：这里用“他”，指文本中的“我”，而不是课堂上的“我们”。】最后，主旨是什么呢？【**干国祥点评**：什么主旨？文章主旨，还是母亲教学内容的主旨（意图）？】主旨，没有回答过的组举手，这一次，我们请××组4号。

生：母亲打开民间文学的宝库，展开想象，飞向了诗歌的王国。

师：非常好，作用是启迪了孩子的想象，飞向了诗歌的王国。

【**干国祥点评**：此部分实际上教学了“母亲的教学内容”，即母亲在月光下为“我”教学了什么，这些对“我”有什么作用。】

第四部分：创作童谣献给妈妈

师：哈，在这里，老师想问同学了，平时妈妈唱童谣给你们听得多了，你们有没有试过唱歌谣给妈妈听啊？现在呢，请同学把思绪从课文拉回到自己的身上，回到现实生活中，想一想自己的妈妈，好不好，我们应该怎么去回应妈妈的爱呢？接下来，老师请同学创作一首童谣，先来读老师创作的一首童谣，我们请同学们一起来朗读一下，感受一下，好不好？（音乐响起。以下系关于母爱童谣的创作，略）

【**干国祥点评**：这个教学思路上的猛然一跳，跳得让人诧异。并非不可写作，但我们必须追问：是不是阅读的目标已经实现？是不是文本的价值已经汲取？另外，写歌谣是不是本课合适的教学内容？面对一个有分量、有文字价值的文本，在短短的一堂课中，挤出这样的创作，纵然创作本身是精彩的，我们也不能认为这样的教学目标设置是合理的。这只能叫作买椟还珠。何为“椟”？何为“珠”？关键还是在如何正确地理解“阅读力”三个字。是速读能力，还是细读能力？是知其大概，还是得其神髓？不同的取向，会有截然不同的教学。】

第五部分：回应KWL中的“学会”

师：接下来，我们来回应我们这节课的最后一个问题：我学会了什么？

请你很快地把它写在小月亮上，开始！【**干国祥点评**：这其实并无真正的学习意义。因为这工具并没有为我们“打开文本”。所以，这是一个普遍可以使用，但并不可以解开此类文本的工具。】（生专心地在小月亮上书写）好，请同学们到黑板上来写出来好不好？我们哪位同学愿意到黑板上写，举手。（生书写）好，谁愿意到前面来说一说？举手，没写完也不要紧，一边想，一边说。

生：是母亲用一双勤劳的手，打开了民间文学的宝库，使我插上了想象的翅膀，飞向诗歌的王国。

师：你学到了文章的主旨，你学到了什么？

生：我学会了母亲是爱我们的，我小时候，母亲给我讲故事、唱歌谣，母亲使我展开想象的翅膀，飞向诗歌的王国。

师：非常好，其他同学呢？其他同学想到了什么，举手。

生：母亲是我的启蒙老师，是她用一双勤劳的手，为我打开民间文学的宝库，是妈妈在背后一直鼓励着我向前。

师：很好，谁来说？

生：母亲带给了我幸福、快乐和生命。我们应该感谢母亲。

师：啊，非常好。同学，我们利用KWL度过了这堂课，K代表知道了感受到了母亲对大家的爱，感受到了母亲深深的爱。当然，我们也对妈妈的爱作出了回应，同学创作的给妈妈的歌谣就那样在课堂上飞翔，希望同学回家送给你的妈妈。我感到非常的开心。我们最后一个环节，老师呢，送条鱼给大家。（鱼泡泡上写着一些学习方法、鼓励的话等）希望同学们通过今天的学习呢，在知识的海洋中自由地遨游。好，今天我们这堂课到此为止，起立！同学们再见！【**干国祥点评**：我没看到真正的KWL，这只是一个贴上去的形式而已。从KWL的含义来看，它应该是接近杜威的认知过程的，也就是问题学习法，但是很遗憾，我们并没有在课堂上看到真正的问题提出、寻求以及探讨。】

生：老师再见。

附：鱼骨图具体内容

童年—唱歌谣—讲故事—唱童谣—猜谜语……启蒙作用

诗情画意—丰富想象……学会思考……诗歌韵味……飞向诗歌的王国

【**干国祥总评**：语文课缺乏知性阅读，语文课没有“用教材教”的意识，语文课没有引进解读文本的“武器”（或者说工具）……这些，确实是当前语文课，包括名师公开课普遍存在的问题。王衍菁老师此课，在此方面，我们看到了探索的自觉。

但是我们必须追问：此课教学，意在培养学生速读还是细读？抒情散文，是速读类型还是细读类型？是人文精神培育，还是工业社会的信息提取？

这一问，可能会让我们对整个香港中文阅读，以及全球范围内的所谓阅读力培养，产生一个质疑：它是不是南辕北辙的短视行为？

如果我们将阅读定位于细读而不是速读，那么我们就要继续追问，引进课堂的阅读工具，无论是语文知识还是阅读程序，对此类文本解开有益否？本课所引入的两个工具，一个叫 KWL，一个叫鱼骨图，都不属于专门的语文知识，而属于最常规的阅读工具。我们通过现象学的方式来聆听课堂，会发现这两个工具都没有能够把师生带入文本内部，或者深处。它们确实帮助师生提取了一定量的信息，但是，这种速读信息，能够是理想的语文学习吗？

我们必须追问：课堂，应该是用这两个工具来理解文本，还是把文本当成材料，来熟悉、练习这两个工具？

当然，我们的前提是：如果这两个工具不能解开文本之壳，让学生品尝到文本之魂，那么这两个工具的合理性就颇值得怀疑。其作为阅读工具的合理性，就需要反思，值得警惕。而反过来，拿这两个材料用以作为练习掌握工具，我们也得思考，这两个工具的普遍价值有多高？要理解和掌握这两个工具，用这个材料是不是比较合适？

语文知识，或者说阅读工具，帮助我们比浏览此文本，更深入、更知性地进入文本中了吗？

语文教学，要能够进得去——走得进文本，还要能够出得来。出得来有两层意思：一层出来，是对文本进行知性分析；另一层出来，是对我们的学习行为进行知性分析。此课，在第三点（出得来对学习行为进行知性分析）上得分最高，第一点和第二点上都得分不高。】

可见，本课所重为阅读程序与策略和教学形式；本课所轻为文本内容与文本形式。

课例三：《月光启蒙》新教育版——月光·母亲·故乡

执教：干国祥

时间：2009 年 4 月 17 日

教材：苏教版《语文》五年级

班级：五（5）班

地点：宝应翔宇实验小学小圆厅

背景

2009 年 4 月 16 日，星期四，“新教育小学开放周”活动推进到“有效课堂”板块的同题异构环节，来自贵州凤冈的罗瑛老师和新教育研究中心的王云老师（网名“西门小醉”）就五年级苏教版教材《月光启蒙》一课进行同题异构。

关于这篇文章的解读和核心目标的设定，两位老师并无太大的差别。罗瑛老师重在品味语言文字和母亲形象，以“美妙”一词拎起全文，通过在具体的语言文字中品味“月光的美妙”“歌谣的美妙”“母亲的美妙”来达到体会作者对母亲的怀念与崇敬的感情，并且感受到故乡文化对作者的滋养。但是在具体操作时则因限于细碎、抽象的文字分析而并没有达到最理想的效果。而王云老师的核心目标确定为“了解‘月光’意象，掌握课文内容，感知文中母亲形象、童谣魅力、故乡情结，体会文中情境”。在教学中，他通过还原文本中的“民歌童谣”，紧紧联系“月光”意象，来让学生体会母亲的形象。王老师的课上得很润泽，富有意境。但在课上到后半段时，王老师要带领学生再往高处走走，在讲述月光意象，并把“月光”“母亲”置于“故乡”的大背景下时，课堂显得有些涩，时间很费，但学生仍然茫然而不得。

于是课后研讨时，聚焦于“学生能不能达到这样的解读”而引发了激烈的争论。有老师认为这样的知性目标对于学生太难了，因此教学的目标及策略，都不应该超越学生的认知。而相反的意见认为，王老师的尝试方向是对的，定位也是没错的，只可惜在自己的理解程度和操作策略上，还略有欠缺，所以导致了课最后一小部分的生硬。但是，这种生硬无论在学生认知上，还是在教研努力上，都比让学生停留于仅仅对文本内容的感动上更为有益。事实上，争执的意见有两个焦点：一是学生能不能理解月光意象的深层含义，要不要教给学生这样的知识，这是目标问题；二是如何寻找更合适的策略，实现更高一层的教学目标，这是策略问题。

于是老师们投票修改了原有的课程设置。本来周五安排的是干国祥老师用七年级教材艾青的《我爱这土地》，来为预习已经达到训练有素的六（3）班学生上一节专门体现“朗读指导”和“存在共鸣”的语文课。现在尊重老师们的选择，决定重上《月光启蒙》。

当天傍晚，干老师就制作了预习作业发给学生。

预习作业

1. 自学课文生字，感情得体地出声朗读课文，读流利。画出你不懂的词语或句子，或自己解决，或在课堂上提问。

2. 试用自己的话，口头表达你对课题“月光启蒙”的理解。可写下关键词语。

3. 课文中说“母亲用歌谣把故乡的爱，伴着月光给了我，让一颗混沌的童心豁然开朗”，你认为究竟是什么让混沌的童心豁然开朗的？写出那些让混沌的童心豁然开朗的关键词。

4. 用横线画出课文中描写母亲的句子，用词语批注法，标明这些语句分别写出了母亲的什么？

5. 用波浪线画课文中描写月光的句子，用词语批注法，试说说自己的感受。

期待：这会是堂什么样的课

4月17日下午1：50，翔宇实验小学的小圆厅内，两百多名来自全国各地的优秀老师都颇为紧张地等待着，等待着这堂课给出的一个结果——这结果可能将决定自己未来课堂的方向。而对本校学生更加熟悉的诸向阳校长在期待中却也捏着一把汗，因为同昨天王云上课所用的五（1）班新教育实验班学生相比，今天干老师上课用的班级，本学期才刚刚开始接触有效教学框架，学生的预习也还远未训练有素，那么课堂效果甚至很有可能不如王云的课堂，而王云，此时也静静地等待着，他相信自己的选择是正确的，但自己在课堂上因故没攀爬到的教学高度，干老师可能会采用怎样的策略来让之实现？最外围的老师们，则干脆站了起来，举起了摄像机、照相机……

与这种弥漫在老师们身上紧张的气息不同，干国祥老师却平静得有些仿佛置身事外，他调试着课件与音响，天真、清澈的童声响起来了：“月亮在白莲花般的云朵里穿行，晚风吹来一阵阵熟悉的歌声，我们坐在高高的谷堆旁边，听妈妈讲那过去的事情……”

大屏幕上，也显示出一幅静谧、唯美的图画——月光如水，铺泻而下，夜幕笼罩中的大地、树林、村庄、河流……也都因这皎洁的月光，披上了淡淡的轻纱，如梦如幻……

而海子的诗句则让这景象更加意蕴深长：

村庄中住着
母亲和儿女
儿子静静地长大
母亲静静地注视

芦花丛中
村庄是一只白色的船
我妹妹叫芦花
我妹妹很美丽

音乐、歌曲、画面、诗句，与要学习的文本之间互为补充，巧妙地构成了一个“隐性课程”。而这些音乐、诗句，干老师显然是别有用意的，他事后说，他不会在课堂上讲它们，甚至也不会让孩子们特意去念起，但是它们就静静地在那里，润润地透出气息。也许某个心灵说不定就在这个时刻会与这样的诗句偶然相逢，产生一丝悸动，从而又有神秘的密码，在此刻的不经意中被孕育、被深埋。

此刻，大部分学生正捧着书，读着要学习的课文。干老师行走其间，检查着学生的预习作业。

朗读的感情从哪来

课堂是从检查预习作业——朗读——开始的。

干老师先跟同学们讲清了检查朗读的规则：请一组同学开始轮读课文，其他同学注意倾听。如果发现读书的同学读得不对，比如字词明显读错了，就要举手提出，或者发现同学读的感情明显有误，比如本来应该“宁静的”却读成“热烈的”，本来应该“喜悦的”却读成“悲伤的”，也要举手提出。为避免学生只聚焦于字音正误的细节上，干老师还幽默地说，一些细微的小差别，就像干老师普通话不标准一样，就不要举手指出了。

接着，干老师随意指了一个小组，朗读检查就开始了。

第一个起来读的是个女生，她的声音清脆悦耳，朗读也非常熟练准确，也在努力把“夏夜的安静美好”读出来，可是声音上还不懂得控制，所以稍显得有些“情绪热烈”了；第二和第三个同学都是女生，她们朗读的是关于月亮的歌谣，都很正确流利，可是声音仍然显得呆板，语句中的情感并没有化到声音里去；接下来是一个男生，读的是很抒情的母亲“用甜甜的嗓音深情地为我吟唱，轻轻的，像三月的和风、像小溪的流水”一段，同前面几个同学一样，学生朗读的准确性和流畅性相当不错，可是在对文本的情感理解上，对于五年级的学生来说，还是有些不足了。

这样每人一段，近5分钟的时间，14个同学轮读了一遍，大家的朗读情况差不多，在朗读的正确、流利上非常好，可是在“感情得体”上，则明显欠缺。文本，在他们的心中，还没有真正被“唤醒”呢！

“大家自评一下，刚才同学们读得怎么样？”

这个班的学生平时公开课上得不多，所以不如昨天那两个班的学生活跃。面对这个简直不能称之为问题的问题，居然没有同学举手，过了好久，后排才有一个男生出于好意，起来“配合”老师说：“还可以。”

“还可以就意味着你还有感觉到不可以的地方，你说说吧。”呵呵，没想到干老师却这样反应，这个男生想了一会儿说：“有些同学在读书的时候没有把书捧起来读。”

“哦，捧起来读就好了，是吧？”干老师幽默地反问了一句，引发同学们对“有感情地朗读”做更深的思考。接着，他又询问其他同学，能不能提出一些还可以改进的地方。

最后排又站起一个女生，她说：“读书的时候要加上一些感情。”

干老师让她用刚才的课文举个例子，她重新朗读了课文的第一自然段，对于“这是孩子眼里最美的时辰”她读得较好，但是“夏夜景色的安静、美好”却仍然不能体现，声音仍然响亮有余，柔美不足。她读完后，干老师问她：“你把什么感情加到你刚才的朗读里了？”这个女生回答不出来。

“刚才这位同学说，读的时候要有感情，但是我问的是，你把什么感情读出来了？”

面对老师的问题，学生都静静地听着，这个他们非常熟悉但却从来没有认真思考过的问题。

“这是不是你想加就加的？是不是说我想要把悲伤的感情加进去，就悲伤了，喜悦的加进去就喜悦了？不是。因此，要读得好，就要有一个前提，前提就是理解课文。所以我相信，等会儿随着我们理解课文的深入，这篇课文将会越读越好。”这时，干老师明确地告诉学生，“理解课文”是“有感情朗读”的重要前提。

接着，干老师就带领学生——“理解课文”。

理解课文：让词语复活

“现在，我要你用一句话来概括全文的内容。这课文讲了什么呢？”这个问题并没有在预习作业中出现，但是又和每一个预习作业息息相关。而“概括主要内容”在五年级，也应该是学生已经掌握并能运用的一个基本“武器”了。

“在月光下，母亲给‘我’讲故事，唱民谣，猜谜语。”第一排的一个女生回答，她就是刚才轮读课文时的第一个女生。

“你看，这同学多好，”干老师请大家找到课文中的一句话，“因为课文中有一句话，在第96至97页，‘母亲用歌谣把故乡的爱，伴着月光给了我，让一颗混沌的童心豁然开朗’。但是这个同学非常准确地把这句话中的一个词给改掉了，哪个词改掉了？”

“混沌。”一个男生说。

“是吗？”面对还“混沌”的这帮孩子，干老师直接让他们读屏幕上显示的一段话，这也是老师改编了这句话而对课文主要内容的概括：

> 母亲在月光下给童年的“我”唱民歌、讲故事、唱童谣、猜谜语，用它们启蒙了“我”，使“我”混沌的心豁然开朗。

“你看，刚才这位同学多敏锐啊，她注意到全文不只是歌谣，还有讲故事啊，猜谜语啊，所以你呢，把书上这句话的‘歌谣’圈一下，再在旁边写上‘还有童谣、故事、谜语’。这一补上去，你就把课文的主要内容给找出来了。”对熟悉新教育框架的老师来说，这样的对于学生学习的“训练有素”，是时刻都要进行的，譬如重要的“批注法”，就是在预习和课堂校对相结合的方式进行训练，这样一天天、一课课积淀下来，学生就自然可以达到这方面在形式和思维上的训练有素。

所有的学生都抓起笔来，把老师提示的补写在书上相关位置。完后，就这句话，干老师引导学生深入理解：“这句话中有个‘启蒙’，课文题目也是‘启蒙’，‘启蒙’是什么意思呢？”

“使初学的人得到基本的、入门的知识。”经过了预习，所以这个男生很流利地说出了词典中的解释。

“好。我们来看一下这个‘蒙’，‘蒙’是什么意思？”

“蒙昧少知。”同样，一个学生很准确地说出。

“那为什么蒙昧少知，你知道吗？”干老师又问，学生当然不知道了，于是干老师课件上出现了“蒙”字的甲骨文字形，从字源上为学生启“蒙”。

“你看，‘’下面是什么？是一只小鸟，上面是什么呢？是一个盖子，一个盖子把一只小鸟怎么样？盖住了。所以‘蒙’是什么意思？‘蒙’就是盖住，所以‘蒙蔽’这两个字的意思是一样的，‘蒙’就是‘蔽’，‘蔽’就是‘蒙’，两个字合在一起仍然是蒙蔽、遮蔽的意思。”

“那么‘启蒙’又是什么意思呢？对，启的意思就是‘开启’，启蒙就是开启蒙蔽，就是去蔽、把蒙蔽的东西给去掉。那启蒙之前一个人的情况是怎样的呢？课文用了一个词语，谁找出来了？”

“混沌！”学生找得很准确。

“那启蒙之后呢？”

“豁然开朗。”大家也都有一种豁然开朗的感觉了。

“对，由‘混沌’到‘豁然开朗’的过程就是启蒙的一个过程。当然，人生开始时，你的生命是混沌的，那么第一次让你豁然开朗，就是你人生的启蒙，那个启蒙的人，就是你人生的启蒙老师。你母亲就是你人生的启蒙老师。”

这样，就“启蒙”这个词的理解来说，学生通过查字典预习知道了“启蒙”的意思。然后在课堂上，又通过老师讲述“蒙”字的字源来历，以及“启蒙”，启蒙前“混沌”，启蒙后“豁然开朗”，“人生启蒙”，“启蒙老师”这样一串意义上的关联，他们对于“启蒙”的理解就不再是一个写在词典上的概念了。

“好，我们带着这个理解，把刚才这句话再读一读，要把你对里面四个词（指启蒙、混沌、豁然开朗、母亲）的理解读出来。”自然地，理解之后，干老师让学生通过朗读再来体会，既是加深理解，也是体现学生此刻理解所到的程度。

“母亲用歌谣把故乡的爱，伴着月光给了我，让一颗混沌的童心豁然开朗。”果然，孩子们再读这句话的时候，就跟刚才不同了，对于“母亲”“混沌”“豁然开朗”的理解明显加深了，但是对于“歌谣”“故乡的爱”“月光”却还没有显示出更深的理解来。

“仅仅是歌谣吗？”干老师再次强调了母亲用的不只是“歌谣”，还有“童谣、故事、谜语”，让“一颗混沌的心豁然开朗起来”。接着他又问了一个问题：

到底是什么“让一颗混沌的童心”得到了“启蒙”，走出“混沌”，豁然开朗？

“是母亲的童谣、民歌、故事和谜语。”一个男生很快地说。

“不过，我还有疑问，这些童谣民歌故事谜语，我们也读了，我们听得还要多得多，为何依旧‘混沌’，没有‘豁然开朗’？”

干老师很幽默，他问学生：“这些童谣民歌故事谜语，你都读了吗？”

“读了。”

“那你被启蒙了吗？”

学生面面相觑，然后老老实实地回答：“没有。”

“是啊，你昨天就读了，但是现在我看你还一头雾水，那为什么没有被

‘启蒙’呢？”这个问题让学生真的费思量了。

是的，“民歌、童谣、故事、谜语”这些只是词语啊，虽然它们被以文字的方式呈现出来，但是被高度抽象的结果就是，那本来充溢其中的声音、颜色、动作、情感、韵律、节奏……也仿佛被施了魔法一样，被拘禁了。而文本、词语和学生的经验之间，也就有了一道道深浅不同的沟。因此，“理解文本”的含义首先要让这些词语复活，让文本复活，只有它们复活了，儿童的心灵才能受到刺激，才能灵动起来。

复活文本

如何复活词语，复活文本呢？干老师以《睡美人》的故事给学生做了一个形象的比喻："我们都听说过一个故事，有一个公主，好像睡着了，睡了很多年，后来她怎么醒来的？是啊，一个王子来了，亲了她一下，她就醒来了。所以呢，课文中的这些民歌、童谣，它们也都睡着呢，现在还没有醒来呢，那我们现在扮演一下白马王子，把它们‘吻醒’好不好？好，那么，先吻哪一个？”

学生都笑了，他们先选择了最容易的童谣。可是怎么吻醒呢？干老师给出了一个极为简单的方法，就是你只要读它们的时候，把节奏打出来就可以了。

小红孩，上南山，
割荆草，编箔篮，
筛大米，做干饭。
小狗吃，小猫看，
急得老鼠啃锅沿。

小老鼠，上灯台，
偷油喝，下不来——
老鼠老鼠你别急，

抱个狸猫来哄你。

毛娃哭，住瓦屋，
毛娃笑，坐花轿。
毛娃醒，吃油饼。
毛娃睡，盖花被。
毛娃走，唤花狗，
花狗伸着花舌头。

有时候真的就这么简单啊，只是一边拍手一边念，这些刚才在同学们嘴巴里还沉沉的儿歌、童谣，仿佛变成了手心中颤动着的小毛鸭，一下子活起来了，孩子们的表情也一下子生动起来。吻醒——就是让词语，让事物回复它本来的魅力啊！

“童谣很容易吻醒，民歌可就难了！谁有办法把它吻醒呢？”

月亮出来亮堂堂，
打开楼门洗衣裳，
洗得白白的，
晒得脆脆的。

月儿弯弯像小船，
带俺娘俩去云南，
飞了千里万里路，
凤凰落在梧桐树。
凤凰凤凰一摆头，
先盖瓦屋后盖楼。
东楼西楼都盖上，
再盖南楼遮太阳。

一个女生先迎接这个挑战，她站起来，用优美的声音，竭力地想读出民歌中优美的感情，她这次读得真好，所有听课的老师、同学都静静地听着，听她脆脆的声音在圆厅里飘荡。几个男生，还情不自禁微笑起来。

“读得真好！”干老师也赞叹道，“你看，尤其她读到‘飞了千里万里路，凤凰落在梧桐树’，读得真是好啊。但是，吻醒了吗？”

学生沉吟着，略略摇着头。

“是啊，好像还没有，因为课文中明明讲了，母亲是——唱的！谁为我们唱一唱？”干老师幽默地提议。

学生都笑了，可是没有人敢接受这个挑战了。

“那我们就请一个人来为我们唱一唱吧！”孩子们的眼睛一下子都亮了，因为有歌声响起来了，刚才被他们念过的歌词，这时化为了歌声，歌声轻轻地、缓缓地响起来，一种安详、宁静，却又空灵慈爱的感觉也随之从心头浮起来。这歌声，就如同三月和风，拂过每个人的心田，整个圆厅都被它浸润着，仿佛浸润在月光中一般。每个人的心，也都变得温润起来。一些孩子情不自禁地也跟着轻声吟唱起来。

歌声止了，干老师轻轻地问学生：“好听吗？”

“好听。”学生也同样轻轻地回答。

“这民歌活了吗？”

“活了。”孩子们轻轻地点着头。

“这是从大地深处长出来的歌谣啊！你看，这一唱，就活了。那么谜语我们怎么把它弄活呢？”干老师又带着学生继续“吻醒”文本了。

孩子们很有意思，他们也活了，每个人的表情都不一样，都在琢磨：儿歌可以打节奏，民歌可以唱，那谜语咋办呢？当然要猜了啊，可是怎么猜呢？

“这样吧，我们来扮演一下，同学们来扮‘我’，读黄色的字，我扮这个母亲，我们来试一下。”

民谣童谣唱过了，我还不想睡，就缠着她给我说谜语，让我猜。

母亲说:“仔细听着:麻屋子,红帐子,里边睡个白胖子——是什么呀?”

我问:“朝哪里猜?”

母亲说:“朝吃的猜”。

我歪着头想了一会儿,硬是解不开。

母亲笑着说:“你真笨,这是咱种的花生呀。”

干老师在读的时候有两个小小的细节:一是他没有读提示语,而是直接说母亲的话;第二是他不是在读,而是在演。这样,在他的表情、动作、声音的暗示下,母子猜谜的情境一下子就出现了,学生读到后面的时候,也真就“歪着头想了一会儿”。然后,干老师鼓励大家再分男女生读一遍,仿照师生读的样子,女生读“母亲”,男生读“我”,让谜语再多“活”一点儿。学生饶有兴趣,读得更好了。

“你看,这一读啊,我们的声音就把文章给读‘活’了,我们还是有本事把‘睡美人’吻醒的嘛!”干老师表扬道。他又提出了新的挑战:“那故事,我们怎么‘吻醒’呢?”大屏幕上出现了“母亲讲述民间故事”的片断:

母亲唱累了,就给我讲嫦娥奔月的故事,讲牛郎织女天河相会的故事……高深莫测的夜空竟是个神话的世界。

“故事也是能‘吻醒’的,但是我们今天时间不够,”干老师并没有让学生再去展开,但是他也并没有就此简单带过,而是充分地施展教学技巧,用一种讲故事的声音对学生说,“假如我们能坐下来,能从容地坐下来,你看那天上的满天星斗,那一轮明月,你知道月亮里有什么吗?”

“有嫦娥。”

“哦,嫦娥怎么会在月亮里呢?”

“嫦娥奔月。”

“哦，在很久很久以前，天上有十个太阳……”

就这样的两句对话，便已经展现出“月光下母亲对孩子讲故事”的那种情态来，干老师又总结说：“当我们这样讲的时候，这高深莫测的夜空竟是个神话的世界。我们读这段话的时候，想象那些神话故事，把这天空重新还原为神话的天空。”

就这样的点拨了一下，学生再朗读这句话的时候，感觉真就完全不同了。在听者的耳里，“嫦娥奔月”“牛郎织女”……还有那高深莫测永远上演着神话的夜空，竟也好像真的就在眼前了。

这样，让儿歌成为儿歌，让民歌成为民歌，让谜语，让故事都还原为它原来的样子，老师和学生们一起把“文本”吻醒了。

可是需要更深理解的问题也接踵而来。

“母亲”的形象

“童谣、民歌、故事、谜语是被吻醒了，是复活了，但是我们混沌的心，豁然开朗了吗？”干老师再问。

“没有。”学生的情绪比刚才活跃许多。

“开启作者混沌的心灵的，真的是这些民歌童谣吗？”干老师又提出一个问题，仍然围绕着核心问题而问。

“不是。”学生都摇头说。

“还有母亲的爱。”一个男生说得更加具体了。

“好，母亲的爱在哪里，你找出来。”这也是预习作业4的内容，即用横线画出课文中描写母亲的句子，用词语批注法标明这些语句分别写出了母亲的什么。

因此，干老师不纠结于这些具体句子的查找，而是引学生在此基础上再往前走：“我们读这些文字，和作者相比，究竟少了什么？”

“月光。”一个女生说。

“也就是说，如果我们这会儿有月光，我们就和作者一样了，是吗？”干老师反问她，她感觉到了自己答案的不足，但是我们这些读者和作者之间的差别到底在哪里呢？

“好，我找到了，大家请看这一句。”干老师并没有花费更多的时间让学生一一去找，而是直接出示出来，让学生深入理解课文中的听民歌场景：

> 她用甜甜的嗓音深情地为我吟唱，轻轻的，像三月的和风，像小溪的流水。小院立即飘满了她那芳香的音韵。

干老师先请同学们把这段话读一遍，有了前面的朗读指导，这遍老师没有说什么，但是孩子们就开始读得入境了。

“我觉得，刚才我们在听民歌的时候，也是像三月的和风，小溪的流水，也是这样啊，那和作者有什么不同呢？我们少了什么？”

聚焦到这段话后，学生仍然不够敏感，他们只是努力思考，但是却还不能发现句子中的“端倪”，于是干老师更直接地问道：“为什么说音韵是有‘芳香’的？”

这一问，让学生活跃起来。一个男生说：“因为母亲唱得非常甜润，使我的鼻子都很舒服。”

这天真的答案让大家都笑起来，干老师也笑了，然后表扬这个男孩说：“他非常敏锐，发现了这个芳香，首先是比喻母亲的嗓音非常好听，但是我还是有些疑问，用芳香比喻嗓音好听是可以的，不过我总觉得还没有说到妙处。”

这时候又一个男生说：“用心听，就听到芳香了。”

“哦，他（作者）用心听就听到芳香了，你用心听，怎么就没有听到芳香呢？”干老师反问他，接着干老师又点拨道，“课文第一段中有一处告诉我们这‘芳香’是咋来的，你找出来了吗？”

马上同学们兴奋起来，一个女生举手了，她站起来念道：“母亲忙完了一天的活计，洗完澡，换了一件白布褂子，在院中的干草堆旁搂着我，唱起动听的歌谣。”

她又解释道：“因为母亲搂着我，我靠在母亲的怀里，听着她为我唱的动听的歌谣，我便闻到了母亲的体香，便感觉音乐也有这样的香味。”

“哇，太好了，说得真好！”干老师情不自禁也轻声赞叹。他告诉学生:“把‘洗完澡’画一下，‘搂’字圈一圈，在旁边写上‘芳香’。因为刚才这个同学已经说了，你看，母亲用香皂洗完澡，身上是不是有一股香味呀？还有‘搂着我’，这香还是温馨啊！所以这个芳香，既是‘动听’，还是真正的‘芬芳’，还是母子之间那种‘温馨’的感情，把这三个词都在‘芳香’旁边写出来。这就是批注啊，昨天我们让大家都批注了，看你有没有批注出来。”

学生批注完后，干老师说:“我们再来读一下刚才这些文字，我觉得这位母亲不仅声音动听，不仅很干净、很芬芳，母子关系很好，我觉得母亲在这段文字里还有另外一种品质，你读出来了吗？”

“还很勤劳。”一个学生说，他解释说是从“母亲忙完了一天的活计”中看出来的。

“对，也写在旁边。”老师让大家把“勤劳”也批注在书上。然后，让大家把第一段话再读一遍。

这样经过分析，“洁净的母亲”“勤劳的母亲”“母亲芬芳的音韵”，便在学生的声音中复活了。

“我们在预习的时候把写母亲的句子都画出来了，还有这一处，你画出来了吗？”屏幕上出现了这个句子，也是同学们一上课就接触到的文章中心句:

> 母亲用歌谣把故乡的爱，伴着月光给了我，让一颗混沌的童心豁然开朗。

“这一句你又看出什么来了呢？”

“我看到了母亲的慈祥。”学生的课堂常规的确要训练，像这样的回答，就应该说“我看到了……从……看出”，只有这样长时间的训练，学生才会对文本越来越敏感。

“教子有方。”另一个同学说。

“从哪里看出呢？”

“让一颗混沌的童心豁然开朗。”

“好，这个同学‘教子有方’的观点我很赞同，但是用在这里还早了一点，等一会儿我们就可以看出‘教子有方’这四个字用在哪里最妙，但是现在先搁起来。”看没有其他同学补充，干老师便开始讲解了。他说：“刚才那个同学说‘慈祥’是不错的，他看到了母亲对孩子的‘爱’。”说到这里，有个同学起来补充说：“还有对故乡的爱。”

干老师带学生继续品读文中关于母亲的叙述，他让学生再读这段话：

> ……此时明月已至中天，母亲沉浸在如水的月色里，像一尊玉石雕像。她又为我唱起了幽默风趣的童谣，把我的思绪从天上引到人间……

学生读完后，干老师先检查了一下在这里为母亲做了批注的同学人数，不多，寥寥三四个。一个女同学批注的是“高大”，另一个女生批注的是“圣洁”，还有一个男生批注的是“伟大、神圣”，还有一个同学批注了“耐心”，因为“此时明月已至中天，母亲沉浸在如水的月色里，像一尊玉石雕像”。

干老师先对“耐心”做了更正，他对同学们正色说道：“这时候，不用说母亲‘耐心’，因为如果说教孩子是一件‘很辛苦很累’的事情，那么就要用‘耐心’了，但是母亲跟孩子在一起觉得很快乐很幸福，这就够了。所以我们不要人为地加进去——哦，你看这母亲，教孩子多辛苦，多累。”

然后，他请同学们比较，刚才那些对母亲形象的批注哪个更好。大家意见不一，更多的同学倾向于“高大”。干老师说：“我觉得‘圣洁’这个词最好。这里更简单一点来说，就是‘美’。”他又解释说：“我们一般不用这个词来形容母亲，可是在这里，我分明看到的是一个孩子对年轻母亲那种美丽的描写。我们再把这个‘美’读出来好不好？”

学生充满感情地读完后，干老师又让大家把“美”和“圣洁”写在书上这段话的旁边。

这样，在分析学习文中描写母亲的几段话后，干老师又把话题返回到刚才的问题上，他说:“这样，我们就知道了，刚才我们读这些文字，和作者相比，究竟少了什么呢？”

“母亲。”学生体会到了。大屏幕上也同时出现了“母亲”两个大字，同时，刚才学到的描写出的母亲的那些特征也都一一显示出来。干老师总结道:“因为对作者来说，他是有一位母亲的，这是一位怎样的母亲啊？这是一位聪颖的、圣洁的母亲，这是一位对孩子非常体贴、关怀的母亲，这是一位勤劳的母亲，这位母亲‘她用甜甜的嗓音深情地为我吟唱，轻轻的，像三月的和风，像小溪的流水。小院立即飘满了她那芳香的音韵。’所以，让‘我’豁然开朗的是什么？”

“是母亲。”

“是母亲啊，但是，如果没有那些，母亲能成功吗？”

“不能。”这一下，学生就很清楚“民歌童谣故事谜语”与“母亲”之间的关系了。

此时，课堂过去了30分钟。

从“母亲”到“故乡”

接着，干老师又带着学生继续往前走——从“母亲”到“故乡”。

他先让学生把这段话再读一遍:

> 那时，我们日子清苦，但精神生活是丰富的。黄河留给家乡的故道不长五谷，却长歌谣。母亲天资聪颖，一听就会。再加上我的外婆是唱民歌的能手，我的父亲是唱莲花落的民间艺人。
>
> 母亲用歌谣把故乡的爱，伴着月光给了我，让一颗混沌的童心豁然开朗。

“我又糊涂了，我们刚刚通过很长时间的学习知道了，母亲给我的是她的爱，怎么说着说着变成了母亲用歌谣把‘故乡的爱’给了我，为什么这么说？”干老师抓住这句话中的关键词，引导学生发现矛盾，深入思考。

“因为母亲怀念故乡。”一个男孩子脱口而出。

“母亲离开故乡了吗？”干老师马上抓住他的逻辑矛盾反问。学生都笑了，摇头说：“没有，没有离开故乡怎么能怀念故乡呢？”

“母亲热爱故乡。”一个女孩子说。可是怎么热爱呢？学生还没有头绪，干老师指导大家联系上下文来找。

“答案最好在课文里来找。你看前面这段话，‘母亲天资聪颖，一听就会。’她是从哪里听来的？从外婆那里听来的，从丈夫那里听来的，是不是？然后前面还有一句话又讲道：‘黄河留给家乡的故道不长五谷，却长歌谣。’这‘长歌谣’是啥意思？”

“却孕育了歌谣。”最后面的一个男生说。

“哦，长是孕育的意思。也可以说，歌谣像庄稼一样，从大地上长起来，是不是？”

这时，又一个男生起来补充说：“是创造了歌谣。”

“哦，是创造了歌谣，这歌谣是不是舶来品啊？是不是《北方的狼》啊？哦，都不是，它是从大地，是从这一块土地，像庄稼一样长出来的，土生土长的歌谣，所以这个‘长歌谣’，用得妙啊！把这句话再读一下吧！”

“黄河留给家乡的故道不长五谷，却长歌谣。”

“你看，这大地把歌谣长给人们，而人们又一代一代相传，从外婆那里传到了母亲那里，然后母亲又传给了我，所以这是大地的声音，所以说是母亲用歌谣把故乡的爱，伴着月光给了我。这里面有这样一个过程，故乡的爱，大地的爱，母亲的爱，都给了我，所以，‘母亲’总是‘大地’的象征啊！”

这样，“母亲”与“故乡”“大地”的关联也被丰富在了学生的经验中了。

“现在，我们再把这几段话读一遍，这也是刚才那位同学说的‘教子有方’。”干老师让同学们把“教子有方”也先写在书上这段话的旁边。

母亲不识字，却是我的启蒙老师。

是母亲：

她用那一双勤劳的手为我打开了民间文学的宝库，给我送来月夜浓郁的诗情。

她让明月星光陪伴我的童年，用智慧才华启迪我的想象。

她在月光下唱的那些明快、流畅、含蓄、风趣的民歌民谣，使我展开了想象的翅膀，飞向诗歌的王国。

同样，干老师仍然抓住句子中看似矛盾的地方，引发学生思考："这位母亲不识字，不识字就是'蒙'啊，但是她为什么还能成为孩子的启蒙老师？"

"因为她唱的歌谣里有许多知识。"一个女生说。

"哦，母亲不识字，但是她知道要把好东西给自己的孩子，是吧？所以她把好东西给了自己的孩子。那是哪些好东西？"

老师和学生一起在这几段话中找出了母亲给孩子的好东西："民间文学""民歌民谣"，还有"明月星光"。

"这些都是好东西啊，大自然的美，还有那些民间文学、民歌民谣，多好啊！把这些给我的孩子，我的孩子就能长得好好的啊！我们再把这段话读一遍吧。"这样先理解了之后再来读，学生的朗读自然就不一样了。

"多么聪明的母亲啊！但是，明明是这位聪明的母亲，用民歌民谣、故事谜语，用她的爱启蒙了'我'，可是课文的题目却为什么要偏偏说成'月光启蒙'呢？我真是不明白了。"干老师又抓了一处矛盾，来让学生理解"母亲"和"月光"之间的联系。

"因为母亲是在月光下启蒙我的。"一个男生说。

"那她也是在院子里启蒙我的，为什么不说是'院子启蒙'呢？"同样，对于这种没有根据事物之间联系的本质来回答的，干老师一概以其人之道还治其人之身，这个男生和其他同学一起笑了，他坐下来再去思考。

这问题难了，举手的同学倒比刚才踊跃多了。干老师找了一个女生，她说："因为我小时候的意识是朦胧的，而母亲给我的感受又是甜美的，就像那月光。"

"哦，母亲就像那月光一样，把朦胧给照亮。"干老师肯定了她的意见。

"因为月光下一切都很美，很有意境，给作者以想象的空间。"又一个男生补充说。

"哦，月光很美，月光下的母亲也很美，一切都很美，是不是？"干老师抓住这个"美"字，让学生再看第一段话中关于"夏夜月色"的那段描写：

> 童年的夏夜永远是美妙的。暑热散去了，星星出齐了，月亮升起来了，柔和的月色立即洒满了我们的篱笆小院。这是孩子眼里最美的时辰。母亲忙完了一天的活计，洗完澡，换了一件白布褂子，在院中的干草堆旁搂着我，唱起动听的歌谣……

"这是孩子眼里最美的时辰。'这'指的是什么？"

"夏夜，月亮升起来了，柔和的月色立即洒满了我们的篱笆小院的这个时辰。"

"那么，为什么会觉得这个时辰最美呢？"

"因为柔和的月色洒满了我们的篱笆小院。"一个男生说。

"因为母亲要唱歌谣了。"一个女生说。

"哦，知道当月光洒满了，母亲就要登场了，歌谣就要出来了。这几者是糅合在一起的。"干老师把同学们的发言总结在一起，强调了母亲、月光、歌谣是一体不能分开的。他接着又问了一个细节的问题，让学生文本细读："我这里还有一个问题，母亲忙完了一天的活计，洗完澡，换了一件白布褂子，为什么要特别写这个白布褂子？又不是什么好衣服，为什么要写出来？"

"因为母亲穿的白布褂子和月光的颜色是一样的。"在前面理解的基础上，一个男生这样的回答真是水到渠成了。

"真是好！我们再来看后面一处，大家来读一下——"干老师又联系下文让学生将“白布褂子”和“玉石雕像”建立联系，更加突出为孩子讲童谣时的“母亲”和“月光”是不可分割的一体。

> 母亲唱累了就给我讲嫦娥奔月的故事，讲牛郎织女天河相会的故事……高深莫测的夜空竟是个神话的世界。
>
> 此时明月已至中天，母亲沉浸在如水的月色里，像一尊玉石雕像。她又为我唱起了幽默风趣的童谣，把我的思绪从天上引到人间……

“为什么母亲像一尊玉石雕像呢？因为她穿着一件白布褂子，因为她唱着美妙的歌声，像月光一样洒满了我的心房。”当老师总结后，一个男生情不自禁举手要求发言，他深有感触地说：“因为母亲和月光融为一体了。”

这时，大屏幕上又集中出现了描写母亲的这几段话：

> 母亲用歌谣把故乡的爱，伴着月光给了我，让一颗混沌的童心豁然开朗。
>
> 母亲用一双勤劳的手为我打开了民间文学的宝库，给我送来月夜浓郁的诗情。
>
> 母亲让明月星光陪伴我的童年，用智慧才华启迪我的想象。
>
> 母亲在月光下唱的那些明快、流畅、含蓄、风趣的民歌民谣，使我展开了想象的翅膀，飞向诗歌的王国。
>
> 此时明月已至中天，母亲沉浸在如水的月色里，像一尊玉石雕像。

干老师用精练的语言，提升着学生的认知：“你们看，整篇课文中母亲和月光融为一体，是母亲让一颗混沌的童心豁然开朗；母亲在月光下，母亲像月光，母亲用月光，因此母亲和月光在这里是不能分开的。这两者是无法分开的，母亲是指月光下这一刻的母亲；月光是指母亲创造的‘我’的幸福童年生活中的月光。这两者不能分，它要合起来，这种合起来的方法，我们叫作——意象。大家在‘月光启蒙’的标题旁边写上两个字——‘意象’。”

这真是水到渠成，整堂课就像河流汇入大海一样，先是从唤醒民歌、童谣、故事、谜语这些词语开始，然后唤醒了“母亲”形象，然后“母亲的爱”又和“故乡的爱”融为一体，“母亲的爱”又和“月光”形象叠印起来，一切都是自然而然，而学生也在此过程中经历着“行到水穷处，坐看云起时”的美妙体验。听课的老师们都会心地微笑起来，转头看看王云老师，他也正一边点头一边沉思，是啊，“教什么”的问题解决之后，“怎么教”真是大有学问呢！

就“意象”这个新的概念，干老师仍然联系学生以往的经验，进一步举例说：“当一样东西和一样感情联系起来时，我们就说它创造了一个意象，比如说在中国古代，柳树表示离别，一说柳树就想到离别，这就是意象。”然后他又回到本文，再次强调说：“那么对于这位作者来说，母亲和月光是不可分的，他说月光的时候，其实不是月光，而是在暗示母亲。所以，没有母亲的话，月亮只是和所有人感觉相似的发光体，一个冷冰冰的星球而已，没有母亲的爱，月光不算什么；但是没有月光的话，母亲只是一个不识字的平凡母亲。正是这月光，让母亲变得宁静，美丽，圣洁……”

这样清晰准确的教学语言，真是擦亮了孩子的眼睛，所有的孩子都很专注，经过了独立思考的预习，他们对于“月光启蒙”是有自己的认识的，而且这些认识，在课堂上一点一点被丰富、充实起来。现在他们知道了，在《月光启蒙》中，月光是个象征，象征了母亲的宁静、美丽、圣洁……

干老师再一次把文章命题的妙处点给学生：“这个题目有妙处啊，是母亲启蒙，是月光启蒙，是月光母亲，是母亲用歌谣把故乡的爱，伴着月光给了我，让一颗混沌的童心豁然开朗。”

这时候，课文的细读分析已经全部结束，一共用去了 45 分钟。

分角色朗读

“好，我们现在把课文再读一遍。刚才分析了那么多，现在我们分角色读，请大家注意看清屏幕上的提示。”又回到课文最初，理解了之后再来读课文，这次会怎样呢?

大屏幕上，还是那片大地、树林、村庄、河流，还是那轮明月，皎洁的月光铺洒下来，不过题目却换成了原来的题目——《月光母亲》，内容也换上了作者孙友田的原文。

轻轻地，缓缓地，歌声又响起来了，但这一次的歌声有些忧伤，低低的，像是遥远的背景：“黑黑的天空低垂，亮亮的繁星相随，虫儿飞，虫儿飞，你在思念谁……”在这怀念的歌声中，师生的分角色朗读也开始了。

干老师读：

> 母亲患了老年痴呆症，失去了记忆。我赶回老家去看她时，她安详地坐在藤椅里，依然那么和蔼、慈祥，但却不知我从哪里来，不知我来干什么，甚至不知我是谁。不再谈她的往事，不再谈我的童年，只是对着我笑，笑得我泪流满面。
>
> 微风吹乱了母亲的满头白发，如同故乡的天空飘满愁絮……
>
> 坐在面前的母亲忘却了她给我的那份爱。故乡的天空不会忘记。是母亲那一双勤劳的手为我打开民间文学宝库，给我送来月夜浓郁的诗情。让明月星光陪伴我的童年，用智慧的才华启迪我的想象。

这几段文在教材中被删除了，第二段修改后，变成了教材中课文的结尾。现在，干老师没有比较，没有批判，只是在细细研读教材的基础上，用他略带沙哑的声音，做了一个还原。整个圆厅静悄悄的，仿佛能听见水滴滴落，全班学生眼睛一眨也不眨地盯着屏幕，这段文字所描述出的写作背景，一下子让他们对刚才分析理解过的课文又有了新的感受，而他们身后，很多听课老师眼睛里却已经泪光闪烁。

然后，孩子的声音响了起来。作者的描述，作者的童年，作者关于母亲、月光的美好回忆，也都随着孩子们的朗读，一点点穿越岁月而来。

学生周雨欣读：

童年的夏夜却是美妙的。暑热散去了，星星出齐了，月亮升起来了，柔和的月色立即洒满了我们的篱笆小院。这是孩子眼里最美的时辰。母亲忙完了一天的活计，洗完澡，换了一件白布褂子，在院中的干草堆旁搂着我，唱起动听的歌谣：

周雨欣读得真好啊，刚才分析理解过的那些内容，此刻全通过她的声音表现出来了。然后，那些被母亲轻轻唱响的歌谣，又像月光一样，轻轻移过篱笆与屋檐，在教室里回荡起来。月光啊月光，宁静的月光；歌声啊歌声，宁静的歌声。孩子们的声音也加入了，也轻轻地跟着哼唱起来了——

月亮出来亮堂堂，打开楼门洗衣裳，
洗得白白的，晒得脆脆的。
月儿弯弯像小船，带俺娘俩去云南，
飞了千里万里路，凤凰落在梧桐树。
凤凰凤凰一摆头，先盖瓦屋后盖楼。
东楼西楼都盖上，再盖南楼遮太阳。

学生潘锦景读：

她用甜甜的嗓音深情地为我吟唱，轻轻地，像三月的和风，小溪的流水，小院立即飘满她那芳香的音韵。

全班齐读：

那时，我们日子清苦，但精神生活是丰富的。黄河留给家乡的故道不长五谷，却长歌谣。母亲天资聪颖，一听就会。再加上我的外婆是唱民歌的能手，我的父亲是唱莲花落的民间艺人。

母亲用歌谣把故乡的爱，伴着月光给了我，让一颗混沌的童心豁然开朗。

男生齐读：

母亲唱累了就给我讲嫦娥奔月的故事，讲牛郎织女天河相会的故事……高深莫测的夜空竟是个神话的世界。

女生齐读：

此时明月已至中天，母亲沉浸在如水的月色里，像一尊玉石雕像。她又为我唱起了幽默风趣的童谣，把我的思绪从天上引到人间：

一齐轻打节奏读：

小红孩，上南山，
割荆草，编箔篮，
筛大米，做干饭。
小狗吃，小猫看，
急得老鼠啃锅沿。

小老鼠，上灯台，
偷油喝，下不来——
老鼠老鼠你别急，
抱个狸猫来哄你。

毛娃哭，住瓦屋，
毛娃笑，坐花轿。
毛娃醒，吃油饼。
毛娃睡，盖花被。
毛娃走，唤花狗，
花狗伸着花舌头。

男生读“我”，女生读“母亲”：

民谣童谣唱过了，我还不想睡，就缠着她给我说谜语，让我猜。

母亲说：“仔细听着：麻屋子，红帐子，里边睡个白胖子——是什么呀？”

我问：“朝哪里猜？”

母亲说：“朝吃的猜。”

我歪着头想了一会儿，硬是解不开。

母亲笑着说：“你真笨，这是咱种的花生呀。”

课堂上刚才逐段学过的那些分析、那些练习，此时又全被和谐地统一在全文中了，“情动而辞发”，遥远的歌声，遥远的神话，遥远的童谣故事，那片月光下遥远的神奇土地，那位美丽的母亲，就在孩子们的声音中，慢慢地，慢慢地，清晰起来……

最后一段，注明齐读，但是，只有音乐在回旋，文字却迟迟没有出来，孩子们在音乐中静静地等待着。“天上的星星流泪，地上的玫瑰枯萎，冷风吹，冷风吹，只要有你陪……”在这样的音乐背景下，孩子们齐读的声音，也蕴含了一种丰富与细微的深意：

母亲不识字，却是我的启蒙老师。她在月光下唱的那些明快、流畅、含蓄、深刻的民歌民谣，使我展开了想象的翅膀，飞向诗歌的王国。

母亲失去了记忆，而我心中却永远珍藏着那一轮明月……

小圆厅内静静的，干老师面对着全体同学，也面对着全体老师，他缓缓地，却又非常深沉有力地，把对孩子们的希望送出——

“一位好母亲！一位好儿子！一篇好文章！今天我们要先学做好孩子，学写好文章，以后你长大了，记得：还要学做一位好父亲，一位好母亲。”

附记

本来不想在课尾记叙听课老师们热情的掌声，因为那是非常态的行为，容易给不在现场的读者造成一种错觉，仍然会以公开课的眼光来看新教育的理想课堂。

但是，就这次课堂来说，因为它是老师们关注的焦点——语文课堂到底“教什么”和“怎么教”，之前罗瑛老师的探索让大家开始沉思，王云老师的成功让老师们受到激励，对“唤醒文本”有了更强更多的自信。而同时王老师课堂的些许漏洞也让许多老师心安理得地为把课教得浅俗而找到了借口——知性阅读违背小学生的认知规律！但若停留于此，老师的专业发展，课堂的高效教学就仍然举步维艰。纵想驶向新的海洋，但手中拿的却仍然是那张旧船票。现在，干老师的课堂让老师们看到未来的自己在课堂上所能达到的高度。这样，一方面扎扎实实训练学生，以期让学生做到训练有素；一方面踏踏实实发展自己，从而做到课堂上深入浅出，情智交融。

因此，我们才看到，当干老师说完对孩子们的希望后，热烈的掌声响彻全场，而那个在研讨时争论最激烈的女教师，第一个站起来，忘情地鼓掌。

知识、生活与生命共鸣

新教育理想课堂的第三重境界：知识、社会生活与师生生命的深刻共鸣。

理想课堂的三重对话

无疑，理想的课堂不会只停留于人与知识的对话这一维度。依据建构主义教育学的观点，我们可以把学习视为一个同时展开的三重对话：

人与知识（世界、文本）的对话；

人与他者（教师、学生、其他读者）的对话；

人与自己的对话（反思的，历史性的，生长性的）。

人与知识的对话无疑是课堂教学的核心，这一点在上面两个层次中已经详细论述。这里要加以论述的是后两种几乎同时发生的对话。

与虚假主体性强调课堂上“说话（发言）”不同的是，理想课堂所追求的是“倾听”与“应对”，也就是实现真正的主体间的对话。如果说，以“说话（发言）”为主要表现形式的课堂旨在倡导学生的自我表现的话，那么对话的课堂（倾听与应对）旨在倡导相互间的理解，并通过对方的异议，来加深对知识的理解程度，并在此过程中，产生共同体成员之间息息相关的共鸣。如日本的佐藤学教授所说的那样，这样的倾听不仅要能够听懂表达者所说出的话中之意，而且还要能够“站在欣赏、体味学生发言的立场……不是听学生发言的内容，而是听其发言中所包含的心情、想法，与他们心心相印，从而产生‘啊，真不简单’‘原来如此’‘真有趣呀’等共感共鸣。”

（佐藤学《静悄悄的革命》）

同时，用对话理论或者说社会建构主义观点来理解课堂，那么我们还将认识到，教师在此过程中，不仅是用高超的应对在组织课堂教学，而且他还扮演着一个重要的角色，他对知识的理解，在绝大多数情况下是学生最近发展区能够抵达的最上限。也就是说，在大多数时候，他理解的高度也就是课程及课堂能够达到的高度。如果没有教师的引领，个体学生的学习会局限于“跳一跳，摘桃子”的有限水平，而群体学生的对话也同样会停留于菜市场式的表面热闹。在社会建构主义理论中，有一个重要的概念叫“最近发展区”，这一理论是由苏联心理学家维果茨基提出来的。维果茨基的研究表明：教师所组织的教学对儿童的发展能起到主导作用和促进作用。儿童的发展有两种水平：一种是独立学习能够达到的水平；另一种是在成人的帮助下，在集体活动中，通过模仿等手段，能够达到的水平。维果茨基把这两种水平之间的距离叫作最近发展区。这一理论表明，如果课堂上没有能够发挥教师的主导作用，教师没有参与学生与知识之间的对话，那么无论是个体学生与知识的对话，还是学生群体之间的对话，都有可能停留于肤浅的层次，而达不到理想的效果。

也就是说，从某种意义上讲，要让课堂教学实现学生与知识的共鸣，重现知识这一伟大事物的魅力，其前提是教师首先要能够认识到知识内在的魅力，并参与整个知识重现的过程。

教师参与伟大事物之魅力重现的过程，还不能仅仅停留于“促进有效学习”这个角度来认识。我们还应该认识到，教师的教育生命本身也是目的，而不仅仅只是手段。过一种幸福完整的教育生活的主体，不仅仅是学生，也理所当然地包括教师在内。对一个教师而言，其生命最宝贵的时光大都投注于学校教育中，而其中心，就是课堂教学。如果在课堂上，一个教师的生命不能发光，一个教师自身的魅力不能展现，那么他不仅没有给学生追求真理做出应有的榜样，而且更为遗憾的是，他自己的生命也将黯淡地度过。我们并不认为教师的幸福只能到校园以外、课堂以外去追求，我们同样也并不完全赞同教师的形象应该是“到死丝方尽”的“春蚕”和“成灰泪始干”的“蜡炬”。我们认为，在教室里，在讲台上，在学生中间，在知识面前，教师的形象应该是一个真诚的探索者，一个智慧的求知者，虽然他有足够的耐心等待学生自己去发现，他有足够的勇气承认自己并不是全能全知，但是，他确实应该有把握把学生带向一个至少他领略过的理想境地。

唯此，我们才能说，课堂教学，在实现人与知识深刻共鸣的同时，也实现着人际之间、自我之间的深刻共鸣。我们才能说，课堂教学不仅实现了知识的复现，而且也实现了人的复活——学生与教师生命的复活。

实现以上两点，我们可以说，就课堂教学的形态而言，它几乎已经是完美的、无可挑剔的理想诉求。但是，如果站在教育学，尤其是实用主义教育传统的角度来看，站在后现代诸教育观来看，那么这样的一个课堂教学形态，仍然存在着一点危险：我们的教室可能已经脱离于世界之外，脱离于社会生活之外，它可能是一个完美的象牙塔，它可能培养出一批不关心人类命运的智慧儒雅之士。

也就是说，理想的课堂教学，在实现人与知识、人与他者、人与内在的灵魂深刻共鸣的同时，还需要实现最后一个维度：课堂与社会生活的息息相通，课堂与人类命运的息息相通。我们希望，在我们的中小学课堂上，“与其粉碎任何刚刚觉醒的意识所具有的自然的好奇心，不如把它引向最初的探询：什么是人类、生命、社会、世界、真理”。（埃德加·莫兰《复杂性理论与教育问题》）也唯有此，课堂上的师生关系，或者说学习共同体的关系，它已经超越了以亲密为依据，超越了以知识多寡为标准，共同体成员已经成为一群为人类、也为自己的存在追寻着真理的志同道合者。

这就是新教育理想课堂的第三重境界：知识、社会生活与师生生命的深刻共鸣。

三重境界的关系

但是，第三重境界不可能是悬空之高楼，它一定是要建基于第一重境界和第二重境界之上的。

正如所有真正的学习一样，如果说第三重境界是达到一种教学中的顿悟的话，那么这个顿悟就要求前面有一个漫长的，甚至刻苦的渐修。

而且，对大多数教材而言，它也可能仅仅是某个技术，而不关乎存在的真理，所以，第三重境界又是“偶然”与“少数”的，从某种意义上，是不能刻意去勉强追求的。它要求教材中本身有着关于存在的真理，要求对教材有着深刻的解读。当然，这最终取决于教师对知识的理解，正如苏霍姆林斯基所描述的那样：

> 获取知识——这就意味着发现真理、解答疑问。你要尽量使你的学生看到、感觉到、触摸到他们不懂的东西，使他们面前出现疑问。如果你能做到这一点，事情就成功了一半。但要做到这一点并不那么简单。在备课的时候，你要从这样的角度对教材进行深思熟虑：找出因果联系正好在哪里挂钩的、初看起来不易觉察的交接点，因为正是在这些地方会出现疑问，而疑问则能够激发求知的欲望。
>
> 譬如，我面前摆着《光合作用》这一课的教材。应当给学生讲清楚植物的绿叶里所发生的变化。这一切都可以讲得合乎科学的可靠性、理论的彻底性和教学论的循序性，但是却有一项任务没有完成：没有引起学生的一定的智力积极性。我深入地思考教材：那因果联系挂钩的交接点究竟在哪里呢？啊，就在这儿，最主要的交接点就在于：无机物怎样变成了有机物。这是一幅令人惊异的、神秘莫测的图画：植物从土壤和空气里吸取无机物，而在自己的复杂的机体里把它们变成了有机物。这个制成有机物的过程究竟是怎么一回事？在植物机体这个复杂得难以捉摸的“实验室”里，在阳光照射下，把矿物肥料这种无生命的东西，变成了西红柿的甘美的肉汁，变成了玫瑰的芬芳的花朵，这一切都是怎样进行的？我在讲述的时候，尽量引导学生意识到这个疑问，使他们

感到激动:“这一切就在我的眼前发生，可我却怎么没有认真思考过它呢？”

瞧啊，就是这样，在许多老师看来机械、枯燥、没有生命，更谈不上具备存在意义的光合作用，在一个教育家那里，就是具备终极意义的知识。

下面举我上《少年王冕》的例子，主要是通过此课，来观察第三重境界是如何在课堂的最后一刻涌现出来的。而它的出现，需要一个有机的发展过程。

课例一:《少年王冕》

授课班级：江苏省宝应县翔宇实验小学五（4）班

授课教师：干国祥

录像文字整理：马玲

背景

宝应县翔宇实验小学，是目前新教育实验的基地学校，每一学期的实验开放周里，会有上百名来自各地的实验者，参与各种实验活动，包括构筑理想课堂项目的研课活动。在2008年10月的开放周中，依据集体研课确定的文本解读和教学目标，特级教师李吉银上了《少年王冕》一课。课堂上学习气氛相当不错，有些学生的发言也相当精彩，但是因为在研课时大家对这个文本有更高的期待，所以产生了几种截然相反的意见。一种意见认为语文理应教得简简单单，这个文本只要让学生感觉到王冕孝敬母亲、勤奋学习的事实，理解景物描写的顺序，再注重课文的朗读，就可以了。而相反的观点认为，这样的课堂，学生会因为缺失必要的智力挑战而觉得困倦，而且不贴切地解读文本，可能事实上是传达了一种错误的阅读观。

预习检测：少年王冕是个怎样的人

翔宇实验小学的小圆厅内，已经密密地围坐了一百多位来自全国各地参加新教育小学10月开放周的老师，出于周二李吉银老师同题课的热评争议，大家更加关注与期待今天干国祥老师课堂上的探索，一些老师甚至就举着摄像机、照相机，在讲台旁正对学生站定，这样的阵势无疑对五（4）班的学生造成了一种干扰与挑战。

场面的喧嚣对干老师并没有产生影响，他的注意力都在学生身上，并且开始组织学生进行教学，没有噱头，仍然是他一贯的开门见山："今天因为特殊的原因，我们要把两堂课的内容在一堂课多那么一点点的时间内上完，因此上课的时候大家必须要（很多学生拖着声音叫：认——真——）提高效率，就像你们刚才说'认——真——'就不对了，应该怎样说？"

"认真！"学生感受到了干老师声音中一种特别的力量，神色马上郑重起来。

"对，不要拖腔，不要拖调。拖着下去，就浪费时间了。"干老师又环视了一下全班，确认道："好，准备好了吗？"

"准备好了！"学生回答得干脆利落。

大屏幕上出示了预习检测题：看拼音写词语。

王冕幼年丧父，家境贫困，他母亲没办法，只得（dān wù）他的前程，让正在私塾读书的王冕辍学，到（gé bì）秦家去放牛，挣点钱（tiē bǔ）家用。母亲还让王冕每天早出晚归，免得她（qiān guà）。

王冕一边读书一边替秦家放牛，过了几年。有一天，他看到雨后的荷花在阳光下缀着（jīng yíng）的雨水，美丽极了。于是他就试着画起荷花，不久就成了远近闻名的（gāo shǒu）。

长大后的王冕依然（xiào jìng）母亲，还在春光（míng mèi）的日子，用牛车（zài）着母亲到村上湖边游玩。

两分钟后，同学们陆续写完了，老师要大家打开书自己校对。又过了一分钟，干老师宣布时间到，让所有同学都停下，打开书自行校对。然后屏幕上也出现了相应的正确答案，老师逐词报出，学生再一一校对。

> 王冕幼年丧父，家境贫困，他母亲没办法，只得（耽误）他的前程，让正在私塾读书的王冕辍学，到（隔壁）秦家去放牛，挣点钱（贴补）家用。母亲还让王冕每天早出晚归，免得她（牵挂）。
>
> 王冕一边读书一边替秦家放牛，过了几年。有一天，他看到雨后的荷花在阳光下缀着（晶莹）的雨水，美丽极了。于是他就试着画起荷花，不久就成了远近闻名的（高手）。
>
> 长大后的王冕依然（孝敬）母亲，还在春光（明媚）的日子，用牛车（载）着母亲到村上湖边游玩。

校对完，老师再让同学互相看看，举手表示，有多少全对的。学生预习得不错，绝大多数同学都把手举起来了，干老师让他们在课文题目旁边打上一个星号，表示对自己完成预习的奖励。

接着，干老师又出了第二道题，检测学生关于课文阅读理解的预习情况。屏幕上先出现了一道填空题：少年时的王冕是一个__________的人。然后他提示大家：按先重要、后次要的顺序，依次填入两个你认为能表现课文中的王冕性格与品质的词或词组。不用举手回答，仍然在课文标题的旁边用铅笔写出来。

学生纷纷写起来，干老师走在行道里，观察学情。坐在学生身旁的老师们也都探起身来，静静观察着周围孩子的学情。

“好，参考一下，写出‘孝敬’，或者‘孝顺母亲’的举手！”与一般老师常用的让学生一个个回答再反馈的方式不同，干老师先直接在填空处给出了两个参考答案，“孝敬母亲、勤奋好学”，然后统计学生的整体答题情况。

举手的同学很多，几乎都举起来了。

“请放下，刚才有个同学写的是‘孝敬父母’，他怎么能孝敬父亲？要孝敬长辈可以，但是课文中写的是什么？”对于刚才学情观察中发现的学生不严谨的回答，干老师借机进行文本细读、思维要严密的训练。

“母亲。”

“有没有其他长辈啊？”

“没有！”

“所以我们不要去假想，他父亲也不在，父亲哪去了？”

“7岁前就去世了。”

“所以他孝敬不到了。”

“孝敬母亲”和“孝敬父母”，虽然只有一字之差，可是却大不相同啊！错了的学生赶紧修改起来，对了的学生也有了新的受益。

“好，第二个，写出勤奋好学或者这个意思的举手！”干老师继续检查。

仍然是全班大部分同学都把手举起来了。

“好，有没有写成其他词语的？”老师又问。

“坚持不懈。”第一排一个男孩子说。

“坚持不懈，很好，这跟后面的‘勤奋好学’是同一个意思。还有吗？”老师评价后继续问。

“锲而不舍。”另一个第一排的男生起来说。

“锲而不舍，非常好，大家都意识到了。”老师也给予了表扬和鼓励，然后说，“我也写了两个词语，你们有没有写出‘自力更生’或者‘自强不息’的？”同时，这两个词在屏幕上“孝敬母亲、勤奋好学”的下面被显示出来。

“没有。”全班学生没有能够写出这两个词的，大家纷纷摇头。

“好，如果你同时写出了‘孝敬母亲’和‘勤奋好学’，或者刚才这两位同学说的这两个词的意思的，你再给自己打上一个星号。”老师再次让学生对自己预习作业的完成情况做出评价。

看着课文题目旁边的星数，无论是一颗还是两颗，同学们的脸上都显出了一种满足的表情，经历了独力学习和全班分享的体验之后，他们的精神上仿佛感受到某种惊喜，充满着活力，这促使他们继续向更深处走去。

此一环节，用去 7 分钟。

核心教学目标：言下之意与言外之旨，详略结合的写法

大屏幕上，黑色的背景下，两个蓝色方块中的白色字体格外引人注目，这就是学习这篇课文所要达成的核心教学目标：

1. 细读课文，揣摩文字的“言下之意”“言外之旨”。

2. 梳理课文，理解课文“详写与略写相结合”的方法。

什么叫“言下之意”“言外之旨”？什么叫“详写与略写相结合”？对于这些几乎没有进入过学生经验的看似深奥的词语，干老师并没有多做解释，而是直接呈现给学生后，告诉他们这些词语到底什么意思，待会儿就知道了。然后就进入了课文的学习。

“你们很多同学把课文都读了三遍，我也读了三遍。可是我发现了一个问题：课文约 980 个字，写了王冕前后相距 12 年的生活经历，”干老师又强调了一下字数和年数，“980 个字，描写了 12 年的生活，作者是怎样完成这个‘不可能完成的任务’的？”

同时，大屏幕上左半边也按照从 7 岁到 18 岁的顺序，把这 12 年一年一年按照纵向排列出来。

老师又说：“当然也有一个办法，就是平均每年用多少字来写？”

“80 多个。”学生迅速地口算得出。

“我就一年用 80 多个字来写，7 岁 80 多个字，8 岁 80 多个字，9 岁 80 多个字……这样写好不好？”

学生都笑了，纷纷摇头说：“不好，不好。”

“课文是这样写的吗？”

“不是。”

“课文是怎样写的？”

“有详有略。”

“哪个详哪个略？”

一个男生起来说：“第一节简单地介绍一下王冕的出身。第二节……”

“你能不能根据我们这个来说，哪几岁是详写的，哪几岁是略写的，或者是不写的？”干老师指着屏幕上岁数的序列表，给这个孩子更明确的要求。

“7岁是简单地描写一下，8岁、9岁是没有写的，10岁是详细写的，11岁、12岁没有写，13岁详细地写了，15岁、16岁没有写，17岁详细地写了王冕后来生活过得怎么样。”学生看着年序，说出了他的答案。

“他认为有两处地方没写，第一处是8岁和9岁，第二处是15岁和16岁。”干老师重复着这个孩子的回答要点，同时，屏幕上代表这四个年岁的方块被消去了，只留下了7岁、10岁、11岁、12岁、13岁、14岁和17岁、18岁。老师再问大家：“11岁、12岁、13岁有没有写？”

“写了。”学生一起说，“第五节！”

“哪句话写了？”

“不知不觉三四年过去了。王冕读了不少书，也明白了许多道理。”又一个男生先说道。

“好，很简单，一句话就写了三四年。”知道了从11岁到13岁，是用一句话简略写后，现在屏幕上只剩下10岁、14岁和17岁、18岁了。干老师又问：“详写了什么？”

一个学生脱口而出：“10岁，还有17岁和18岁。”

马上有同学发表不同意见：“是14岁，不是17岁、18岁。”

干老师赞同，并帮助学生梳理：“14岁发生了什么事情？”

“14岁发生了，他在湖边，下了一场大雨。”学生的回答不在重点。

干老师马上加以提示，并再打回去：“不能这样概括，14岁王冕做了什么？”

“王冕学画。”这样学生就清楚了，概括的主体应该是“谁做什么”。

“14岁王冕学画，那么10岁王冕做了什么呢？”老师接着问。

“写了王冕到秦家去放牛。”

“是写 10 岁王冕放牛吗？”于老师反问一句。

“10 岁，写王冕母亲靠做针线活换来的钱不能供养他上学，只好送他到隔壁秦家去放牛。”另一个同学把更重要的事件说出来了。于老师很高兴地看他，仿佛他发现了相对论似的：“哇，你这个意思很准确，但是你能不能用更简单的词语来说这件事，叫什么？”

学生感到困难，老师请他坐下。这时，又一个学生起来概括：“孝敬母亲。”

“那不叫事情，那叫他的品质。事情是什么？”老师对他的发言进行评价后，又把问题打回去。

“王冕辍（zhuì）学去放牛。”一个女生非常简洁地说了出来。虽然字念错了，但还是了不起。

“这不叫‘zhuì’，这叫‘chuò’，课文重点写了 10 岁和 14 岁。”这时，屏幕上这两个岁数用粉红色醒目标示出来，并在旁边配上了写每个岁数所用的自然段序号，这样就清清楚楚地显示出了课文的详略结构。

7 岁	第一段	
10 岁	第二、三、四段	辍学
11 岁、12 岁、13 岁	第五段	
14 岁	第五、六段	学画
17 岁、18 岁	第七段	

“你看，写 10 岁的时候用了第二、三、四这 3 个段落，讲了一件什么事情？”

“辍学。”

“14 岁在第五、六两段，写出了一件什么事情？”

“学画。”

“这两件事情是非常详细地写。”于老师接着表扬道，“我们同学真了不起，这么难的问题居然就解决了。”

是啊，只用了5分钟，学生就把课文结构理得清清楚楚，真是了不起。

逐段分析：王冕的真话与假话

“现在我们就仔仔细细，一段一段地来分析。”干老师又带领学生继续向前走去，“先分析第一段，7岁那年。我们先来把课文朗读一下。”

> 王冕（miǎn）是元末明初人，他的家乡在今天的浙江诸暨（jì）。王冕七岁时父亲就去世了，靠母亲做些针线活供他读书。

干老师纠正了学生读错的一个字音，“供”在这里应该是一声，让学生又练习读了一遍。

“这一段写了王冕的什么？”老师问。

“写了他家境贫穷。”一个男生说。

“还写了什么？”老师提示他。

“7岁时……”

“重复了，这还是写家境。除了写家境，第一句话写什么？”干老师更明确地给以指示。

“第一句话写他是跨越两个……”这个男生支吾着，找不到词语来表达了。

“写了他的出生年代。”一个女同学帮他解了围。

“还写了他的出生地点。”又一个男生补充。

“很好，短短的43个汉字，就写出了王冕所处的时代——元末明初，籍贯或者家乡是哪里——浙江诸暨，更重要的是写出了他特殊的家境——七岁的时候父亲去世，母亲靠做针线活供他读书。”和学生一起把第一段的内容又回顾一遍后，干老师特别强调了本段写法上的特点：“43个字，就交代了那么多东西。所以同学们一定要注意，古人写文章，一字千金。他们很爱惜字的，每一个字都要仔细琢磨。”

在学习写作方法的时候，干老师很自然地把人文精神灌注到里面了。

“不过我还是觉得奇怪，写7岁的时候只用了43个字，可是写辍学用了好几段。几段？”

“三段。”

“整整三段啊，为什么要这样写辍学呢？我们来看课文。”详写辍学的三段是本课重点要解决的核心目标，直接关系着“言下之意”“言外之旨”的学习理解，所以干老师学习之前，先把这个问题抛出，引起学生注意，带着问题再去读本段。

> 眼看三个年头过去，王冕已经十岁了。一天，母亲把他叫到面前，说：“孩子呀，不是我要耽误你。这几年年成不好，只靠我做些针线活儿挣（zhèng）的这点钱，实在供（gōng）不起你读书。只好让你到隔壁人家去放牛。”王冕说：“娘，我在学堂里也闷得慌，不如帮人家放牛，心里倒快活些。这样可以贴补些家用，还能带几本书去读呢。”

“我对这里有个词语感到奇怪，‘三个年头’前面为什么要用‘眼看’，‘眼看三个年头过去了’，是谁在‘眼看’？”

“母亲。”

“母亲在眼看。后面第五自然段有一句‘不知不觉三年过去了’，为什么这里要用‘眼看’，能不能改成‘不知不觉三年过去了’？”

“不能，因为这三年过得很辛苦。”一个女生说。

“为啥辛苦？”干老师问。

“因为都是母亲做些针线活供他读书。”女生又说。

“哦，这几年来，作为一个女人，丈夫去世了，年成不好，孩子还小，只能靠做针线活挣点钱供孩子读书，所以就盼啊盼啊，盼什么？”干老师用形象的语言描述。

“盼孩子长大。”

“现在，孩子啊，你终于10岁了。农家的孩子，可以干点活了，你就放牛吧！”老师又接着描述。

“是。”学生都点头。

“所以‘眼看’是谁眼看？”老师又回到问题上来。

“母亲。”

“说明这三年过得怎么样？”

“辛苦。”

“辛苦啊！”干老师的一声感慨中，对于“眼看”这个词的品读就结束了。

“哦，还有一个词再来看，是一个什么词呢？‘闷得慌’。王冕说：‘娘，我在学堂里也闷得慌，不如帮人家放牛，心里倒快活些。这样可以贴补些家用，还能带几本书去读呢。’”干老师指着大屏幕上的这段原文，又出示了课后习题说：“课文后面的习题说母亲让王冕放弃读书，去给人家放牛，王冕却说‘我在学堂里也闷得慌，不如帮人家放牛，心里倒快活些’。是不是他不想在学堂里读书了？”

“不是，因为他是为母亲着想。”一个男生很文气地说。

“你认为王冕说的是假话，是吧？”干老师把问题的实质点了出来。

“嗯。”男生点头同意。

另一个男生不同意，他把手举得高高的，然后说：“我觉得王冕说的话是半真半假。假是因为他还是想在学堂里学习，真是因为他的确想帮母亲减轻点负担，去干活。”

“我也觉得他说的是假话。”又一个男生起来发表看法。其他同学也都附和点头。

“哦，大家都觉得他说的是假话，有没有人觉得他说的是真话呢？”干老师观察课堂还有没有其他观点。

“他说的是真话。因为母亲用血汗钱供他读书，让他很惭愧，而他放牛，可以为家里挣一点钱，所以他觉得很快活。”一个男生果然提出了不同意见。

“你的意思是说，母亲那么辛苦，用血汗钱供他读书，他坐在学堂里怎么样？快乐吗？”干老师引导他跟“闷得慌”联系起来。

“不快乐。”

“心里会怎样？”

“闷得慌。”

“嗯，这样看来，他说得也有道理。那么，王冕说的到底是真话，还是假话呢？”干老师让大家举手表示，赞成真话的只有几个同学，大部分的同学还是认为王冕说了假话。也有一部分同学犹豫不决，陷入思考。

“好，大家还是都认为他在讲假话，虽然刚才这个同学说的有些道理。不过我觉得王冕说假话，水平太低了，为什么？你看，他说我在学堂里也闷得慌，可是他又说，还能带几本书去读呢！你看这个假话说得好不好？”面对这种情况，干老师轻轻抛出了一个发现。

是啊，这假话说得真的不好。这不是自相矛盾吗？学生的眼睛一下子亮了，有个学生马上起来说：“这说明王冕心里还是想读书的。”

怎么让学生能更加清楚地理解呢？干老师指着屏幕上出现的一个句子说：“这段话我昨天改了标点符号，大家再读一下。”

> “娘，我在学堂里也闷得慌；不如帮人家放牛，心里倒快活些——这样可以贴补些家用，还能带几本书去读呢。”

学生读完后，老师问：“我把哪个标点符号改了？”

“你把‘闷得慌’后面改成了分号，‘倒快活些’后面的句号改成了破折号。”学生仔细对照后，马上说了出来。

“好，这个破折号说明什么？”干老师问一个近前的男生。

“说明他后面说的是……”男生找不到恰当的词语表达了。

“后面在解释什么东西？”老师帮他。

“他放牛为什么快活。”男生流畅地说了出来。

“说明他放牛快活的原因。因为‘我’又能贴补家用，还能读书，当然快活。那么‘我’在学堂里闷得慌又是什么原因呢？”干老师问到“闷得慌”

后面改成分号的妙处了。

“没有说。”学生摇头。

“没有说？那你能不能把它加上去？”屏幕上的那段话变成了这个样子：

“娘，我在学堂里也闷得慌——________；不如帮人家放牛，心里倒快活些——这样可以贴补些家用，还能带几本书去读呢。”

“娘，我在学堂里也闷得慌——你用心血挣来钱供我读书，我心里很惭愧。”一个学生这样补充，别的学生也随之点头。干老师则继续推进：“他为什么要说还可以带书去读呢？”

“因为他还想读书。”

“因为他娘怎么说？前面他娘说，不是我要——耽误你。然后王冕就说，我可以带书去读，耽误——不了。”干老师引导学生把这个问题和王冕母亲前面的话联系起来思考后，又问大家：“所以再看，王冕说的是真话还是假话啊？”

“真话。”这下，所有学生都了然了。

“原来是真话啊！好，我们再读一下。用真诚的口气读。”理解了课文之后，干老师再让学生用感情朗读的方式表现出来。

学生读得真好！的确是将我心换作王冕心了，言辞朴素，真情动人。

“哦，孩子你真懂事啊。10岁的孩子，跟你们一般大，可是就这么懂事了。那我们就去秦家吧！”接着孩子的朗读，就进行到下一段的学习了。

围绕王冕母亲的讨论

第二天一早，母亲便同王冕来到隔壁秦家。秦家人牵出一头水牛来，交给王冕，指着门外说：“离这不远是七泖（mǎo）湖，湖边的草地上有几十棵合抱粗的垂杨柳，十分阴凉。牛要渴了，就在湖边喝水。我每天供你两顿饭，早上再给你两个钱买点心吃，只是做事要勤快些。”母亲谢了秦家，替王冕理理衣服，说道：“你在这里处处都要小心安全，每天晚出早归，免得让我牵挂。”王冕一一答应，母亲含着热泪回去了。

学生读完后，干老师却冒出了这么一问：“这母亲好吗？”（注：其实，这段话里隐藏着小小机关，干老师改动了其中的两个词语，这样，意思就与原文大相径庭了。不但学生没有觉察，一溜儿地读下来，连众多听课老师也都没有觉察，而课文是早已非常熟悉的了。）

所以学生很奇怪，纷纷说：“好啊。”然后陈述理由如下：

“她含着热泪回去了，说明她舍不得儿子啊。”

“她很内疚，自己供不起自己的儿子上学。所以她对孩子说，叫他去放牛。”

“嗯，所以叫他去放牛的时候对他说，要注意什么？”干老师引导学生。

“注意安全。”学生一齐说道。

“每天要怎样？”干老师不动声色，继续往下问。

“早出晚归。”“晚出早归。”

哈哈，这一下可有意思了，有些同学是根据对课文的记忆说的，而有的同学是看着屏幕上的句子说的，结果一下子出来了两个完全不同的回答。

这样，两段看似相同的课文就呈现在眼前了。

> 母亲谢了秦家，替王冕理理衣服，说道：“你在这里处处都要小心安全，每天晚出早归，免得让我牵挂。”王冕一一答应，母亲含着热泪回去了。
>
> 母亲谢了秦家，替王冕理理衣服，说道：“你在这里处处都要小心，每天早出晚归，免得让我牵挂。”王冕一一答应，母亲含着热泪回去了。

“‘晚出早归’与‘早出晚归’有啥区别？”和学生一起读了这两段话

后，干老师问。

"'晚出早归'就是很晚地出去，很早地回来；而'早出晚归'是很早地出去，很晚地回来。意思正好相反。"一个学生说。

"呵呵，一个就是表示：你啊，现在还小，所以工作不要努力，要照顾好自己的身体。而另一个说什么？你工作要努力，要认真。对不对？"干老师用两种截然不同的口气，绘声绘色地描述出两个词语意思上的差别来，然后让学生思考："哪个母亲好？"

学生有些犹豫，有的说上面的好，有的说下面的好，干老师故意强调："上面的（晚出早归）那个母亲好，是吧？"

这一下学生都不乐意了，马上叫起来："下面的好！"

"因为如果王冕在秦家，如果不努力干活的话，可能就会被……嗯……"他想不起来合适的词了。

"就会被'炒鱿鱼'是吧？"干老师幽默地接上了，"你若是被炒了鱿鱼，那我们全家就没得饭吃了。"

"那么'小心'在这里是要'小心'什么？小心安全吗？"

"不是。要小心秦家人。"一个孩子快言快语，这样的回答会引发的歧义让大家都笑了。

"不是，这里'小心'的'小'字可以换一个词'细'，叫'细心'。你在这里处处要'细心'啊，要早出晚归，要努力啊！"把这两个词语辨析完后，干老师又问大家："他母亲要求高吗？严厉吗？"

有的学生点头，有的学生摇头，随意说着："不严厉。"

"严厉！"干老师的态度跟刚才不同了，很郑重地，几乎是一字一句说出来的，"要求很高。为什么？因为他父亲去世了，现在谁对他严格要求？"

"母亲。"

"只能母亲对他严格要求了。但是母亲对孩子好吗？"

"好。"学生又纷纷从课文中找出依据："母亲对他很牵挂。""母亲含着热泪回去了。""还有，替王冕理了理衣服。"

"这是个怎样的母亲？非常慈爱，又非常严格地要求王冕。好，把这段话再读出来。”干老师总结后，再让学生朗读本段，本段的学习就在学生真挚感人的朗读声中结束了。

王冕的人生轨迹

学生仍然是以朗读开始本段的学习。

从此，王冕白天在秦家放牛，晚上回家陪伴母亲。遇上秦家煮些腌(yān)鱼腊肉，他总舍不得吃，用荷叶包了回家孝敬母亲。每天给的点心钱，他也舍不得花，积攒(zǎn)一两个月，便偷空来到村学堂，从书贩(fàn)子那里买几本旧书。白天牛吃饱了，王冕就坐在柳树阴下看书。

“这里有一个‘舍不得吃’，大家都知道是什么意思，就是王冕孝敬母亲。”干老师说的同时，“舍不得花——孝敬母亲”也被展示在屏幕上这段文字的下方，“但是后面还有一个‘舍不得花’，大家知道是什么意思吗？”

“王冕渴望读书。”一个同学说。

另一个女生起来补充说：“所以他要积攒下来买书。”

“为什么买书？”干老师又来了一句。

“因为他要学习知识。”女生说。

“为什么他要学习知识？”干老师此话一出口，不仅是学生，在场的老师们也都愣了，不知道他们心里怎么想的，反正是不会以“聪明”做定语的。

“因为他已经不上学了。”这个女生想了想，这样说，她的回答引发全场一阵哄笑。

“不上学为什么要学习知识呢？”老师却一脸认真。

“因为他想让自己才学丰富一些，将来成为一个对社会有用的人，就可以报答母亲了。”一个男生说。

“不是对社会有用的人，是对自己有用的人。我活在世上，不能靠给人家放牛过一辈子！我会长大，我二十来岁还要放牛吗？我得为我自己的未来考虑考虑！对不对？”干老师这样纠正并解释道，学生都不由得点头了，这是他们在读的时候没有想到的。干老师继续说：“所以，人小志气高。舍不得花——自强不息啊。”同时，在大屏幕上“舍不得吃——孝敬母亲”的短语后面又出现了“舍不得花——自强不息”的字样。干老师告诉学生：“在课文‘舍不得花’下面画一条横线，旁边写上‘自强不息’。孝敬母亲，谁都读得出来，这舍不得花，可有学问啊！”

“好，就这样，王冕开始了他新的旅程。”干老师带领学生继续学习。

“不知不觉三四年过去了，王冕读了不少书，也明白了许多道理。”只这一句话，干老师便带着学生“嚼”出很多味道来。

“为什么这个三四年用的是‘不知不觉’呢？”

“因为这几年不是靠母亲做针线活挣钱。”学生已经联系着刚才“眼看”时的体会来说了。

“所以心里比较踏实，还读着书，日子过得比较快活，因此不知不觉就过去了。”干老师做了补充后，从写法上提出了这样一个问题：“在非常重要的‘辍学’这件事，和同样重要的‘学画’这件事之间，作者为何要点到这三四年，又没有详细写这三四年？”

这对学生又是一个挑战，他们开始思考，但是干老师并不是要在这里解决这个问题，而是要提点学生一下，从这个角度思考文本。这同他引发学生思考的一个问题是一样的：“课文说王冕明白了许多道理？课文有没有讲是什么道理呢？”

“没有。”

“其实讲了。怎么讲的？我们且听下回分解。”

这时，又回到了全文段落结构那张幻灯片上，现在这张幻灯片上已经清楚地显示出王冕的人生轨迹：

7岁	第一段	丧父
10岁	第二、三、四段	辍学（着重标出）

11岁	第五段中	
12岁	第五段中	
13岁	第五段中	
14岁	第五、六段	学画（着重标出）
17岁	第七段	
18岁	第七段	

在位于“辍学”和“学画”之间的11岁、12岁、13岁这3年里，干老师又引导学生了解王冕在这3年里做的事情其实不是“放牛”而是“读书”。这样，学生就知道“放牛”仅仅是谋生，而“读书”却是为自己的人生做准备了。这样准备着准备着，在王冕14岁的时候，一件事情突然发生了。

王冕人生的转变：画荷

学生继续把第五段课文读完：

> 一天，正值黄梅季节，天气闷热，王冕放牛累了，便在绿草地上坐着。转眼间，阴云密布。一阵大雨过后，天空中黑云边上镶着白云。阳光透出来了，照得湖水通红。山上青一块，紫一块；山下树木葱茏，青翠欲滴。树枝像水洗过一般，绿得尤其可爱。湖里有十来枝荷花，花苞上雨水点点，荷叶上水珠晶莹透亮。

“我也有个问题，文章惜字如金，为什么要用大量篇幅写这一场雨和雨后的荷花呢？”

早有很多学生把手举起来了。

“因为他后面画荷花，画得很出名。”一个男生说。

“哦，因为这个荷花为王冕学画创造了一个机会，是吧？这个机会我们叫‘契机’，还有其他原因吗？”

“是为后面的学画荷花打基础。”

“那这仍然是同一个意思，没看到荷花就不会学画。”

“因为这荷花很美丽，感动了他，所以他才有决心去学画。”又一个学生回答。

“哦，这仍然是因荷花学画。”看到几个同学的回答都在一个思维中打转转，干老师启发道：“我如果说‘有一天，王冕看到雨后的荷花漂亮极了，他想到，我为什么不画荷花呢？’行不行？”

“雨后的荷花美，才能打动王冕学画。”这个学生更强调了荷花的“美”。

“嗯，如果不是那么美，就不可能打动王冕学画，有道理。还有吗？”老师期待地说。

学生的思维好像已经被固定在这里了，他们皱着眉头，但那神情分明在说：“没有了。”

“好，我们再琢磨琢磨，这一次暴风雨后的荷花，为什么一定要写呢？刚才我们已经说了，因为它是王冕学画的契机，所以必须要写，没有荷花，就没有学画。”干老师总结学生刚才的回答，是回答了“为什么要写”。他又继续深入分析：“但是为什么不仅写了，而且要详细写呢？”他把“详细写”突出出来。

“写荷花衬托了王冕的人生、性格！”一个回答突然从一直围绕这个问题思考的学生当中冒了出来，是一个男生。他站起来，声音中有喜悦，也有不确定，此时，他正眼睛亮亮地盯着老师，期待回应。

“哦，衬托了王冕的性格与人生。原来是这样啊，学画是王冕整个人生的转折处，在前面王冕替人放牛，很艰苦很艰苦，但是学画后峰回路转，柳暗花明又一村，对不对？不仅如此，这位同学还说了，它是王冕人格的写照，王冕的人格，就像这荷花一样，生机勃勃，自强不息，纯洁高尚。所以不但要详写，还要细致写。”因为时间关系，干老师把他的意思用这样一段话表达出来，这个学生连连点头。干老师又面向大家，鼓励地说：“为刚才这位同学鼓掌！”

掌声噼里啪啦地响起来，这位同学在其他同学敬佩、羡慕的眼光中坐下了。但他的神情很平静，等待着下一个智力挑战了。

“同学们啊，读书要细细去读。读到这分上，那叫真会读书啊。”干老师又借机鼓励大家说，“所以要知道它是怎么写的，这段话是有顺序地写的。”

这时，屏幕上，这段话被分成了几段话，分别表示一层意思，表示观察顺序的词语也被重点标了出来。干老师让大家先朗读一遍。

一阵大雨过后，天空中黑云边上镶着白云。阳光透出来了，照得湖水通红。

山上青一块，紫一块；

山下树木葱茏，青翠欲滴。树枝像水洗过一般，绿得尤其可爱。

湖里有十来枝荷花，花苞上雨水点点，荷叶上水珠晶莹透亮。

读完后，他问学生：“这段话按什么顺序写的？”

“从上到下。”学生都很清楚。

“按从高到低，从上到下的顺序写的。但是刚才大家读的时候，只读到了‘天空’‘山上’‘山下’‘湖里’，却没有把这段话的神韵给读出来。这仅仅是它的顺序，这段文字好，是不是因为它是按照从高到低写出来就好啊？”干老师指导大家朗读。

“不是，它好的是美。”学生对这段话的内容已经很理解了。

“是啊，好的是它的风景，那天空多美啊，黑云边上镶着白云，阳光透出来了，照得湖水通红。你看那山上的颜色，是青一块紫一块的……”干老师描绘着把这段话读了一遍，既是示范，同时也是再强调景物描写和人物品格的关系。“只有把这种美读出来，你才能把王冕的高尚人格给传达出来。”

这样，学生又读了一遍，这一遍读得真美。

老师接着读第六段课文：

王冕不禁看得入了迷，心里想道："古人说'人在画图中'，真是一点不错。可惜这里没有一个画工，把这荷花画下来。"随后转念又想："天下哪有学不会的事？我何不自己画几笔？"

读完后，屏幕上在这段话的下面，干老师把刚才前面学过的一句话放在这里：不知不觉三四年过去了，王冕读了不少书，也明白了许多道理。

"王冕明白了什么道理？"他问学生。

"天下没有学不会的事。"学生马上找了出来。

"你用你自己的话说。"

"一切皆有可能！"学生想了想说道。

"还有，'人在画卷中'。"又一个学生补充。

"哦，你是说，王冕懂得了把生活和所读的书联系起来，他不是死读书，他是活读书，他明白了很多道理。更重要的是，他明白了刚才这位同学所说的道理。"其实，这里的教学，干老师也一直是让学生活读书，把读书与自己的生活联系起来。

自此以后，王冕就把攒下来的钱托人到城里买些颜料，学着画荷花。起初画得不好，三个月之后，便大有长进，那荷花的精神、形态、颜色，没有一处不像真的。乡里人见他画得好，竟拿钱来买。王冕的荷花越画越好，这消息一传十，十传百，诸暨一带都晓得他是个画荷花的高手，都争先恐后地来买他的画。王冕得了钱，就买些好东西孝敬母亲。

课文理解到这里，学生的朗读水平也自然而然有了提升，这段话读得相当不错。

"从此人生有了根本的转变。"干老师只用一句话便对此段做了总结。

回归教学目标：王冕孝敬母亲，自强不息

现在老师和学生一起学习文章的最后一部分，仍然是学生先把课文齐读一遍。

> 到了十七八岁，王冕离开了秦家。他每天画些画，读读古人的诗文。春光明媚的时候，王冕就用一辆牛车载（zài）着母亲，到村上湖边走走。母亲心里十分欢喜。

“你认为母亲因何‘心里十分欢喜’？”干老师抓了这样一个问题。

“因为母亲看到儿子有出息了，很孝顺，所以很欢喜。”

“因为王冕长大了。”

干老师引导学生再回顾全文来考虑这个问题。屏幕上又出现了全篇课文，学生看着文字，耳边响着干老师的总结：“孩子7岁的时候，父亲去世了。母亲含辛茹苦三年，靠做针线活供孩子读书，然后10岁，被迫让幼小的孩子到隔壁秦家去放牛，那真是含着热泪回来的，背地里又流了多少眼泪啊，多么艰难。”画面在这里一转，用粉红的色块呈现出那段王冕“不舍得吃，拿来孝敬母亲”的文字了。干老师又说：“到王冕14岁的时候，有些钱，就买些好东西孝敬母亲，到了十七八岁的时候，他居然能离开秦家，意味着什么？”

“自立了。”这一下，学生的体会马上不一样了。

“是啊，才十七八岁啊，就能自己支撑起一家的生活了，母亲想到这一点，心里——”

“十分欢喜。”学生一起应道。

课文内容回顾完后，屏幕上又出现了全文结构图，从“丧父”“辍学”“读书”“学画”一直到最后那个大大的“自立”，老师再次强调说：“回想王冕的成长经历，那真是‘十分欢喜’啊！”

这时，“自强不息”四字竖排，贯穿于王冕从7岁到18岁这12年的生活，干老师发出感叹：“儿子是如此自强不息的人啊。母亲能不欢喜吗？”

与课开始相照应，又出现了那个问题:“上课开始的时候，我们问大家，约980个字，写了王冕前后相距12年的生活经历，作者是怎样完成这个‘不可能的任务’的？”

“有详有略。”学生已经很清楚地知道写法了。

“对，有详有略。那么，什么东西要详写？怎样的事情要详写？”

“能够表现自立的事情要详写。”

“人生转折点的事情要详写。”

学生回答得清楚流利。

“对，凡是能够体现王冕是一个怎样的人的地方都要详写。”干老师也做了小结，“那么，王冕是一个怎样的人？”

课开始时的那道填空题再次出现:少年时的王冕是一个________的人。

“自强不息！”学生的声音整齐坚定。

“不对！”没想到干老师却大叫，“首先四个字不是自强不息，是什么？”

“孝敬母亲！”学生转得很快。

“对！没有孝敬母亲就没有自强不息。他的自强不息是孝敬母亲带来的，因为‘我’爱母亲，所以‘我’必须自强不息。所以这八个字不能搞错顺序。”干老师先说明为什么不能搞乱顺序，再加强学生印象。

“首先是——”

“孝敬母亲。”

“其次是——”

“自强不息！”

到此，我们用了30分钟多一点的时间，完成了整篇课文的细读。

认知拓展:莲花·君子·儒家精神

最后5分钟，干老师又从更高的精神层面为学生的认知结构做了拓展。他首先提出一个问题:“作者为什么要刻画王冕这样一个人呢？为什么要写出他的孝敬母亲与自强不息呢？”

这是学生的经验所不能达到的了，所以提出问题后，就是干老师根据学生的情况酌情告知了。

“我告诉你吧。但请先回答，这文章选自哪里啊？”

“《儒林外史》。”学生都知道，因为教材下面有注释。

“那么，《儒林外史》是一本怎样的书，你知道吗？”

“是一本讽刺小说，讽刺当时的官场腐败。”一个女生课前是查阅过一些资料的。

“读书人。讽刺当时的读书人。”干老师更准确地修正，他接着解释道，“儒林，儒，就是读书人。”这时，屏幕上出现一个大大的“儒”字。老师接着说：“儒的最高标准是什么？是成为君子。”在“儒”字的旁边，一个箭头直接指引出“君子”二字。

“但是当时有没有君子啊？”

学生听得很用心，他们很好奇，听老师继续往下说。

“有。他叫什么名字？王冕。所以，王冕是儒家君子的代表。什么是儒家精神？我们来看一下。《论语》中有这样一句话：君子务本……孝悌也者，其为人之本与。”

屏幕上，这句话被清楚地显现出来，那个“孝”字，用大号的字体格外标明。

“它说什么是本啊？”

“孝。”学生说。

“孝是做君子的根本。丢了孝，就一切免谈，孝是根本。再来看一条儒家的经典。”

屏幕上又出现了《易经》中的一条：天行健，君子以自强不息。同样，“自强不息”四字，也被大号的字体标示出来。

“还要怎样啊？”

“自强不息。”

“再来看一篇儒家的经典散文，叫《爱莲说》。”

同样，《爱莲说》中的句子也被显示出来：莲，出淤泥而不染，濯清涟而不妖……花之君子者也。“君子”被特别标注。

这一条和课文联系多，老师就多说了一些："君子就要像莲花一样，即使从肮脏的地方出来，也不被污染，成功之后不过多地自我宣扬，这才是君子。这三者谁具备了？"

"王冕。"

虽然这三条传统经典远离学生经验，但是在学完全篇课文的背景之下，对于"孝""自强不息""君子"这几个相当抽象的概念，学生还是能感受到的。

"所以，这段关于荷花的文字大有学问。"干老师又回到了课文中，屏幕上出现了课文插图，少年王冕坐在一池荷花旁边，正专心读书。"我们再来读一下这段关于荷花的文字。"

文中的那段描写雨后荷花的文字再一次清晰地显现在图画上了，在图画的背景下，在了解了"莲"之所以为"君子"的背景下，在了解了"儒家精神"的"君子"的背景下，学生再次读这段课文，和刚才读又不一样了，隐隐透出一种精神来，俨然那透出乌云的阳光。

"这就是少年王冕的写照啊！"干老师看着这些少年，这些和10岁王冕差不多同龄的孩子，很有感触地说。他又问大家："成年之后的王冕是怎样的，你们想知道吗？"

"想！"学生的声音里透出热切来。

"这就是成年王冕。"

并没有人物画像出现在孩子们面前，而是一幅古色古香的水墨梅花图，静静地浮现在屏幕上，散发着来自那个遥远时代的，属于那个伟大灵魂的淡淡芬芳。这是王冕的《墨梅图》。

"没颜色了，对不对？"老师问，这是指与刚才课文里的彩色插图比较而言。

学生点头。

"王冕还写了一首诗，这首诗读过吗？"在《墨梅图》的上面，也出现了一首诗，是那首脍炙人口，广为传诵的《墨梅》。

墨梅

〔元〕王冕

我家洗砚池头树，
朵朵花开淡墨痕。
不要人夸好颜色，
只留清气满乾坤。

这清雅的梅花，清朗的字句，千年之后，被十来岁的少年们用清亮的声音重新念起，渐渐地，《墨梅图》淡去不见了，只有这清清白白的30多个字，静静地，静静地留在屏幕上，泛着灵魂的光芒。一曲清明的、淡淡的古筝曲悠然响起，一百多人的听课现场，却有一种安定、平和的感觉。"'不要人夸好颜色，只留清气满乾坤。'这就是王冕啊！"

而在另外的一些课堂上，尤其是诗歌文本中，因为文本本质所具备的特质，就能够经常地抵达这样的人文合一的境界。譬如以下几堂课的末尾部分。

课例二:《渔歌子》——两个"渔父"

（六年级《渔歌子》教学课堂结尾部分实录）

全诗细读完后，干老师问:"这是一个怎样的渔父呢？"

"我觉得这是一个聪明的渔父，因为他在出行前就戴上了雨具，说明他知道要下雨了。"一个男孩子还不理解，这样说道。

而另一个女生就理解得比较深入，她说:"这是一个悠闲自得的渔父。"

另一个个子高高的男生也补充说:"一个向往自由生活的渔父。"

了解了同学们的理解情况，干老师继续往下进行，帮助学生理解"渔父"。这时，大屏幕上出现了两幅国画，都是"渔父"形象，所不同的是，左边一幅《渔父图》中，渔父正举着一尾鱼儿，逍遥快活；而右边的《渔父图》则是"独钓寒江雪"的淋漓写意。干老师请大家猜一猜，哪个渔父是

《渔歌子》中的“渔父”？

这很好玩。经过辨别后，大部分同学还是选定了左边的“渔父”，也分辨出右边的《渔父图》画的是学过的古诗《江雪》。这也是预习作业中出现的资料。接着，老师就让大家说说这两个“渔父”的差别，昨天的预习作业中就有这道题：你认为这两个渔父的思想和性格一样吗？

因为学生预习了，所以在课堂上发言比较积极。一个学生说：“一个渔父是愉快的，另一个是孤独的。”而另一个学生的回答“一个是下雨的，一个是下雪的”，就引发了大家的哄笑。

老师让大家把《江雪》再读一遍，读得很不错。

关于《江雪》，昨天晚上同学们也完成了这样的复习作业：复习柳宗元《江雪》一诗，在此诗每一句中，找出一个能够表达心情的关键字。想一想，这首诗表达了诗人怎样的情感与思想？

所以，这时，学生很容易地就说出了诗中四个关键字：“绝”“灭”“孤”“独”，然后老师让大家再读一遍，读出诗中的“孤独”。

读完后，干老师又问了一个问题：“同样是‘渔父’，这个‘渔父’为什么孤独苦闷呢？”

“因为冬天的鱼小，鱼少。”坐在后排的一个男生说。大家又都乐了。

俞怀靖站起来说：“我认为他好像是失意了。”

这个感觉真的很棒！在他的预习作业上并没有回答出这个词，这节课他一直兴致盎然地参与着学习，因为他预习得比较好，所以课堂为他带来更多的启发。

干老师也没有想到会有这样“精彩”的回答，便借机用“失意”和“得意”带学生进行两个渔父之间的辨析。让同学们把这两个词语也写在自己的预习作业中。

他又接着追问：“那为什么同是‘渔父’，一个失意，一个得意呢？”

“因为在《渔歌子》里，他身处世外桃源，景色非常美丽，还有飞鸟；而《江雪》里面，到处都是白茫茫的一片，一只鸟也看不见，一个人也没有。”一个男生从景色方面来说。

“我来告诉你吧，因为他们是两种人。”干老师就直接告诉学生了，“你先在旁边写下这两个字。”他让学生把“道家”“儒家”分别写在相应诗的旁边，然后对学生说：“道家和儒家，他们是两种人。”这时屏幕上出现了两种“渔父”的象征意义——

道家的渔父——养生求真，逍遥快活

儒家的渔父——担当使命，改良社会

然后干老师以通俗有趣的语言简单讲述了“儒家渔父”的“失意”——担当使命，改良社会，因为达不到，所以他“失意”了。而“道家渔父”则是养生求真，逍遥快活，就像《渔歌子》中的渔父一样，因此“得意”。同学们一边听着，一边赶紧把这两种渔父的意义抄写在自己的预习作业纸上。

接着，干老师又点了点“儒家”担当使命，改良社会的意愿，因为他们往往不能实现，所以每当这个时候，他们便会这么说——

这时，屏幕上又出现了一条补充材料：

儒家知识分子的“渔父情结”：

孔子：“道不行，乘桴浮于海。”

苏轼：“小舟从此逝，江海寄余生。”

干老师简单解释了这两句话的意思，然后让学生带着这种理解再读一遍《江雪》。接着他又让孩子们读了一遍《渔歌子》。

江雪

〔唐〕柳宗元

千山鸟飞绝，
万径人踪灭。
孤舟蓑笠翁，
独钓寒江雪。

渔歌子

〔唐〕张志和

西塞山前白鹭飞，
桃花流水鳜鱼肥。
青箬笠，绿蓑衣，
斜风细雨不须归。

两首不同情感的诗放在一起，有一种别样的美妙与和谐。看学生的表情迅速从凝眉到舒展，真是有趣。而这时候，一切的谜底好像揭开了，两组词语把两个“渔父”所代表的象征意义揭示出来，学生又赶紧拿起笔来记着：

两幅画面：优美恬静和谐VS清冷孤寂高寒

两种人生：逍遥自由快活VS孤苦坚毅卓绝

可是问题却又像抛入春江的那杆钓竿，向同学漂过来了：

你喜欢哪幅画？

你喜欢哪首诗？

你喜欢哪个渔父？

三个问题，全班同学没有一个选《江雪》。可是当问他们喜欢哪首诗、哪个渔父的时候，俞怀靖却对《江雪》举起了手。他也是唯一举手的。他说：“因为《江雪》比较孤傲、高洁，而《渔歌子》就比较和别人一样。”

这时，干老师又把《楚辞》中的《渔父》篇投在大屏幕上，简单讲了意思给同学们听。他描摹得很生动，意思也更为浅显好懂了。

楚辞·渔父

屈原既放，游于江潭，行吟泽畔，颜色憔悴，形容枯槁。

渔父见而问之曰：“子非三闾大夫与！何故至于斯？”

屈原曰：“举世皆浊我独清，众人皆醉我独醒，是以见放。”

渔父曰：“圣人不凝滞于物，而能与世推移。世人皆浊，何不淈其泥而扬其波？众人皆醉，何不哺其糟而歠其醨？何故深思高举，自令放为？”

屈原曰："吾闻之，新沐者必弹冠，新浴者必振衣；安能以身之察察，受物之汶汶者乎？宁赴湘流，葬于江鱼之腹中。安能以皓皓之白，而蒙世俗之尘埃乎！"

渔父莞尔而笑，鼓枻而去，乃歌曰："沧浪之水清兮，可以濯吾缨；沧浪之水浊兮，可以濯吾足。"遂去，不复与言。

听完故事后，老师又让大家选择："你选择做屈原还是做渔父？"

孩子们都拿不定主意了，犹豫着，却不像刚才那样一下子就作出选择了。这时，这两种渔父的表征意义再一次出现在屏幕上：

优美恬静和谐 *vs* 清冷孤寂高寒

逍遥自由快活 *vs* 孤苦坚毅卓绝

学生仍然在选择着，有的选第一个，有的选第二个。

干老师说："你们不要急着选，我告诉你们，中国思想，其精髓有两个字，一个是'儒'，一个是'道'，所以你不要急着选。因此我告诉你，这两首诗都是好诗。这两种'渔父'都是我们所欣赏的。我这道选择题恰恰不要你选择，而是要你的生命里把这个渔父和那个渔父，全部都吸收进去。"

最后，如同拉上钓竿，水中还有美丽圆晕一样，这堂课也有一个充满余韵的尾巴——干老师课件上所选的《渔父图》恰好都是南通著名画家范曾先生所作，于是，干老师就将收集到的范曾先生的众多作品，一幅幅播放出来……

课例三：《长相思》——生命中有一缕属于纳兰性德

（五年级《长相思》课堂教学结束后）

学到这里，干老师面向全体同学，深有感触地说："我呢，比同学们的年纪要大一些。因此我对这首词感受也要深一点。大家想不想听听我的感受啊？”

“想。”孩子们的声音透出对“老师内心感受”的一种渴望。

“而且更重要的是，我现在是不是在家乡啊？”干老师又说。

“不是。”

“我已经离开家乡很多年了。”

听了这话，很多同学不禁睁大了眼睛，很好奇地继续往下听。

“但是我的家乡就是我出生的地方吗？”

“不是。”

“是不是你可不知道，就听我来说说吧。”这时，大屏幕上打出了一首诗——《唱一支歌，然后启程》。干老师继续告诉同学们，同时也在告诉在场听课的两百余位凤冈县各校领导和骨干教师们：“这是我在离开江苏、前来凤冈之前，要出发的时候写下的，诗句里面的‘我’有时是纳兰性德，有时是我自己。搞不清楚了，你们也不必去搞清楚。”

接着，他就以己证诗，念出他读纳兰性德《长相思》时的感受。

唱一支歌，然后启程

——读纳兰性德《长相思》

唱一支歌
古老的歌
然后启程——
山一程
水一程
身向榆关那畔行
夜深千帐灯

这一路
万水千山
关卡重重
榆关潼关嘉峪关……
汗血马如何
千里驹如何
这奔驰的列车如何
那道关永恒地横亘在前
那畔那畔那畔
身向榆关那畔行
夜深千帐灯

你原本不应如此寂寞
这帐前的千兵万卒
这深夜的千帐篝火
这同行的操着相同乡音的人们
你原本不应如此忧伤
夜深千帐灯
只是一颗过敏的心灵
在这苍茫的宇宙间
在这浩渺的天地间
为何我只是一盏
旋即熄灭于黎明的灯火

夜深千帐灯
夜深千帐灯
这千帐灯里
哪一盏为我而明
每一盏为谁而明
这千帐灯里
有着多少个思乡的梦
风一更
雪一更
聒碎乡心梦不成
这彻夜的风雪
催着疲惫的兵士们
进入返乡的梦

梦不成的
是一颗无梦的心
梦不成啊
便是无风无雪
也会有月一更星一更
寒彻乡心梦不成
却道故园无此声
然而岂是故园
没有这风声雪声夜更声
只是我总得为无眠
找一个理由

总得为无眠找一个理由
思乡也罢思亲也罢思人也罢
总得为无眠找一个理由
纵然我回到了故园
一样无眠
一样无梦
一样梦不成
何处是故园
如何是乡心
人道我的故园
本在榆关那畔
在榆关那畔
我的先人们
曾经骑马奔驰于草原

有人又说
我的身后
那京城里

有我年迈而高贵的父亲
有我逝去的爱妻
有我即将来到的新的爱情
那里才是我的故园
聒碎乡心梦不成
故园无此声
聒碎乡心梦不成
故园无此声

乡心啊
故园啊

这是一颗永恒流浪的心
这是一个永恒放逐的灵魂
这是一个找不到家园的人之子
聒碎乡心梦不成
而我的忧伤啊
谁知道我为何如此忧伤
谁知道我为何如此孤独
谁知道我在寻找什么
谁知道我在歌唱什么
谁知道在我的歌词中
有着你完全相同的处境——

这时，歌曲《橄榄树》的音乐响起来：“不要问我从哪里来，我的故乡在远方，为什么流浪，流浪远方，流浪……”音乐声中，干老师再次念起这首《长相思》：

山一程，水一程，身向榆关那畔行，夜深千帐灯。
风一更，雪一更，聒碎乡心梦不成，故园无此声。

一曲终了，全场掌声响起——主要来自后面的老师们。当然不仅是在场听课的这些已经在人生征途上漂泊了很多年的成年人，这些在不久的将来即将踏上人生征途的少年，同样也感受到了诗中那个处在漂泊中，却依然不断寻找着永恒的精神家园的孤独而忧伤的灵魂。

通过这样一颗敏感的心灵所带来的这样的寻找，孩子们似乎真正触摸到了几百年前那同样寂寞孤独的灵魂。风一更，雪一更，聒碎乡心梦不成啊。

但是对于这样浓缩着人类精神追求的伟大词句的理解，是要用一生的经历去体味的。因此，干老师在课的最后这样告诉大家：

"同学们，学到这里，最后表达我读后感受的诗是要告诉你，真正要领会这首诗，要用你的一生去经历你的人生。到那一刻，在异乡的某一个地方，在人生的某一个时刻，你会突然领悟：你的灵魂里也有纳兰性德的忧伤与禀性。"

课例四：《归园田居·其三》——以己证诗

（八年级《归园田居·其三》课堂后半部分）

这时候，大屏幕上除刚才那个让学生深思的问题"你是否欣赏诗人的人生态度？你是否愿意这样生活？"之外，还出现了一个中国传统的太极图案，所不同的是，在太极图黑鱼里，并列着四个词：自然、本性、隐逸、自由；白鱼里同样也并列着四个词：功名、进取、高官、厚禄。

"功名、进取、高官、厚禄。"老师一个词一个词重重念来。

"自然、本性、隐逸、自由。"学生一个词一个词地读出。

"你会追求哪一种？"老师再一次让大家选择。

"白。""黑。""黑。""白。"各不相同。

"黑，还是白？"老师再问。

同样，"黑""白"的声音再次响起来。

"有黑有白。你今天坐在教室里，是黑还是白？"老师继续问。

"白。"异口同声后，学生自己也笑了。

"如果我们坐在教室里是'白'的话，那么也就有了两种态度：有的同学是坚定地坐在教室里，有的则是牢骚满腹地坐在教室里，对不对？"老师的这句话引起了学生的共鸣，他们应和着"对"。

"而陶渊明是否采取了一种措施，就是排斥了'功名、进取、高官、厚禄'，而追求一种'自然、本性、隐逸、自由'？"

学生的眼光一直追随着老师。

"你现在作好选择了吗？"老师走到刚才那个说不知道的学生身边，问他，其他学生都笑了。

“做好了。”这个学生的话又带来了一阵笑音。他接着说：“我欣赏。”

“欣赏。”老师重复了一遍，又问，“欣赏谁？”

“陶渊明。”接着他又说了什么，听不太清楚，只听老师说：“哦，你欣赏啊，但你不会像他那样做，为什么？”

“因为他……”这个学生的话依然听不太清楚。

“你不知道。我告诉你，陶渊明自己会怎么做。陶渊明会像这位同学和那位同学一样做。”说着，老师顺手指了指这节课上听讲和发言最积极认真的那两个女生，“陶渊明自己也不会在你们这个年纪离开课堂，为什么？因为陶渊明也是勤奋学习，谋取功名，然后去奋斗、去拼搏、去努力，在努力了13年之后，他才发现这一切对于他的本性是不符的。你现在知道你的本性了吗？”

学生纷纷摇头：“不知道。”

老师说：“你根本还不知道呢，就去学陶渊明了！这问题就不对了。”

学生又发出一阵笑声。大屏幕上又出现了“陶渊明荷锄道行”的背景画面，这个拥有古代智慧的人，好像也在问着屏幕上的问题：你认为陶渊明的这种生活态度、人生哲学对今天的世界、社会是否有益？为什么？学生再一次陷入了思索。

“认为他有益的举手？”老师又让大家作出选择。举手者寥寥。

“认为他无益的举手？”几乎所有的孩子都把手举了起来。

“大家坚定地举起了手，（陶渊明）这种思想无益于我们今天的社会、今天的生活，那为什么教材还要编进这首诗？我们拿起剪刀把这首诗剪掉吧。”

学生都笑了，摇着头说：“不行。”

“为什么不行？”

那个瘦瘦的女生再次站了起来说：“这个社会固然很现实，名利虽然很重要，好好学习能找到一份工作，也是父母让我们必须履行的——职责。”她把“职责”二字特别强调地说出来，又重又响。其他同学不由跟着点头，表示认可。

“可是常常会……因为应试教育，我们常常会失去自我。然后也会……”她摸着短短的头发，在寻找合适的能准确表达自己观点的词语，“然后也会被世俗污染，使得心灵不是那么的纯洁。”她的话引起了大家的笑声。她自己也笑了，接着说：“我觉得陶渊明这种淡泊名利的人生态度、生活态度是好的。”

“是好的。同学们，”听了这个女生的发言，老师意味深长地说，“在今天，我们看一下。”大屏幕上的黑白太极图内的字又发生了改变，此时黑色的图案中是“诗意、和谐、柔弱、个体、乡村……”，而白色的图案中则是“科学、发展、强大、集中、城市……”。

老师先带领学生把黑色和白色图案中的这些词语一起重读一遍，然后问：“你认为这黑与白哪个更重要？”

“白！”声音整齐响亮，毫不犹豫。

“是吗？”老师提醒学生先思考，然后他用低沉的声音缓缓地说：“科学带来了原子弹……”一些学生这时候又开始发笑了，但老师继续用低沉的声音缓缓地说：“带来了两次世界大战……”学生不笑了，静听下去。老师的声音继续响着，低沉而清晰：“带来了环境污染……”

这时候，他看见一个女生有想说话的意思，就请她说。女生站起来说：“但是科学也给我们带来了很多便利。”

“那怎么办？这个问题谁能解决？怎么解决？”老师的问题随之提出。

学生依然陷入思考中。

“白加黑。”不知谁这样说道。

老师找到了这个学生，第一排一个戴眼镜的男孩儿，他起来腼腆地说：“我也说不很好。”

“你也说不上来。是白引导黑，还是黑引导白？”老师问。

“白引导黑。”学生再次表示出高度一致。

“是白引导黑，怎么个引导法？”老师追问。

有学生在下面小声地嘀咕，但是他们依然像刚才那个同学所说的一样，有想法却模模糊糊，表达不出来，“说不太好”。

“我告诉你，恰恰是黑引导白。”学生表现出疑惑不解的样子。老师接着解释：“因为黑就是童话，而科学本该为了实现童话而发展，在童话中我们可以通过想象飞上天空。那么，是童话在先还是象征科学的飞机在先？”

“童话。”学生没有异议。

“童话在先，结果我们就有了飞机。对不对？是黑引导白还是白引导黑？”老师举完“飞翔的梦想”和“飞机”的例子后再问学生“黑”与“白”的关系。

“黑引导白。”学生被说服了。

“现在的问题在于，我们的生活已经失去了诗意，已经失去了和谐，我们忘记了童话，我们忘记了大地，我们只想着——”老师的这番话得到了学生的共鸣，他们连连点头，跟着老师的话在后面接道：“学习。”

“我们只想着——发展！发展发展发展！富强富强富强！快捷快捷快捷！快捷的结果是高速公路与交通事故。”

学生又发出一阵会心的笑声。

“要不要快？”老师问学生。

“要！”学生回答。

“但是，快捷不能妨碍什么？”老师又追问。学生七嘴八舌地应对。

“不能妨碍诗意，妨碍我们生命中本真的样子。对不对？”老师把学生心里模模糊糊的想法清晰地表达了出来，很多学生连连点头。干老师又问：“所以像陶渊明这样的诗有没有价值啊？”

“有！”这一次学生的语气是坚定而有力的。

“它在提醒你，你还回得去吗？你是不是彻底忘了你的家园呢？不能忘记你的家园，你的家园就是那大地，而不是那个霓虹灯下的城市。当然我们要发展，不是说不要发展，而是说这诗意要引导着科学。”

这时候，大屏幕上出现了梭罗的照片和他的两本著作的封面——《瓦尔登湖》和《种子的信仰》。

老师问学生：“知道这个人吗？”

“不知道。”学生说。

“近两千年前，中国出现了一个陶渊明。近两百年前，美国出现了一个梭罗。梭罗在瓦尔登湖，自己伐木，造房子，开垦土地，也就是说，什么东西都是自己来生产，有些和别人交换，因为他要做一个实验。什么实验？能不能简单地在世界上活下来，一个人到底能不能诗意地在这个世界上生活？结果他发现——”

有学生接道：“需要很多。”

老师说：“很少很少。”

学生都笑了。

老师接着说：“3 美元就够了，就够你一辈子好好地生活了。”学生显出非常惊讶的表情来，他们继续听老师往下讲。“因此梭罗闻名世界，可惜啊，两千年前的陶渊明就提醒大家，就告诉大家了，现在又有多少人知道呢？他们共同表达了过一种简朴生活的愿望，拥有一种清贫的思想。”

此时，大屏幕上又静静地浮出了八个大字：简朴生活、清贫思想。像月光，照耀在黑暗的夜空。

“你把这八个字记到你心里去。这一辈子你要去发展，你要去做官，你要去获得人生的成功，越成功我越为你祝福。你要坚定不移地向前走，记住了吗？你要把老师对你的期望，父母对你的期望一一实现，记住了吗？但是在实现的过程中，永远不要忘记这节课陶渊明带给我们的八个字。读一遍。”

学生看着这八个字，情感复杂而微妙，但是他们都很郑重地把这八个字重重念了出来：简朴生活，清贫思想。

“这是老子的话：‘知其雄，守其雌；知其白，守其黑；知其荣，守其辱。’我们知道了刚才所说的一切，但是你可以选择。这位同学，你是不是一定要守其黑，守其荣啊？你可不可以守其白，守其荣啊？”老师又问刚才那个开始不知道如何欣赏的男生。

“可以。”他这么说。

“这是你的选择。现在再把这首诗读一遍。”

这一遍读，和刚上课时读《陋室铭》《爱莲说》不一样了，和刚开始学《归园田居》时的读也不一样了。

“在你人生的道路上，衣沾不足惜，但使愿无违，你的本性要守着啊。陶渊明，《归园田居》，对今天的现代文明与现代生活而言，是最为珍贵的清醒剂。这几间数千年前的南山下的草屋和几亩荒田，是我们灵魂获得清新空气的永恒氧吧。当现代人被羁绊的时候，就打开《归去来兮辞》，就打开《饮酒》诗，就打开《归园田居》，就打开《桃花源记》，回到我们永恒的家乡，呼吸那清新的氧气。”

老师让学生把这首诗再读一遍。

“我教给大家一种以己证诗的方法，也是一种读书方法。什么叫以己证诗呢？就是用你的生命来验证这首诗。这首诗现在跟你的生命发生关联了吗？”

“没有。”学生很诚恳地回答。

“它和我的生命发生了关联。”老师也很真诚地介绍，“大家知道我是做什么的吗？”

“不知道。”

“我是搞新教育实验的。新教育实验你们知道吗？”

“不知道。”

“刚才这位同学说，应试教育害人，我所做的一切就是和应试教育对着干。那么，哪句诗表明了我的这个思想？”老师请刚才那个说“应试教育”的女生回答。

“衣沾不足惜，但使愿无违。”她清楚地念了出来。

“投身新教育的目的，教育的理想主义，这句诗就表达了我的情感。”老师请这位女生坐下，继续说，“对，‘衣沾不足惜，但使愿无违’。那表示我很认真，对自己喜爱的事情孜孜不倦，是哪句呢？”

“晨兴理荒秽，带月荷锄归。”学生一起念了出来。

“新教育是我耕种的土地，每天早上，每天晚上，带月荷锄归。努力不息。然而，这条路很艰难，很艰难，哪句诗？”

学生说:“道狭草木长，夕露沾我衣。”

“我从事新教育时，遭遇到的种种困难，可以用‘道狭草木长，夕露沾我衣’来表达，大家想想，面对这种处境，我会怎么想？归园田居，我逃跑了，去种田了，会这样吗？”

学生都笑了。“不会。”他们纷纷说。

“哪句话表达？”

“种豆南山下，草盛豆苗稀。”只剩下这句诗了，学生虽然念了出来，但是有些犹疑。

“种豆——南山下——，草盛——豆苗稀——。为什么斤斤计较于你的得失呢？为什么这堂课我一定要每个学生都踊跃发言呢？我是种豆的，管他‘草盛豆苗稀’，我只要不停息地播种啊，播种啊，播种啊，就行了。播种，是我的事，开花，那是小豆子的事。”

学生又发出了会心的微笑。

“我是这样来印证着读这首诗的。你可以印证吗？”

面对老师的提问，学生开始了思考。老师请大家把这首诗再读一遍。

“当你找到了自己印证的时候，你读这首诗才能读出味道来，这时候不是那种纯粹声音和技巧上的优美动听，而是灵魂深处跟这首诗的共鸣。”

“种豆南山下，草盛豆苗稀。”老师已经不是在范读了。这两句诗中有无限的深意，学生还不太明白，但是他们感受到了这两句诗是不一样的。他们静静地望着老师，老师的目光中有很多很多的东西。

这节课结束了。学生却坐在座位上，不愿离去。出教室的时候，老师对那个瘦瘦的女生说，继续去读书吧，那时你会看得更远更远的。她重重地点着头，眼睛里洋溢着一种光彩。

第三章　有效教研范式

在当前，教科书系统还远不完备，课堂核心目标往往是仁者见仁，智者见智，仁智不足者也就除自己的偏见外一无所见了。如果不借助于集体的智慧，一个人使用有效教学框架备课，也往往徒留其形，而难得其神。

有效教研范式

新教育有效教学框架，是新教育构筑理想课堂的基石。但是显而易见的是，这种有效教学框架对整个备课流程，教学流程，甚至是备课本，都与传统的方式有所不同。而且，在当前，教科书系统还远不完备，课堂核心目标往往是仁者见仁，智者见智，仁智不足者也就除自己的偏见外一无所见了。如果不借助于集体的智慧，一个人使用有效教学框架备课，也往往徒留其形，而难得其神。

事实上，要真正地把握有效教学框架，它同时需要有一个支撑系统：有效教研范式。

新教育有效教学研究的校本教研流程建议如下：

（针对问题）确定选题

（确定目标）集体备课

↓

（提供案例）课堂探索

（观察学生）观课记录

↓

（谋求改进）集体评议

↓

同题异构或再度探索

和大多数学校为迎战公开课而集体备课完全不同的是，新教育有效教学研究的目标是针对教学中真正的问题。所以，它要求是依据一个组内大家认为确实存在的困难、问题，来确定一个选题。譬如学生的计算教学，或者说古诗词教学，或者说作文教学，来展开整个教研。

确定了主题之后，大家就要用尽可能短的时间，确定教学内容和教学目标。也就是说，大家要用集体备课的形式，对一些核心的东西进行澄清与规定，以避免出现一个老师独自探索，结果发现完全走进了死胡同，而让所有听课人徒然浪费时间的尴尬。

一般说来，教学目标和教学内容是由集体共同制订的。但是具体的教学策略、教学形式，大家只提供建议，最终由某个老师依据自己的习惯、风格，以及具体班级的实际情况来加以确定。这是集体备课之后的独立备课部分。

然后，由这位老师上课。他的教学事实上是为大家研讨提供一个可以解剖、分析的案例，而不是一种最后的示范。

也就是说，在上课之前，上课之后，这位老师，以及所有的参与者都要非常清楚，大家是在探索一个未被完全理解和解决的问题，而不是上一堂掩盖问题的公开课。因此，这位老师要虚怀若谷地向更高境界求索，其他老师既要对提供课例的表示感激，更要从追求真理的角度，去纯粹地思考整个研讨的主题。

听课时，要求听课老师尽可能地坐在学生旁边，侧身朝向学生而坐。也就是说，要改变那种把自己当成听课学生的做法，观课时目光要紧跟学生，进入学生的内心去，去感受学生的学习过程。可以把身边的一个或两个学生作为主要观察对象，用余光观察授课老师和全班。

课后，大家再次汇聚，就研讨主题，以及作为全息意义上的课堂的其他问题，进行开诚布公的研究。事实上，许多学校根本没有办法做到这一点，大家的教研活动基本上处于流于形式主义地说程式好话，浪费教研时间的状况。要真正改变这一点，就要求主持人自己率先上课，自我解剖，并要求由几个榜样开始这样提供研课范例，从而养成一种特殊的风气。

许多时候，因为研讨问题的难度，往往不可能依靠一次教研就把问题彻底解决。这时候，或者可以利用其他班级采取“二上二议”的方式，或者利用下一个相同主题的单元，再度进行研究。事实上，在新教育小学，经常出现自发的“一课三上”的情景，因为越是深入地研究，越会带来那种孜孜不倦求真知的快乐。

教学评估表

如果把有效教学框架稍作修改，就能够使它成为一张实用的有效教研课堂评估表。

<table>
<tr><td colspan="4">新教育小学有效教学评估______年级______班　教师______</td></tr>
<tr><td colspan="3">课题______________________________</td><td>课时数____</td></tr>
<tr><td rowspan="3">教学目标</td><td>A 类
（即基础性目标，有为核心目标搭梯的知识，有必须解决的障碍性知识。）</td><td rowspan="3">设计评估</td><td rowspan="3">落实评估</td></tr>
<tr><td>B 类
（即教学核心目标，即课堂重点要教学的内容，一般为单元所规定的知识与技能。）</td></tr>
<tr><td>C 类
（即附属性目标及延伸性目标。一般而言，思想情感价值观属于此类目标。）</td></tr>
<tr><td>预习作业</td><td>预习是学生唯一的独立学习的机会，学生最终的学习能力，体现于预习的水平上。所以，预习作业要全面地针对教学目标，而不仅仅是为教学做一些基础准备。</td><td>设计评估</td><td>落实评估</td></tr>
<tr><td colspan="2">教学板块
（注明各板块解决目标序号及所用时间）</td><td colspan="2">个体学习清单</td></tr>
<tr><td colspan="2">第一板块——
此部分一定要以教学板块的角度来叙述，不能是文本及教材解读，而应该清晰地写出教学组织的策略及过程。
在针对每一大板块及核心部分的不同小板块进行叙述后，注明本板块解决目标序号及所用时间，如:【目标 A，3 分钟】</td><td colspan="2"></td></tr>
<tr><td>设计评估:</td><td>落实评估:</td><td>设计评估:</td><td>落实评估:</td></tr>
<tr><td colspan="2">第二板块——</td><td colspan="2"></td></tr>
<tr><td>设计评估:</td><td>落实评估:</td><td>设计评估:</td><td>落实评估:</td></tr>
<tr><td colspan="2">……</td><td colspan="2"></td></tr>
<tr><td colspan="2">课后总评</td><td colspan="2"></td></tr>
</table>

以下是我作为一个不懂英语的老师，利用此评估表所参与的一堂英语课的记录及评估。

课例：一堂英语课

作为一个彻彻底底的英文盲，去听王政老师的五年级英语课，并要对课堂作一个较为全面的描述，且要在此基础上做一点分析，这个任务对我而言无疑是个挑战。

王政老师今天上的是牛津英语五年级 B 的第二单元第一部分，课题是 A telephone call，即“一个电话”。

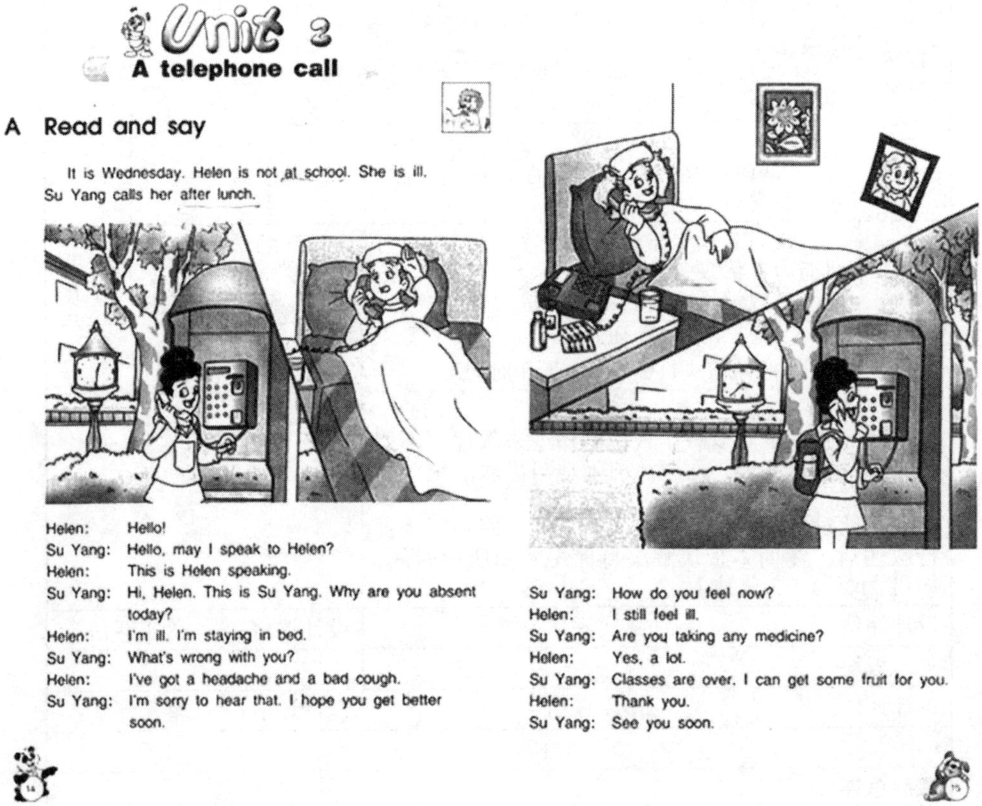
Unit 2
A telephone call

A Read and say

It is Wednesday. Helen is not at school. She is ill. Su Yang calls her after lunch.

Helen: Hello!
Su Yang: Hello, may I speak to Helen?
Helen: This is Helen speaking.
Su Yang: Hi, Helen. This is Su Yang. Why are you absent today?
Helen: I'm ill. I'm staying in bed.
Su Yang: What's wrong with you?
Helen: I've got a headache and a bad cough.
Su Yang: I'm sorry to hear that. I hope you get better soon.

Su Yang: How do you feel now?
Helen: I still feel ill.
Su Yang: Are you taking any medicine?
Helen: Yes, a lot.
Su Yang: Classes are over. I can get some fruit for you.
Helen: Thank you.
Su Yang: See you soon.

14　15

王老师已经布置了五个练习题：

1. Read the Part A of Unit 2.

2. Repeat the dialogue after listening the tape for several times.

3. Try to write the sentences for the pictures of Part C.

4. Make the dialogues for the four pictures on Page 18.

5. Listen and learn the rhyme Unit.

王老师给我出了难题，这个预习题让我读来有些艰难，但我还是设法解决了。这个预习大致是：1. 读课文；2. 听录音；3. 试着为练习 C 添加句子；4. 为 18 页的四张照片写对话；5. 聆听和学习课文中的韵律。

因为座位太挤，无法坐到前面，我只能坐在后面，旁边是一个男生。翻阅相关页码后，他已经用铅笔把预习 3 和预习 4 都完成了。因为自己英语水平有限，也因为时间匆忙，我来不及细看正误，课就开始了。

教学目标

在课前，我仔细阅读了王政老师的教学目标（见下表）。

<table>
<tr><td rowspan="3">教学目标</td><td>A
1. 能听懂、会说、会读 A 部分出现的词语和短语，如：
absent, stay in bed, Hope you get better soon, take some medicine 等。
2. 学会简单的电话用语并能运用于交际。
3. 继续巩固句型：How do you feel now? I feel…
What's wrong with you?
I've got a/an…
I'm sorry to hear that.
4. 会读课文 A telephone call，部分内容能够背诵。</td></tr>
<tr><td>B
1. 创设生活情境，让学生在相对真实的环境下学习英语。
2. 完成打电话说一个话题的任务，培养学生交际能力。</td></tr>
<tr><td>C
1. 养成关心他人的良好品德。
2. 培养英语思维能力。</td></tr>
</table>

在阅读时，我就觉得这个教学目标的确定，尤其是在A、B、C的划分上，可能还需要斟酌；听课后，这种感觉就更为明显。另外，将教学策略混同于目标，也一直是我们书写教学目标中的一个难题，而要解决这个问题其实很简单，就是心中要清楚一点：所谓教学目标，就是课堂上每个学生要达到（掌握、理解、巩固……）的一个“目的地”。

相类似的，所谓教学板块，就是教师为了帮助学生达到这个目标，而选择的策略及进行过的整个流程。这些策略与流程，是与目标紧紧相扣的。

修改后的目标

据此，以上目标中的B1，就应该是策略而不是目标，它应该体现于下面的教学板块中，而不必出现在目标中。

在我们的“规定”或者“约定”中，A类目标即基础性的目标，B类目标指核心目标。在小学英语中，由于还只是初级阶段的语言学习，不明确涉及语法、特定句型方面的学习，所以B类目标与小学语文的低段一样，是不太清晰的，但仍然是可以规定与辨析的。而C类目标，则可以看成是附着于B类目标及文本中的情感、思想方面的教育。

据此，这个教学目标可以修改为：

<table>
<tr><td rowspan="3">教学目标</td><td>A：1. 能听懂、会说、会读A部分出现的词语和短语，如：
absent，stay in bed，
Hope you get better soon，
take some medicine 等。
2. 继续巩固句型：
How do you feel now? I feel…
What's wrong with you?
I've got a/an…
I'm sorry to hear that.</td></tr>
<tr><td>B：1. 会读课文 A telephone call，部分内容能够背诵。
2. 完成打电话说一个话题的任务。</td></tr>
<tr><td>C：1. 养成关心他人的良好品德。
2. 锻炼英语思维、交际的能力。</td></tr>
</table>

其中B目标是教学的重点。

目标预计达成度与实际达成度

如果我们把目标理解为每个学生需要达成（至少要能够检测评估是否达成）的标准，那么以上目标在本课的达成度情况就是：

A1、A2完成良好；B1和B2部分学生完成良好，可惜不知道班中有多少人存在学习上的障碍；C1未能体现，C2有所渗透。

眼保健操结束后，课正式开始。

第一个小板块用时3分钟，由老师主导，进行英语对话；与老师对话的学生，在对话完成后上台在黑板上将对话写下来。这些对话，其目的主要就是达成我修改后的目标A2。

在学生板书时，老师继续利用图片与学生进行对话，为了生动展现单词还装出不舒服的样子，与学生进行对话。对话后的学生仍然在黑板进行板书。

然后，就是同桌之间用刚才的问句进行对话。

叫停后，分别让两位女生、一男生一女生、两位男生站起来进行对话。

这时候，学生的板书已经结束，老师迅速带着全班同学对其书写进行检测，对其中stomachache（胃痛）等拼写错误的单词进行了纠正。

这个巩固环节用时共7分钟，其气氛是既快速紧张又神情愉悦的，训练点面结合，效果较好，但学生个体动手还是不足，极个别有问题的学生仍然可能完全“漏网”——虽然这个过程本身的目的就是巩固而非检测。

说到目标实际达成度，如果分析一下王政老师的教案，它在课堂上的达成情况如下页表格。

表格内右下角带灰底的部分，即学生个体的学习缺憾，需要能够设法让更多学生甚至每个学生进行说与写的训练，并对之进行检测与反馈。

教学板块 （注明各板块解决目标序号及所用时间）	个体学习清单
Step1. Free talk What day is it today? What lessons do you have on Thursday? How are you?	Answer the questions.
Step2. Revision 1. Show some pictures about ailment. What's wrong with you? I'm sorry to hear that. 2. I feel hot. How do you feel now? I can get some…for you. 3. Ask Ss to make a dialogue.	Act out the pictures I've got a… I feel… Write down the sentences on the blackboard. Make a dialogue with your partner.

第二板块：学习第一面教材的图文

老师让学生仔细观察画面，尤其对其中的时间作了重点提示，然后提了一些问题：Look，who is in the picture？ What time is it now？ What are they doing？

因为基础很好，也进行过预习，学生轻松顺利地回答了这些问题。

在明确画面中的 Helen 和 Su Yang，时间是中午 12 点半后，王政老师让同学们朗读了课文。然后又出示了四个问题，让学生带着这些问题再读课文。这四个问题是：

1. What day is it today？

2. Is Helen at school？ Why？

Where's she？

3.What's wrong with her？

4.What does Su Yang think about？

显然，这四个问题是有积极价值的，它有效地避免了学生对英语文本的死记硬背，而且使重复阅读不再成为纯机械性质的重复。

然后，王老师带着同学们梳理了一下课文中两个人对话中的关键词句，王老师作了板书：

Helen: not at school; absent; stay in bed; a headache; a bad cough. Su Yang: get better soon; sorry to hear that.

在学生们读板书中的单词与短语后，王老师让大家听录音机，听这部分的内容。然后要求学生各人自读，争取背诵课文。在抽学生背诵时，王老师提示可以看着黑板上的那些关键性的短语进行背诵。一个男生当场背出了这部分课文。

至此，这部分内容教授完毕。整个大板块共计用时约 16 分钟。

我们可以对照着王政老师的有效教学框架教案，再做一点分析：

教学板块 （注明各板块解决目标序号及所用时间）	个体学习单
Step3. Presentation （Learning part 1 of the passage） 1. Show a picture of part1. Look, who is in the picture? What time is it now? What are they doing? 2. Show some questions: What day is it today?（We go to school from Monday to Friday.）Is Helen at school?（absent） Why?（ill）Where's she?（stay in bed） What's wrong with her?（a headache and a bad cough） Collect the words and phrases: Translate Teach	Look at the picture carefully. Think about the questions. Answer the questions according to the picture. Read the dialogue，then find the answers. Read them. Make sentences with the words and phrases. Imitate the pronunciation.

也就是说，整个板块从教的设计来看，是紧凑、有序、有思维挑战与明确指导的，时间安排也很合理。只是若从学生个体的学习来看，仍然未

能充分地获得保证。这主要体现为：

课文本可以用多种形式进行与表演相联系的对白，包括师生读、分组读、同桌或学习小组间读。这样既获得更多的朗读机会，也获得更多的对话机会（包括听与交流）——在情景中熟习课文，这一点可能很重要。而背诵，也完全可以二人互背，即时反馈出有多少学生会背了，教师要给予奖励；还有哪几个学生存在困难，教师要了解情况。

第三、第四板块

接下来的一大板块，就是用相似的程式，学习另一面的内容。

先是出示图片，仔细观察图片，教师提示注意时间，是下午放学之后。然后，要求学生带着以下问题听录音两遍（区别于第一板块的带着问题读课文）：

Listen to the tape and answer the questions :

1. How does Su Yang feel in the afternoon ?

2. Is she take any medicine ?

3. What can Su Yang do for her ?

然后，学生回答问题，王老师对学生回答中的一些单词做了纠正或强调，如：still ill ; a lot ; get some fruits ; 等等。

然后，请学生们跟读第二部分后，王老师要求学生试背第二部分。和读背第一部分一样，我身旁的男生再一次向前座女生询问了一两个单词，然后用两手塞住耳朵，放声读背了起来。

一个女生站起来，流利地背出了这部分内容，王老师用中英文对她进行了表扬。然后要求三个大组分组进行背诵，南边一组先背，背下来了，但声音明显有走形，中间的一组和北边的一组情况要好一些，但仍然带有一种“吼读”的痕迹，即声音与意义不相关联，其注意力全部集中在音节的记忆上。这也许是背诵必然会带来的习惯，以及较为可靠的方法，但是，这样就完全失去了这段问候病人对白的内在意蕴。

这一环节共用时近10分钟。其有效教学框架落实情况与第一部分大致相似：

教学板块 （注明各板块解决目标序号及所用时间）	个体学习单
3. Teach part2 in the same way. Differences: Listen to the tape, then answer the questions. 4. Read the dialogue after the tape. Step4. Drill 1. Read by casting. 2. Recite the dialogue.	Read them. Make sentences with the words and phrases. Imitate the pronunciation.

解决之道，仍然是利用同桌、小组进行与表演相关的对白，反复交换，乃至熟读成诵。检测的时候，要对全体学生进行检测，并作出反馈。

接下来的一个小板块，就是用 2 分钟时间，将分开学习的两部分内容整合后进行巩固，男生读 Su Yang，女生读 Helen。

就单词及语句来说，是相当顺利的。只是语气稍嫌不够“真实”，也就是说，缺乏与内容、意义相直接关联的那种应有的语气。究其原因，是前面的表演性对白不够充分。

拓展性板块

最后一个拓展性质板块，王政老师利用媒体出示了一组明星照片，先由教师扮演第一位体育明星姚明，与一个学生进行电话对白（模拟课文文本），然后，让各学习小组自行挑选一位明星，进行对白训练。

这整个环节的气氛是课堂最为活跃的，而且学生也确实进行了个体的训练。这也说明，强调学生个体的学习，并不必然导致课堂上的无味无趣。

当然，1 分钟的英文对白结束后，难免会有一些与明星有关的中文词句渗入一些小组的课堂。

就在这时候，王老师叫停，让两个小组分别重复了他们的对白，一个小组选择了卡通明星米奇，另一个小组选择了电影明星王宝强。在他们对白时，下课铃声响了。王老师就布置了课外作业，宣布下课。

课后作业：

1. Recite the text.

2. Make a telephone to your friends or teachers.

3. Copy the phrases for four times.

这个板块计时5分钟，在有效教学框架教案中，王政老师这部分的教学设计是：

教学板块 （注明各板块解决目标序号及所用时间）	个体学习单
Step5. Exercise and task 1. Look at the screen. (Show some notabilities.) Do you know them? They are very famous. But they are not so good, what's wrong with them; let's make a telephone call to them. OK? Teacher gives some students message cards. 2. Practice in pair. 3. Ask Students to make a call. Step5. Sum up	Make a telephone call with the people. According to the message card to make a call.

白璧与微瑕

纵观全课，王老师在板块设计与目标达成之间时间分配得相当合理，教学节奏张弛有度，而且有效地运用了许多教学上的小策略、小技巧。

若说有遗憾，就是本课原系对白性文本，本有极好的机会给学生的个体学习提供契机，以及获得即时反馈，可惜在课堂上这一点反而成了白壁之瑕了。而且情景性对白的缺失，还导致了学生机械记忆课文的弊端，最后没能充分体现出这段英文文本的脉脉温情，甚为可惜。曾经有笑话说，一个饭店里的美国警察以为两个中国人在吵架，上前干预，结果两个人告诉他，他们在讲悄悄话。这节课上，最后学生在读课文的时候，多少带些讲“悄悄话”的味道了。

有效教研案例

案例一：公开课的挑战 VS 挑战公开课

开学第一次教研，来得匆匆，让忙碌于各种开学细节中的老师们措手不及：因为扬州的一堂公开课任务压到了李吉银老师的肩上，教研室来了领导亲自督阵，要拿出一堂精彩的、能确保获奖的课来。

于是两套并不完全相容的话语，在这里汇聚了：以效果为唯一旨归的公开课话语，和以效率为第一旨归的新教育理想话语。或者换个说法，是接受公开课带来的挑战，还是挑战已经成为定势的公开课，这是一个问题。

中间路线当然是有的，譬如将二者拼凑，或者，以新教育理想课堂三重境界的路子，从而有效抵达知识的魅力，抵达文本与师生生命、社会生活的深刻共鸣。

但是，这与其说需要一个教师深厚的功力，不如说首先要求老师打碎自己的成见，怀着一颗开放的、吸纳的心，以及以修炼自身为第一目的的心态，去重新经历这样的一次“与课遭遇”。

课例一：《莫高窟》

莫高窟

（苏教版《语文》第九册）

敦煌莫高窟是祖国西北的一颗明珠。她坐落在甘肃省三危山和鸣沙山的怀抱中，四周布满沙丘，492个洞窟像蜂窝似的排列在断崖绝壁上。

莫高窟保存着两千多尊彩塑。这些彩塑个性鲜明，神态各异。有慈眉善目的菩萨，有威风凛凛的天王，还有强壮勇猛的力士。有一尊卧佛长达16米，他侧身卧着，眼睛微闭，神态安详。看到这一尊尊惟妙惟肖的彩塑，游人无不啧啧赞叹。

莫高窟不仅有精妙绝伦的彩塑，还有四万五千多平方米宏伟瑰丽的壁画。壁画的内容丰富多彩，有记录佛教故事的，有描绘神佛形象的，有反映民间生活的，还有描摹自然风光的。其中最引人注目的，是那成百上千的飞天。壁画上的飞天，有的臂挎花篮，采摘鲜花；有的怀抱琵琶，轻拨银弦；有的倒悬身子，自天而降；有的彩带飘拂，漫天遨游；有的舒展双臂，翩翩起舞……看着这些精美的壁画，就像是走进了灿烂辉煌的艺术殿堂。

莫高窟里还有一个面积不大的洞窟——藏经洞。洞里曾藏有我国古代的各种经卷、文书、帛画、刺绣、铜像等六万多件。由于清王朝腐败无能，大量珍贵的文物被帝国主义分子掠走。仅存的部分经卷，现在陈列于北京故宫等处。

莫高窟是举世闻名的艺术宝库，这里的每一尊彩塑、每一幅壁画，都是我国古代劳动人民智慧的结晶。

课前准备：美文细读

所有学科相似的是，老师总得在教学之前有个设计，而这个设计来自老师对教材的理解。和数学课老师们的教材理解大同小异，不太会有出入的情况相比，同一个语文教材，在不同的人眼里，它会显得如此不同。不要说一千个读者会有一千个哈姆雷特，甚至可以说，这一千个名为哈姆雷特的人物中，在有些人那里颇像猪八戒，在有些人那里更像孙悟空。也就是说，语文老师解读教材，上演的往往是一出众说纷纭、各执一词，但都有些道理的“变形记”。

上课之前，诸向阳老师在论坛上发布了他关于《莫高窟》的文本赏析以及教学设计。诸老师做得认真、扎实、细致，内容极为翔实，仅赏析文字就有2500字。全部赏析文字显示，诸老师认为这是一篇美文，是一篇言精情真的美文类课文。这里无法全部粘贴，只能管中窥豹，呈其一斑。对短短的仅100字的第四自然段，诸校长的赏析文字却有近950字，摘录部分如下：

课文对藏经洞的介绍着墨不多，却非常精当。“洞里曾藏有我国古代的各种经卷、文书、帛画、刺绣、铜像等六万多件”中的一个“曾”字，让人在为祖国古文化骄傲的同时，感受到涩涩的酸楚。

是呀，这长宽仅2.77米左右，高仅2.5米左右的洞窟曾经封藏了6万多件文物，如果把这6万多件文物一个挨一个排列起来，有25公里之长。可如今藏经洞陈列馆展出的只有19件文献真品！这大量的文物都去了哪里？血色黄昏中，一支支驼队拉着一箱箱文物出发了，目的地不是我们国家的哪一个博物馆，而是异国他乡。凄艳的晚霞中，一个古老民族的伤口在滴血。让我们静静地听一听历史的控诉：斯坦因（英国人），连续盗宝七个晚上，盗走完整的经卷24箱近万卷，完好的绢画和丝织品等5箱近500卷，雇了40多头骆驼运走。一部分留在印度，成立西域博物馆，而精品则入藏伦敦的大英博物馆。伯希和（法国人），1908年7月，将藏经洞中遗物全部翻检，选取精华，廉价骗购大量文献精品和佛画、丝织品，总数约一万余件，现藏法国。1911年10月，吉川小一郎（日本）等人非法用低价换取了469卷手写本和精美彩塑两尊。1911年鄂登堡（俄国人）率团至莫高窟，盗走经卷一批。1923年华尔纳（美国人）到达莫高窟，此时的藏经洞已无文书可取，他用涂有黏着剂的胶布剥取了壁画26方，共计3.206平方米。

通过以上精彩的文字我们可以看到，大多数优秀的语文老师，在上“大课”之前，一般会尽可能详细地收集相关资料，让薄薄的教材首先变得厚实起来。当然，只有极少数卓越的老师，才能够出于内在的需要，写出关于文章的赏析或者解读。

读厚 VS 读透

从某种意义上说，大家能够感受到的“莫高窟”，是余秋雨关于莫高窟的几篇文化散文，尤其是那篇与藏经洞有关的《道士塔》。可以说，如果没有《道士塔》，那么这个短短 100 字的段落，不会被老师们如此情真意切地关注。但这也同样存在着一个危险：在老师们心中，其实教的是余秋雨的《道士塔》片段，而不是这课文中的第四自然段。

课前通过查找资料，寻找教材的补充材料和互文材料，这是非常重要的一个环节。应该说，是一个老师必须具备的一种“视界”开拓方式。问题在于：“读厚”未必带来“读透”；同样存在危险的情况是，如果没有指出引进的文本与课文本身的关联方式，这很可能不是一种互文见义的方式，倒是一种借课文这个瓶子，装了另外一种老酒的“误读”。

李吉银老师的教学设计 VS 争鸣

在相近解读的基础上，李吉银老师对这一部分的教学设计是“走进藏经洞：在写话表达中激荡豪情”。课堂上，李吉银老师也是比较忠实地按照这个程序来实施教学的：

1. 敦煌彩塑神态各异，敦煌壁画宏伟瑰丽。游览莫高窟，有一个洞窟是必须要去的，这就是面积不大的藏经洞。（出示第四节）

2. 谁来读一读第四节？大家一边听一边思考，文中的哪些词语、句子与你的心灵、情感发生碰撞？然后我们再交流一下。

重点引导交流：

（1）“各种经卷、文书、帛画、刺绣、铜像等六万多件。”可以看出莫高窟内的文物不仅品种多，而且数量也很多。（板书：藏品丰富）

（2）第二句中的一个“曾”字说明了以前莫高窟内有很多文物，但现在都没有了。体会作者内心的痛苦和无奈。

（3）第三句话中的“大量”和第四句话中的“仅存”对比非常强烈，这两个词语充分说明了莫高窟内的损失非常惨重。

（4）从第三句话中的“掠”字可以看出帝国主义分子的野蛮和无耻。

3. 让我们来看看藏经洞中曾经藏有的一些珍贵的文物吧。（出示图片）

4. 请同学们看一段资料。（出示资料）

看了这段资料，你想说些什么？

同学们，如果藏经洞现在才被打开，里面的文物会是什么样的命运？你为什么这么想？

5. 如果你就是藏经洞中的一个文物，你可能是仅存在国内的经卷之一，也可能是流落在国外博物馆里的藏经洞文物，你有什么话想说吗？请你写一段话，表达你的心声。

但是，课堂上的效果，并没有如李老师所期望的那样，出现“真情流淌”“义愤填膺”的情感效果，出现情真然后意切、意切然后词丽的语言效果。

为什么？

课后，大家聚在会议室，众说纷纭：有人认为是招还不够妙，需要再精心设计，通过一些技术细节的打磨，来实现效果；有人在此基础上，提出了可能会使公开课效果更佳的建议；但也有人认为，如果只拘泥于技术，则是误入歧途，事实上文本细读还没有真正到位……

前一种意见，陆友松老师的发言可做代表，其原题为《简单、有效，语文教学的核心》，节选如下：

听过很多人讲《莫高窟》这篇课文，但讲来讲去，总感觉是在兜圈子、放电影——读书是增多了，形式也翻新了，甚至有大量的资料补充，可真正能走进文章的却是寥寥无几，也包括教师本身。今天观摩了李老师的课堂，这种感觉愈发强烈！那么，《莫高窟》这篇课文究竟教什么？怎么教？我想结合“语文倡简”理念说说自己的看法！

……要处理好文本的核心价值问题，最好有一两条引领着老师、学生的“线”，就像作者写文章前早已了然于胸的提纲、线索，就这篇文章来看，是否可以更多地挖掘情感因素，是否能借助情感的逐渐深入领悟文本的内涵。首先是欣赏了美妙绝伦的彩塑、壁画而对中国古代劳动人民生发的敬佩感及民族自豪感，此为第一重；其次是如此数量的珍贵文物被帝国主义文化强盗洗劫一空后的无奈和愤慨，在感叹政府腐败无能的同时，更多的是激荡学生为祖国振兴而努力奋斗的宏大志愿，并为当今祖国的日益强大感到自豪，此为第二重；第三重应当告诉学生历经风风雨雨的莫高窟，并没有因文物的流失离我们远去，敦煌还在中国，敦煌文化还在中国的大地上不断延续……她的独特魅力不仅仅让世界称赞，更让炎黄子孙奋发向上。

与此相反，周信东老师则认为：

其实要想达到课堂吸引人的目的，还得来源于文字本身和如何使学生整堂课都处于积极的思维挑战中。而驾驭这样的课堂，我们自身的本体性知识及能力实在欠缺。

李老师的课正是为竞赛所累，为形式所累。此课上，学生智力挑战的机会明显缺乏，只是忙于解决教师所布置的一些甚至不需要多少智力投入的活动。

如果还是流于形式上的改动，担心这个说的、那个说的，把这些都放进去，内容更杂，形式更乱，课堂效果可能仍然难以达到理想的境界。因此，我坚持认为，还是应该从研究文本本身入手，简化头绪，明确线索。关于议课中很多人认为的情感问题，我觉得它应该是蕴涵在再现文本文字的过程中的，当然借助一些拓展是必不可少的，但我以为不应该因此而冲淡了文本本身，变成思想教育课，况且这样大的思想教育主题只用一堂课又能解决什么。

孰是孰非？

事实上，早在前一天晚上，两种不同的声音就已经同时出现，这既是公开课与研究课的对抗，也是对这一文本的教学价值的一次重估，这个问题就是——

提醒：是"莫高窟"还是"《莫高窟》"

在浏览了诸向阳老师的赏析文字和李吉银老师的教学设计之后，我在论坛上跟帖提醒：

课堂教学之剑，意指"莫高窟"还是"《莫高窟》"？

若意指"莫高窟"，这其实是一个"失败的文本"（指它并不精彩，语言相当平板），我们应该引入图片、影视、历史资料。

若意指"《莫高窟》"，那么我们想从这个文本中获得一些什么？

周信东老师也认为：

现在我们的困惑就在这儿。"演出"给人看的课，可能多数设计者要指向"莫高窟"。

当涉及要面对试卷（学生的"语文"素养）时，又不约而同地指向文本本身了。今天六年级组接受校领导检阅及辅导，大家难得一致地达成共识：每一个环节的目的非思想（人文）的东西，而应该直抵语言文字，这直接关乎学生语文知识习得和能力发展。而其实，这才是正途！

剑指“莫高窟”，要的是课堂“视觉效果”的冲击，感官的一时满足。

而从来没有教过小学语文的魏智渊老师，也第一次来实践，利用新教育有效教学框架，设计了《莫高窟》一课的教学内容，其目标和预习部分如下。

教学目标

A 类

1. 积累一组词语（略，见课后），理解其含义并能够运用。

2. 流利地，有感情地朗读课文。

B 类

1. 培养学生概括文意的能力，能够比较准确地筛选重点词句，清晰地列出文章提纲，理解文章的前后照应及过渡。

2. 文章记叙与描写交替，详略得当的写法及其意义。

C 类

1. 感受莫高窟艺术之美。

2. 了解莫高窟被掠夺的历史，激发学生的爱国情感。

预习作业

1. 初读课文，解决生字生词问题。

2. 画出文章中你认为重要的词语（课后题目中的词语在必画之列），查字典弄明白含义，并分别造一个句子。

3. 给文章列出详细的提纲，并图示段落之间的关系（总说或者分说），每段不超过一句话。

4. 假如将二、三两段对换，课文哪些地方需要改动？如何改动？请直接把要改动的地方写在相关语句旁边。

在新教育有效教学框架中，A 类目标称为基础性和铺垫性的目标，C 类目标称为附属性和延伸性目标，B 类目标则是核心目标，是需要将大部分教学时间倾注于此的目标。

通过对这个目标的简单分析，我们可以看出，魏老师没有将此文视为抒情性散文或者美文，也没有将此文视为艺术介绍文或者思想德育文，而是将它处理为训练学生概括能力、文章提纲分析能力的材料，并同时利用此文章让学生学习记叙与描写交替和详略得当的写法。

也就是说，魏智渊老师是自觉地意识到，此文不应该是教“莫高窟”，包括莫高窟的美学、史学价值以及历史事实，而应该是将它视为一个供操练某种语文能力（技能）的文本。

当然我们知道，这样处理同样存在着危险，那就是可能将课文机械割裂，教学出现死气沉沉的情况。尤其是在公开课教学中，只怕不会有人愿意采取这样的一种教法。

于是乎，哪怕这可能明明是一篇说明文，老师们也会强按其头，将之转化为一篇抒情美文，或硬赏其文之美，或共鸣其情之真。

也因此，在前一天晚上，当李吉银老师读到“是教‘莫高窟’还是教‘《莫高窟》’”的追问时，保持了沉默，因为他深知，这危险的天火盗入课堂之后，可能淹没的，是已经获得了的全部效果。

但无论如何，我们有必要更清晰地认识这个问题，这个问题将引导我们认识到，在对课文进行文本解读时，我们首先要能够认识到，什么才是这个文本真正蕴含的教学价值。

再仔细来阅读一下我对这个文本两种解读的剖析。

提醒：是“莫高窟”还是“《莫高窟》”？

课堂教学之剑，意指“莫高窟”还是“《莫高窟》”？这是我们首先要面对，并深刻理解的一个问题。这个问题不解决，理解不透彻，后面的教学设计和教学，就会迷途而不知返。

若意指“莫高窟”，那么我们最好不要停留于这个并不太成功的简易文本上，我们应该引入图片、影视、历史资料，让学生获得关于莫高窟这个世界文明遗产的更多信息。若意指“《莫高窟》”，那么我们需要思考：教材，作为教学的材料，我们想用它来做什么？或者说，通过对这个文本的教学，我们想让学生获得一些什么？

如我在另外的课上所反复强调的那样，这二者并不必然矛盾，对立而不可调和。但是，要达到对言说之物的理解，与对言说的理解同时在教学中有所达成，那么作为教师，就首先要清晰地理解这一点。

和莫高窟是中国西北一个文明遗产所在地不一样，《莫高窟》是一个文本，是一篇带有拼凑气息的说明性文字。我们可以对这个文本略加分析：

这是一种介绍、说明性的文本，即它的类，是比较宽泛的说明文；与之同类相似的，是《兵马俑》，宽泛地讲，也包括《九寨沟》这样的风景点介绍的文本。

这个文本的整体特点是：以空间结构为顺序，采用与叙述不同的共时解说（即各段之间是可以交换位置的）；总—分—总结构。其“分”而具体写的部分，分别讲了彩塑、壁画、藏经洞三个部分。

在关于彩塑的描写中，正面描写与侧面描写（游客赞美）相结合，突出个性鲜明、神态各异、惟妙惟肖这三个关键词。

壁画的描写与彩塑的基本相似，关键词是宏伟瑰丽、内容丰富多彩、精美、灿烂辉煌。

藏经洞部分的特点是：面积不大、藏宝丰富、命运坎坷。其中的失宝情节，大家可能会联想到余秋雨比较著名的《道士塔》一文，虽考证并非严格，但因感情充沛而深得人心。

就课文而言，全文语句没有文采，几无可圈可点的句子，但结构清晰，脉络井然，可供学生在介绍某地某物时仿用。

如何选择，永远是课程开发者的权利，但是，在你选择之前，你应该对文本有一个高度的自觉解读。只有在完成这种自觉的解读之后，我们才能够更好地思考教学内容及教学方法。

焦点：教学方法，或者教学内容

追踪着李吉银老师此课全部过程的诸向阳老师，在事后汇聚各方意见，写下《语文课要重视“教学方法”，更要重视“教学内容”》一文。文章既写出李吉银老师第一堂课的“失利”，也写出了第二堂课的“成功”，并以较学理的方式，对这种失利与成功做了一些分析。其要旨如下：

> 时下的小语课堂，执教者热衷于教学方法。拿到一篇课文，首先想到的是“怎么教”。先怎么教、再怎么教、后怎么教。观课者关注的也是教学方法，着眼于教师，着眼于“怎么教”，着眼于教师的教学技巧、教学艺术、教学风采，讲究的是上课如何精致、如何精彩。
>
> 教学方法是重要的，体现先进理念的教学方法应该被大力颂扬。然而教学方法的努力，是为了更有效地实现教学内容，先进的理念首先关乎教学内容，首先要落实到“教什么”上。在目前的情况下，对语文教学来说，我们以为教学内容更为重要、更为关键。一堂语文课，如果教学内容有问题，那么教师的教学再精致、再精彩，课堂的气氛再热烈、再活跃，价值都极为有限。
>
> 通览李吉银两次执教“壁画”这一部分的教案，我们不难发现：
>
> 李吉银第一次执教“壁画”部分，采用的是小导游的方式。小导游的方式所折射出的教学理念不可谓不先进，注重学生的自主学习，培养学生的口头表达能力。但实际的教学效果却很糟糕，

学生没有获得明确的语文知识，文本内容犹如浮光掠影在学生眼前一闪而过，收效甚微。

李吉银第二次执教“壁画”部分，将明确的语文知识作为核心教学内容，比如：过渡句、排比句的教学。通过朗读、背诵、写话等常规教学方法，将核心教学内容落到了实处，收到了较好的教学效果。

我们以为，在一味强调教学方法、教学技巧、教学风采的余威下，对语文课程与教学来说，怎么强调课程与教学内容都不过分。一堂好的语文课，在我们看来，主要的标志是教学内容正确，并使学生有效地获取相应的经验，在这样的前提下，课堂组织散漫一点，教学中出现一些弯路插曲，都是常态，无伤大雅，语文教学的课堂形态应该走向相对宽松乃至有节制的随意。过于精巧的、讲究一分钟一分钟“流程”的、教师一口美词假声抒情的、一举手一投足分明比表演还像表演的语文课，也许应该被看成变了态的语文课。

尾声：另一种可能

但问题在于：这个改进了的“较好的效果”，依据公开课表演的逻辑，它可能是远不够完美的。而且我们可能需要设想，当有人以充沛的情感，将这篇说明文上成抒情散文，在课堂上师生涕泪交流的时候，这种眼泪效果极可能会掩盖住一切探索语文的可能性。

也就是说，如果没有找到通达“让知识焕发内在的魅力”的途径，没有能够实现或呈现课堂上“知识魅力与师生生命、社会生活深刻共鸣”的理想效果，而仅仅是达到了“有效”“明确”，那么语文课的实实在在的研究及探索，会始终在公开课的完美表演前败下阵来。

这就是语文教研当前的真实处境与全部命运。

但是，就这篇文章，难道就没有办法可以上得既扎实高效，知识明确，又不丢掉情感、精神之魂吗？

我在评课的时候，曾经提出了几条建议，我们不妨重温：

一个方案是抓住“明珠、窟（外—内）、洞、结晶”这几个前后呼应、且可串起全部文章内容的关键词。这几个关键词，既体现了文章的结构特点，又暗含着莫高窟所能体现的精神与情感。

譬如“明珠”这个词，岂可以视为只是一个比喻。当课文上说“敦煌莫高窟是祖国西北的一颗明珠”，我们的视野本应该更为开阔。视线从整个荒凉、主体为黄色沙漠的大西北，再向西，这种荒凉蔓延到整个中亚……在这无边的荒芜的黄色之中，有一条非常非常窄、非常非常细的绿色生命线，它就是“丝绸之路”。这条细细的绿色之线在相当长的时间里，维系着中国与西方文明的交流，丝绸和瓷器从这里走向世界，佛经和基督教从这里走入中国，当然也有传说中的汗血宝马。为了确保这条通道的畅通以及交易的顺畅，无数个民族在这里不断地上演着血与火的战争。在这条绿色的文明通道上，有一颗小小的明珠，它就是敦煌……就这样，浩瀚的空间，与悠久的历史，都汇聚在“明珠”这个词里，没有这种时空感，“明珠”两个字就不会被真正地理解，敦煌的意义就不会被真正地理解。它要的不是补充材料，而是理解，是对这个词所蕴含的意思真正地理解。

课文最后的“结晶”这个词与“明珠”不同，我们可以看到，“明珠”更依赖于地理位置的独特性，而“结晶”更强调了文化的成分，意味着敦煌文明是大自然许诺的“人的奇迹”。“结晶”这个词，正是建立在前面对彩塑、壁画和藏经洞文物介绍的基础上的，是其自然而然地归结。

同样，通过字源分析，我们可以知道，“窟”与“洞”是不一样的，洞比窟要更深，更隐蔽。而课文正是依照着显露在外的彩塑，较为内隐的壁画，更为隐蔽的藏经洞来一一介绍的。

一切的教学设计，要从属于这种对文本的理解。而理解了这一点，教学技巧也往往不再成为徒有其形的花招。

以“小导游介绍”这一教学技巧为例，它本身并无对错，关键要看是不是取得了应有的效果。譬如介绍藏经洞一处，教师就可以依据自己的游客角色，向导游提出抗议：你为什么把我带到一个小小的一无所有的空山洞里？这不是骗我吗？而学生就可以依据课前获得的资料来进行补充，老师可以在此基础上，结合课文（把课文当成是介绍书），探讨游客的误读——没有把“曾”字读出来。进而，大家可以考虑，如何改写这一段的文字，拟出一个更优美的导游词来——无谓的情感式感想既与文本本身的文体不相同，而且也过于煽情，练习写的内容理应服从于文章本身的文体形式。

一次研讨似乎是结束了，不料大半年之后，一篇相似的课文又走进了大家的视野。这里择取后一次研讨中我的一个评课记录，来看看两次研讨的螺旋式进展。

课例二：《埃及的金字塔》

关于陆咸喜老师对五年级语文中《埃及的金字塔》一课的教学，有老师评说，此课犹如金字塔一样，既有内容之宏伟，又有形式之精巧。我想，我就借这个评语中的“内容”和“形式”之辩入手，也来说说此课吧。

教学内容 VS 文本内容

我们知道，教学有内容、形式之分，文本有内容、形式之分，但是教学内容不完全就是文本内容，它们的关系应该是：教学内容依据需要从文本内容与文本形式择取，教学形式依据教学内容来选择合宜的方式和流程。

文本的内容，就是文本所承载的、所欲表达的“意”，包括介绍的事物、讲述的故事、所刻画的人物形象、所抒之情、所言之志……

文本的形式，就是其体裁、结构、语言、消极修辞和积极修辞……

教学内容，就是我们所欲传授与习得的东西；教学形式，就是我们采取的方法和流程。

而我们当前语文教学的问题正在于：

1. 过度关注教学形式，无视教学内容。

2. 把文本内容直接当成教学内容。

引号 VS 书名号

用我一贯的表述方式说，就是教学《莫高窟》时，只教“莫高窟”，忽略《莫高窟》；教学《金字塔》时，偏重“金字塔”，忽略《金字塔》。

我用加引号来表示其学习内容为文本所指之物，我用加书名号来表示其学习内容为文本本身（尤其是文本形式）。

我以为，对于大多数文本而言，学习内容应该是文本本身，而主要不是文本所指之物。而文本本身又与内容、形式这二者相关联，对大多数教材而言，所学的主要应该是其形式，是其形式如何表达其内容的方式。但这又不能绝对，更不能割裂，不能无视形式乃是具体内容的形式，内容永远是不可脱离精神思想加以理解的内容。

如对《春晓》或《如梦令》而言，我们固然可以用它们来学“有我之境”“无我之境”或另外其他诸如押韵、平仄等语文知识。但是，作为文学经典，其文本本身，其传达的情、意，倒反而是我们首先要教学的内容。相比而言，“有我之境”“无我之境”等，倒只是理解这些文本的比较称手的工具，是第二位的。

而对《莫高窟》和《埃及的金字塔》而言，学习内容却主要不是向学生介绍“莫高窟”和“金字塔”，而是一种特定的文体表述方式，即说明文的表述方式。

这一区分不可不察。但这一区分并不表示，上《莫高窟》或《埃及的金字塔》时，就不能有情感，不能延伸一些所介绍之物的另外知识，不能唤起学生对莫高窟和金字塔的神往之情。

这一区分是强调，B 类核心教学目标，既在确定时要准确，又在落实时不能流于形式，走走过场，作为一星半点的点缀，以表示自己的课堂也关注了知识教学，有工具性。而是必须把注意力的焦点、前景，放在文本的形式上，而把金字塔和莫高窟这两个现实世界中的具体事物，当成教学的背景。

以我们骑自行车为例。学车的时候，我们的注意焦点在骑车本身，我们骑车去某个地方时，我们注意的焦点事实上在那个要去的地方，或者另外的事情上。在这时候，骑车一事只是你注意力的背景，你默默地骑着车。但是你学车的时候，却不可能这样从容。

把这个比喻移到课堂上，也就是说我们的注意力焦点，就此教材而言，本应该在《埃及的金字塔》这个文本上，而且依据文体，应该主要是在其语言形式上，是其结构，以及说明方法、说明语言上。

当我们把注意焦点放在实物金字塔的时候，面对其宏伟精致我们就难免会把课上得激情澎湃；当我们把注意焦点放在说明性文本《金字塔》的时候，面对其朴实精确的语言，我们自然就会上得从容清晰。

举例而言，当我们分析课文中“这座金字塔高 146 米多”这句话时，前者会惊叹其高大，啧啧称叹；后者会注意这句话表达的方式，追问“为什么是‘高 146 米多’，而不是‘很高很高，高得像一座山’或者‘高 146 米’？”

举我们此刻所坐的小圆厅而言，它是大是小？你若问学生，这是一个说不明白、无法回答的问题。因为它比学生平时所坐的教室大得多，但比我们的大会堂又小得太多。所以，这就只能通过比较，通过具体的数据，才能准确地说明这个问题。这就是说明文中说明方法的必要性，以及语言的准确性。

如果我们的兴趣及注意力在前者，我们会抒情地读这几句话，读出它的高大宏伟；如果我们的兴趣及注意力在后者，我们会准确地读这几句话，希望听者能够从容地重现其准确的数据与形象，而不是得到一个感性的、有过多情绪的印象。

这也就涉及了课文朗读以及朗读指导的问题。

词语带着特定的感情色彩吗？我们读一本字典的时候，该不该时悲时喜？该不该见“圣”字而俯首，见“罪”字而谴责？

就像我在教学《春晓》一诗时，事实上我所做的朗读指导，就是要去干净地朗读，要学生做到无情之情，用一种明澈清净的心态去朗读这首诗，而不要把外在的情感贴到文本上去。

陆老师此课，其优胜处给我们以良多启迪，但是其更大的价值，是能够启发在座各位思考更深入的一些东西。除上面所说，诸如读厚与读透之间，向外与向内之间，文本结构与课堂结构之间，如何让课堂围绕着一个真实的“思”之问题而展开，都有好多可以探索的东西，这都是陆老师此课带给我们的贡献。

总而言之，陆老师此课，如塔之雄伟壮阔而又不失其精巧。但是我们知道，这一课或许还可以上得平实精确而不失形象生动。

我们孜孜不倦，只是因为我们相信：

精彩的教研造就教师的精彩；平庸的教研造成教师的平庸。

案例二：深度研讨 + 长度研讨

下面提供的这个案例，是一个更为详备的具有相当长度的研讨。事实上，在新教育小学，许多课都经过了这样的长久思考。往往是一堂有所遗憾的课，会搁在大家心里几个月不散，直到后面才有机会再度把它较为圆满地解决。本书的《少年王冕》《月光启蒙》等案例，都是这样的集体研讨的结果。

课例：《游园不值》

诗之为诗，字字芬芳——重读《游园不值》

说明：听祁华忠老师在五（4）班上《游园不值》，祁老师近来于教学框架上下力颇多，此课上得扎实有序，大家深为赞叹。只是在解诗环节，课后大家众说纷纭，主旨无外乎解读之难。精确分析，容易将诗弄得破碎不堪；整体感知，又往往停留在草草感受阶段。

也就是说，这已经不是有效教学框架范畴内的事，而是教师专业素养中学科本体性知识那一块的问题了。

皮鼓兄（魏智渊）于此，多得益于叶嘉莹；我少年时读王国维《人间词话》，至今获益。

南宋叶绍翁《游园不值》诗：

游园不值

〔南宋〕叶绍翁

应怜屐齿印苍苔，小扣柴扉久不开。
春色满园关不住，一枝红杏出墙来。

经典之为经典，就是因为它永远像一座随四季变换颜色的山，既恒定地站在那里，又不时地因外界的变化而变换着色泽。也就是说，它永远需要不断地重新阐释，它将在不同的语境、背景下，获得全新的意蕴。

叶绍翁的《游园不值》也许还不能进入唐宋诗歌中最杰出的作品之列，但是其词其韵，却仍然足以使后来者玩味再三，咀嚼再三。

一般说来，此诗的后两句是传诵的“名句”，就是所谓的“警句”。缪钺论唐宋诗时说：“唐诗以韵胜，故浑雅，而贵蕴藉空灵；宋诗以意胜，故精能，而贵深折透辟。唐诗之美在情辞，故丰腴；宋诗之美在气骨，故瘦劲。”“春色满园关不住，一枝红杏出墙来”两句，正体现出宋诗“意胜”“精明”“气骨”“瘦劲”的特点。

博学者已经指出，在叶绍翁之前，已有若干唐宋文人在诗词中写过“一枝红杏”的句子，譬如陆游就有“杨柳不遮春色断，一枝红杏出墙头”的句子。但问题在于，为什么独独叶绍翁的这两句话，既没有被说成是剽窃成句，反倒说成是诗中“警句”呢？

细究起来，此句之妙，全在一个“关”字！我们且来看叶翁之前的类似诗句。唐朝吴融《途中见杏花》诗:“一枝红杏出墙头，墙外行人正独愁。”他在《杏花》诗中又说:“独照影时临水畔，最含情处出墙头。”而温庭筠《杏花》诗也道:“杳杳艳歌春日午，出墙何处隔朱门。”

这些诗句全都有“红杏出墙”的意象，但此一意象出场的背景，却大迥异于叶诗。它们或者作为一个单一的意象出现，即仅仅勾勒出了红杏的美丽，然后在此基础上抒无由的春愁，或者为出墙红杏添一点相近的饰物（如水畔、歌舞、春日、朱门），以衬红杏之曼妙。唯独叶诗反其道而言，不仅没有其他同色调的景物为之衬托，反而说“关不住”，这样一来，“红杏”的形象就迥异于其他的诗作。如果说在另外的诗作中红杏仅仅是美丽事物的形象，那么在叶诗中，红杏就成了“生命抗争”“生命力勃发”的形象。所以我说，一个“关”字，成全了此诗，改变了红杏或柔弱或仅仅是美丽的形象，而给予它一种勃发的生命力。

相比之下，陆游的“杨柳不遮春色断，一枝红杏出墙头”，也有“遮”这一词，但可惜在前面添了一个“不”，红杏的生命力量就明显地减弱了。一个“不遮”的善意，在诗中远不若“关”所带来的冲突与张力。而宋朝张良臣《偶遇》诗中“一段好春藏不尽，粉墙斜露杏花梢”，诗意最为接近于叶诗，但显然不够干净利落，而且“一段好春”与“满园春色”相比，也少了许多诗的意蕴，太过落实了。也就是说，叶氏此二句之妙，既体现于“关不住”与“出墙来”的张力，也妙在满园春色之虚，与“一枝红杏”之实相对举的写法。

一虚一实，以实写虚，以“一”举“满”，这也深得中国哲学的妙理。

从意象上看，以上这些杏花诗当然极为相似，但是在神韵上，叶诗却大异于这些诗句，倒神似于另一位宋人杨万里《桂源铺》中的诗句:

桂源铺

〔南宋〕杨万里

万山不许一溪奔，拦得溪声日夜喧。

到得前头山脚尽，堂堂溪水出前村。

读通了后两句，再回头看前两句，便觉得处处有了出处。

“应怜屐齿印苍苔”，这便是“关”的来由：主人怕来访的客人太多，太过粗鲁，踩坏自家小园里在初春刚刚泛绿的苔藓，所以便“关门拒客”。

“小扣柴扉久不开”，这便是诗人探望的情状，既怕打扰主人，打扰春天，因此只敢在柴门上“小扣”，也就是轻轻地叩门，又舍不得白白走此一遭，所以“久扣”不走。

大概为报答诗人的殷勤吧，所以被主人关在小园里的满园春色，其中有一枝红杏伸出墙去，为诗人送上了“倾城一笑”，留下了这首佳作。

当然若这样解诗，就未免太过坐实。

事实上，既然我们知道叶诗只不过是过去诗作的“重新创作”，与其说是眼前景色的写实，不如说是与前辈诗人的“互文”与“反讽”，所以，就不能完全从叙事的角度来理解此诗，而应该将之理解为一幅由诗人精心挑选的意象重新组合而成的独特画面。

试想：小园既关，何来“苍苔”？更何来主人之“怜”与“怕”？

所以第一句诗，“屐齿”一说，无非点明自己乃是诗人出游。“屐”之一字里，隐含“谢公屐”的典故。诗人隐居西湖，自然不会不知道几十里之遥的会稽，乃是山水诗人谢灵运的故乡。谢公出游自备特制的木屐，因此后世诗作中，多以此来点明自己与这一诗人的渊源。

而“苍苔”一词，事实上是看不到的，纯属猜测，但是在诗的画面中，却是添加了一种淡淡的色彩，一种莽莽苍苍的视觉。同时也点出了主人小园之清静雅致。关于此点，若能与禅道、茶道，尤其是茶室文化相联系，一定会体悟更多。禅诗，也可以说是宋诗的一大特点，禅诗之趣，一在象中之理，一在清寂之趣，也完全与此诗相合。

同样，第二句诗“小扣柴扉久不开”也本非事实如此。一则，主人的住所，未必是“柴扉”当门。事实上，有满园春色的主人，最大的可能倒是朱门大户，但诗人若想表明所访之人同是儒雅之人，而非等闲的暴发户呢？那么哪怕明明是朱门大户，也是只能写作“柴扉”的。否则“小扣朱门久不开”，诗中的禅趣就完全被破坏了。而诗人，是否真的只是“小扣”，而不是捶门大呼？我们也不得而知。关键只在于，既然第一句是在春之万物中，只选取了“苍苔”这一微小之物，来为诗添一点微弱的绿意，那么第二句从颜色转到“声音”，这也是唐宋诗的常用伎俩。与“苍苔”之绿相照应，表示声音的叩门之声也只能是“小扣”，不能用捶门大呼把诗境给破坏了。而“久”之一声，也让此诗余音缭绕，久之不散。

而且我们进一步可以想象，诗人此次去老朋友那里“游园”，事实上见没见到那位朋友都未可知，这只是诗中的故事，只能是“不值”了。“不值故人”，方能与一段春色意外邂逅，这才有了诗中千古咀嚼的韵味。

也就是说，叶绍翁在千年之前的那次“游园”故事，我们是没有办法弄清细节了，而且也根本不必去弄清这些细节。但是，叶绍翁从前人的句子中，精心选择并重组了若干词语，为我们建造了一座永远柴扉紧闭的小园，勾勒出一枝出墙顾盼的红杏，引得所有后人一再为此浮想联翩，这倒是诗之为诗的奥秘所在。

听祁华忠上《游园不值》

关于祁老师《游园不值》一课在“有效教学框架”上的突破，我上面已经约略点到，陈金铭专门做了详细的阐述，我不再赘言。这里再谈谈建立在诗歌赏析之上的诗歌阅读教学板块的改进性意见。如大家所议，此课前面在 A 类基础目标的实现上，极为成功和高效，基本上无可挑剔。当然，关于春天的词语，以及叶绍翁的背景介绍，都属于与目标关联不大的附加内容，可保留也可删除，关键看时间够不够。像在我的改进性设计中，B 类核心目标即诗歌鉴赏会费去更多时间，所以，还是建议去掉这样的环节为宜。

也就是说，在预习中，删除寻找、整理诗人背景知识的内容，添加查找并阅读关于此诗的赏析的内容。建议在预习习惯训练的开始阶段，由教师提供更为精确的查找步骤，譬如此一预习题可设计为：在百度网站用“游园不值赏析”和“一枝红杏　钱钟书　宋诗流变”这样的关键词进行搜索，阅读网络文章中的相关部分（片段），对重要的部分可作摘录。

另外建议在完成默写等检测后，评估时要同桌或学习小组互换，因为自己最难发现自己的错误。而后面既然有全诗默写，所以填空这一环节也可以删除。

也就是说，我的改进性策略是建立在以下前提之上的：

1. 前面环节的删减，使诗歌赏析（分析、解读）获得25—30分钟的时间。

2. 学生事先通过朗读、背诵感受此诗，再通过资料阅读获得一些赏析方面的知识。

若无此二点保证，后面的教学就会出现困难，且容易停留在肤浅、琐碎的层面。

无论是散文阅读、小说阅读还是诗歌阅读，精确分析并不表示将课文肢解。对此诗而言，字与词的辨析，无法取代对整首诗的鉴赏。整首诗鉴赏的基础是基本理解诗句意思，在此课上，祁老师有此环节，而许多老师会将此环节等同于诗歌阅读教学，这是不正确的。事实上，这应该需要A类基础目标，但并非核心的教学目标。

问题在于如何确保精确、细致的赏析而不破坏诗歌的完整性。解决之道，是设计一些能够统领全诗（全文）的关键问题（或作业）。

对此诗而言，这样的统领全诗分析的问题可以有：

1. 诗题是“游园不值”，但有人认为，这个题目出得不对，诗人是“值了”，他为什么这样说？你认为诗人有没有“值”？

2. 这首诗，有人说是讲一个故事，也有人说是画了一幅图画，你认为谁说得更准确一些？

3. 诗有诗眼，即一首诗最为关键的、可以打通全诗的一个字，一个词。你认为此诗的诗眼是哪个字？有人认为这首诗的诗眼是

“关”字，你认为他说得对不对？（其他字也完全可以。）

无论哪种出题，这些题都有几个共性：

1. 针对性，它们针对全诗发问；

2. 咀嚼性，要解答这些问题，必须反复细嚼全诗语句；

3. 排他性，题目具有排他性，或者看起来具有排他性，事实上并不是。如第二个问题，但必须做出精确回答。这就必然地要引发争论，要动脑思考。

至于后面的教学，建议由以下步骤构成：

1. 发问，学生自己在诗中圈点批注（时间不用太长）；

2. 小组讨论（时间要充分）；

3. 全班讨论，要形成碰撞，不要忙于得出结论；

4. 教师引导大家达成共识；学生用笔将共识批注、记录于书上。

这几个题，用上一个便足以鉴赏全诗，而结合起来使用两三个，也未尝不可。当然，这里有两个前提必须切记：

一是学生阅读过一些解读；批注与讨论，事实上是对解读材料的灵活运用和重新理解（显然，没有任何现成的答案）。

二是教师自己一定要深悟此诗，否则在学生已经阅读相关解读的情况之下，教师若仓促走上讲台，便会出现学生领悟了，教师却仍然用自己偏颇的成见误导、指挥学生的尴尬。

以上的改进策略究竟是否有效，尚需在实践中验证，这比不得祁老师在有效教学框架上的成功探索，那是听课者已经有目共睹的。

古诗解码：我的《游园不值》有效教学框架

几个月后，新教育小学开放周中，我被安排上一课。征询意见，大家都认为上次关于《游园不值》的研讨悬而未决，最好再度摆出来研究研究。但这时候五年级已经完成了此课的教学，于是就把它放到四年级，补充一些资料，转化为两课时的教学。我设计的有效教学框架见下面表格。

<table>
<tr><th colspan="2">新教育小学有效教学框架　四年级（1）班　教师：干国祥</th></tr>
<tr><td>课题：游园不值</td><td>课时数：2</td></tr>
<tr><td rowspan="3">教学目标</td><td>A 类
1. 熟读并背诵本诗，并要求读时语调与意义贴切。</td></tr>
<tr><td>B 类
2. 准确理解诗的字面意思。
3. 初步学会鉴赏古诗（用互文性、符码、声 + 色的规律、对比等方法）。</td></tr>
<tr><td>C 类
4. 较深入地感受此诗诗意。
5. 涉猎并积累若干诗词。</td></tr>
<tr><td>预习作业</td><td>详见下面单独资料。</td></tr>
<tr><td>教学板块
（注明各板块解决目标序号及所用时间）</td><td>个体学习单
（一个学生在课堂上的学习行为）</td></tr>
<tr><td colspan="2">第一课时</td></tr>
<tr><td>第一板块——【目标 B3，10 分钟】
复习《寻隐者不遇》。
教师利用戏讽版《寻隐者喜遇》来分析诗歌意象的文化符码作用。
预习检查 1。</td><td>读背《寻隐者不遇》。
参与讨论戏讽版《寻隐者喜遇》的得失。
记录几个符码：
松——高洁　柳——离别
药——隐者　云——隐者
不遇——相契于心、心领神会</td></tr>
<tr><td>第二板块——【目标 A1，10 分钟】
读背本诗。
预习检查 2。</td><td>在集体中正音正律后，互读自背。</td></tr>
</table>

（续）

第三板块——【目标 B2、B3，20 分钟】 从字面上解析本诗。 预习检查 3 和 4。 预习 3，意象的符码作用：屐、苍苔、柴扉、一枝、红杏。 预习 4，直译全诗，保持一定的优美。	参与并修订预习 3。 尝试自译。 互译。
第二课时	
第四板块——【目标 B2、B3，20 分钟】 文眼寻找——“关”在全诗中的核心作用。 比较阅读——比较陆游《马上作》，来看为何后两句是警句。	参与讨论。 朗读《马上作》。 参与讨论，聆听。
第五板块——【目标 C4，20 分钟】 议本诗主旨，即宋诗以理胜，它的“理”是什么。 比较阅读杨万里《桂源铺》。 最后简单讲一讲“一枝红杏”的现代符号义。	朗读《桂源铺》。 参与讨论。
课后反思： 本课教学的指向，可以用“阿里巴巴，芝麻开门”来形容，即我想教学生初步尝试“从词语密码解开诗词奥秘”。我以为，一方面是利用儿童课程大量地感受并积累（但不死记硬背）古典诗词，另一方面，也需要在合适的时机，授予读诗解诗的方法，学生掌握了这些，对自己理解、感受诗词是大不一样的。也可以说，有了这样的知性方法，他会更理解、更热爱古诗词。 在四年级上《游园不值》，未免早了点，因为我想教的知识本该是在五年级“使用”的。虽然课堂上孩子们的发言非常精彩，但是，知识总有一定的阶梯性，无论如何，还是放在五年级比较合适。 这堂课，结合“在农历的天空下”课程来学习，效果会更好一些。也就是说，如果学生们有 50—100 首古诗（不是死记硬背，而是在感受的基础上进行理解并记忆）的积累，再来学这首诗，那么就比较完美地实现了“第一套大纲（课内—有效教学框架）”和“第二套大纲（课外—新教育儿童课程）”的整合。	

预习资料

预习提示

1. 复习贾岛《寻隐者不遇》：松下问童子，言师采药去。只在此山中，云深不知处。

2. 反复朗读诗歌，先要求读准字音，再要求读准停顿、节奏，最后要求能够读出诗中各句不同的情感。

3. 按要求在下面批注这首诗，你可以模仿着增加一些批注（见下图）。

4. 试着依据诗中的词语，适当地补充一些词语，试着用现代文翻译这首诗，要翻译得优美，保留诗意（上课前要自己出口翻译一次）。

5. 仔细阅读老师补充的相关材料，结合这些材料仔细思考：这首诗究竟好在哪里？作者想要表达什么？

"值"什么意思？"不值"，是不值得，还是没碰上？"游园不值"的全部意思是什么？
答：

谁怜？怜什么？因为怜，他采取了什么措施？他真的采取了这样的措施吗？
答：

游园不值

叶绍翁

应怜屐齿印苍苔，
小扣柴扉久不开。
春色满园关不住，
一枝红杏出墙来。

"小扣"表示什么？诗人为什么不"大扣"？
答：

后面两句诗与前面两句有什么关系？
答：

作者想说春色满园，但为什么只用"一枝"，而不用"数枝"或者"多枝"？
答：

补充材料

1. **屐**：屐是古代对木制底鞋类的总称。特征是前后装两个木跟，古时称高跟为齿，故木屐又称"齿屐"。

历史上传说南朝山水诗人谢灵运曾发明过一种活齿木屐，上山时去掉前齿，下山时去掉后齿，便于登坡和在泥泞中行走，给旅游活动带来极大方便。据传说当时的人们争相效仿，并名之曰“谢公屐”。李白有诗曰：“谢公宿处今尚在，渌水荡漾清猿啼。脚著谢公屐，身登青云梯。”

传说东晋阮孚在武义明招山筑屋隐居。他常以饮酒为乐，喜着木屐游山玩水，怡然自适。他常说：“不知一生当着几量屐？”超脱得很。死后葬于明招山。后人为纪念他，把其中一山取名为蜡屐山，筑有蜡屐亭、金貂亭、换酒亭。

在古代诗歌中，经常出现“屐”字，往往与旅游和写诗有关，如：

冻雪寒梅双蜡屐，澄江明月一竿丝。（王镐）

两屐上层楼，一目略千里。（潘大临）

会须蜡屐步丹梯，要看奇峰三十六。（成延光）

蜡屐发兴婺，几为春泥阻。（李吕）

经月愁闻雨，新年苦忆君。何时共登眺，整屐待晴云。（张继）

2. **柴扉**：用柴做的门。古诗中经常出现“柴扉”，这是因为隐士们所居住的地方比较简朴，所以用“柴扉”来代表他们住的地方。如：

山中相送罢，日暮掩柴扉。春草明年绿，王孙归不归。（王维《送别》）

湖上千峰带落晖，白云开处见柴扉。松门一径仍生草，应是仙人向郭稀。（崔峒《武康郭外望许纬先生山居》）

一尉何曾及布衣，时平却忆卧柴扉。故园柳色催南客，春水桃花待北归。（刘长卿《时平后春日思归》）

3. **作者介绍**：叶绍翁，南宋中期诗人。字嗣宗，号靖逸。他长期隐居钱塘西湖之滨，与葛天民互相酬唱。叶绍翁是江湖派诗人，他的诗以七言绝句最佳，如《游园不值》，历来为人们所传诵。其他如《夜书所见》写儿童夜挑促织，景象鲜明，反衬出客中的孤寂。

夜书所见

〔南宋〕叶绍翁

萧萧梧叶送寒声，江上秋风动客情。
知有儿童挑促织，夜深篱落一灯明。

4. 查字典：自学以下三首诗，想想与《游园不值》有什么关系。

马上作

〔南宋〕陆游

平桥小陌雨初收，淡日穿云翠霭浮。
杨柳不遮春色断，一枝红杏出墙头。

折梅

〔南宋〕方蒙仲

看梅如看画，由我不由他。
千树江头少，一枝瓶里多。

桂源铺

〔南宋〕杨万里

万山不许一溪奔，拦得溪声日夜喧。
到得前头山脚尽，堂堂溪水出前村。

（第一课时）

课前，气氛轻松活跃和谐。特地从全国各地赶来参加新教育小学开放周活动的老师们，团团围坐在上课班级学生的四周，而学生则已对这一切习以为常，因此，没有一般被听课时表现出的拘谨，他们仍然轻松地说笑着。

大屏幕上，一枝含苞未放的杏花，正在悠悠流淌的古筝曲中，静静地等待着，等待着老师和同学一起去破解隐藏在它身上的文化符码。

复习:《寻隐者不遇》

"今天我们学的是《游园不值》，学这首诗之前，我们先来学另外一首诗。这首诗大家应该已经会背了——《寻隐者不遇》。"干老师开门见山，让同学们先把屏幕上已经显示出的《寻隐者不遇》诗句再读一遍。

"松下问童子，言师采药去。只在此山中，云深不知处。"声音整齐响亮，有些学生甚至闭着眼睛背了出来，那意思是：这还不简单吗？

"这首诗好吗？"没想到背完后干老师这么问了一句。

"好。"有同学脱口而出，而有些同学却迟疑起来，按照他们听课所得的修炼，老师的问题肯定是有用意的，所以他们没有急于回答，而是等老师后面的话。

"有没有觉得不好的？"老师又问，看到全班学生都摇头后，干老师追问道："好在哪里？"

"这首诗的语言非常简朴，让人一听就懂。"坐在后面角落的一个男生马上作出反应。

"哦，一听就懂。妈妈和菜市场卖菜的人讲话，也一听就懂，可那是好诗吗？"干老师根据他的逻辑做了如此推论，把问题又抛还给了学生。

"嗯，这首诗只用了简短的几句，就给我们展示了一幅美丽的图画。"最前排一个戴眼镜的小女生发表了自己的观点。她很自信，声音清脆悦耳。

"美丽的图画。嗯，说得很好。"老师肯定了这个女生发言中有价值的部分。

"这首诗虽然只有几句，但它表现出一个童子说出的话。嗯，表现出一个对话。"第一排另一个女生也起来表达自己的观点。

"嗯，你看，刚才我和你就对话了，这是一首好诗吗？"老师也同样反问她，这个女生也思索着坐下了。

“好，这个话题我们不再说了，今天我们学的这首诗就是要让大家懂得并掌握怎样来阅读古诗的——密码，所以今天上完这两堂课，你以后就知道该怎样来判定一首诗的味道如何，好不好，你就有很多很多种方法了。”

说到这里，老师神秘地一笑，说：“我也很喜欢这首诗，因此我也写了一首诗，大家看看怎么样？”随即，大屏幕上出现了这样的一首“诗”。

寻隐者喜遇

干国祥

柳下问童子，言师采茶去。
只在此山中，坡南向阳处。
归来天色晚，把酒庆欢聚。

老师很认真郑重地朗读着，学生却情不自禁都乐出了声。

“好不好？”他们笑过后，老师又故意很认真地问。

“不好。”学生边笑边摇头。

“刚才同学说的语言简朴易懂，这诗句简朴易懂吧？说简短的话表现了对话，这诗句也表现了对话吧？有图画吧？有故事吧？”学生随着老师的问话，一迭声地点着头。

“为什么不好？我不都是按照你们说的方法来写的吗？”呵呵，好一个“以子之矛，攻子之盾”。

“你改的这些不顺口。”有个男生找到了一个“理由”。

“柳下问童子，言师采茶去。我觉得很顺口嘛。”老师又把问题抛了回去。

是啊，老师改写的这首诗肯定是不好的，可是为什么不好呢？此时，学生的神情跟刚才读《寻隐者不遇》的感觉完全不一样了，若刚才是不带感情地整齐朗读，这会儿就是自由活泼地积极思考，并注意倾听同学和老师的对话，以求知道这个问题最终如何得到解决。因此，课堂这会儿很安静，很多学生皱眉努力寻找新的思路。就在这时，老师适时地讲解道："我们发现，是有些字被改动了。为什么不能改呢？为什么松树不能改为柳树呢？所以，这就是这节课的第一个要点：密码。一按某个东西，它就能够开某个锁。"干老师用学生容易理解的"密码"一词引发他们新的思考。

刚说到这里，有一个女生要求发言，原来是干老师的女儿干如云，她站起来，急急地说："我认为'寻隐者'，他是在寻找一个隐者，而松树代表隐者的，柳树代表的是春天的喜悦，所以用'松下问童子'好像比较对。"

"嗯，前面一个说得非常好。这个'松'是代表隐士的。"干老师充分肯定了干如云回答中的相关部分，与此同时，大屏幕上诗句"松"字的旁边又出现了所象征的"密码"——高洁之士。干老师接着说："因为松树象征了'高洁之士'，但是后面部分，'柳树'不是代表春天的喜悦，柳树代表什么呢？你们能不能记起带有'柳'字的诗句？"他把这个检查平时语文积累的"球"投给学生。

先是有两个学生背出"碧玉妆成一树高，万条垂下绿丝绦"，但是被老师把"球"又抛回了，因为老师要的是诗句中带有"柳"字。

"两个黄鹂鸣翠柳。"一个学生一下子叫了出来。

"对，'两个黄鹂鸣翠柳'，这个倒是如刚才干如云所说，表现了春天的喜悦。"干老师又问，"还有吗？"

"杨柳青青江水平，闻郎江上唱歌声。东边日出西边雨，道是无晴却有晴。"一个学生首先念出了首句，在他的启发下，全班学生一起背出了刘禹锡的《竹枝词》。

"还有吗？"老师又问，学生没有发言的了。老师提示了一个《送元二使安西》。这是学生会背的诗，大家又一起背了出来："渭城朝雨浥轻尘，客舍青青柳色新。劝君更尽一杯酒，西出阳关无故人。"

"还有吗？"老师又问。

"柳暗花明又一村。"一个女生又想起来陆游《游山西村》中的诗句。

"好，不一一背了。柳树，在古诗中有很多种含义，但是如果大家读的诗足够多的话，你会发现，绝大部分的柳在古诗中都表示一个意思，那就是——离别。大家注意，以后在唐诗宋词中一看到柳树，十有八九表示什么？”

“离别。”学生一齐说。

“而看到松树，十有八九表示什么？”干老师又把学生对“柳”字密码的认知引回到诗中其他“密码”。

“高洁之士。”这个学生已经知道了。

“隐居在山上的高洁之士。它是有密码的。”干老师强调着“松”字在古诗词中的密码，同时又开始带领学生对新的“密码”作发现和解密。“言师采药去，言师采茶去！”他用不同的语调读出两句，“茶”和“药”二字的语音不同造成的不同韵味，让学生一下子笑出了声。

“这显然有密码。‘茶’是表示生活很宁静很恬淡，可是谁去采茶？”老师引导他们进行辨别。

“童子。”学生说。

“童子，以及那些妇女。”老师补充后又问，“那么采药的又是什么人？”

“师父！”“闻师。”同学们七嘴八舌。

“所以，我只是告诉你，那些隐者去采药。为什么去采药，他可能有两个目的，一个目的是求得长生之道，所以要去采仙药；还有一个目的是，要找一种药，普济众生，疗治百姓的伤痛。但是这两种目的都是表示他可能是一个隐者。”与“松”字同，大屏幕上诗句“药”字的旁边出现了被破译的“密码”——隐者、长生、济世。

“‘云’在这里表示什么？也有密码，不让你回答了，我先告诉你。云表示‘隐逸’，山上什么都没有，只有白云朵朵。”干老师点到为止，把“云”的密码做了简单解释，“还能表示闲适，因为谁能把云关起来啊？谁能把云关到教室里来上课啊？没有人能够，因此云表示自由、闲适、隐逸。”同样，大屏幕上“云”字旁边出现了“隐逸闲适”的字样。

“‘云深’后面就是‘不知处’，‘不知处’是啥意思啊？”

“就是不知道他哪里去了。”学生一起说道。

“这谁都知道，说明什么？”

“说明他迷失方向。”一个学生说。

“说明他迷路了？”老师反问。

“说明他自由自在的。”又有学生说。

“‘不知处’是‘云’不知处吗？”老师抓住了他们回答中模糊的地方追问。

“是‘师父’不知处。”

“是那个‘隐者’不知道在哪里。这说明什么？”老师又问。

“说明山上的云很多。”一个男生说。

“云多又说明什么？”老师继续追问，看学生还是不明白，就形象地解释说，“你看，这‘不知处’确确实实说明他非常地自由，非常地逍遥。他不是走到哪里手机叮铃铃响了，‘回来！’——哪个老朋友来找你了！不是这样，你压根儿就找不到他了，他就自由自在地、飘荡地、逍遥地去了。”

这样，学生就知道了原来“不知处”也是在说“隐者”的自由隐逸。

这时，回顾大屏幕上出现的诗句与相应重点词语的“密码”，干老师总结问道：“所以，你看，改掉的每一个字都是围绕一个字来写的，围绕哪一个字来写的？”

“隐。”学生很透彻地理解了。

“对，很准确，都是围绕一个‘隐’字来写的。现在我把诗改了，又偏偏都是把表达‘隐’的字改掉了，那还叫诗吗？”

“不叫。一改这个诗的意思就全都没有了。”学生都点头表示赞同。

“所以古诗中每一个字都是有它的密码的。再比如说这个‘不遇’。”干老师指着题目，问大家，“不遇好，还是相遇好？”

“相遇好。”学生说。

是啊，在他们的经验中，当然寻人“有遇”是相当圆满的结果了。

“当然是相遇好了，相遇了大家就一起喝酒，就高兴，就欢唱是不是？”干老师顺着他们的思路说，但随即而来的一问又让全班学生思考了，

“可是一欢乐，还有诗了吗？”

“一欢乐，只能做一件事情，什么事情？喝酒！”

学生都乐了。

“是不是？可是因为没相遇，所以‘我’就有种幽幽的思念的诗情，所以这就叫神会。悠然神会，我心里想着，念着，仿佛就见到了。”老师指着屏幕上“不遇”旁出现的“神往、神会”说。

讲完了“不遇”，干老师又让学生体会：“现在，你看整首诗读来读去都是在讲哪个字的？”

“隐。”这下，学生对于《寻隐者不遇》这首诗的理解，仅从各字“密码”就通透了许多。

于是，在再次朗读全诗的时候，跟刚才的感觉就完全不同了。

此环节用去 12 分钟。

检查预习：读背本诗

“这首诗是复习，复习的目的就是用刚才说的两种方法，来学新的一首诗——《游园不值》。我们要分几步走，第一步是什么？”

“读。”学生已经做了预习作业。预习作业 2 的要求很清楚：反复朗读诗歌，先要求读准字音，再要求读准停顿、节奏，最后要求能够读出诗中各句不同的情感。

“那大家读好了吗？”干老师准备检查预习作业完成情况了，他不让学生举手，而是随意请一个男生先读出来，因为预习作业是要求所有学生都要认真完成的。

“应怜屐齿印苍苔……”这个男生从首句开始读。

“从标题、作者开始。”老师提醒他。

“游园不值，叶绍翁，应怜屐齿印（误读为‘映’的音了）苍苔，小扣柴扉久不开（此句在读的时候断了，又回读一次）。春色满园关不住，一枝红杏出墙来（后两句四平八稳，正确流利）。”

“我们读诗，在预习时已经明确了三层标准，他达到了哪一层？”干老师让学生结合预习要求来评价。

“第一层。”

“好！”干老师并没有批评这个孩子，而是鼓励其他同学毛遂自荐，“谁觉得自己读得能够达到第二层甚至第三层的标准？”

很多同学把手举起来，老师请了一个男生来读。这个男生读得明显准确流畅了许多，不过在众多细听的小耳朵中，还是发现了一些可以帮他读得更好的细节，比如“扉”应为一声，在停顿、节奏、各句情感中也有很多要仔细揣摩的。

于是，干老师在黑板上一边示范一边把这首诗的平仄规律板书出来：

— — — 丨 丨 — —　　应怜屐齿印苍苔，
丨 丨 — — 丨 丨 —　　小扣柴扉久不开。
— 丨 丨 — — 丨 丨　　春色满园关不住，
丨 — — 丨 — — —　　一枝红杏出墙来。

“当你读到‘丨’（三、四声）的时候，就要读得短一些，当你读到‘—’（一、二声）的时候，就要读得长一些。”干老师又带领学生一起，利用平仄规律把这首诗重读了一遍，然后让学生自己揣摩练习。

这种读法很吸引大家，他们很投入地揣摩着，有的孩子还打着手势，辅助表示每个字音的长短。练了一会儿后，干老师请同学来试试。后排一个长辫子的女生自告奋勇，声音虽然还不能更加自如地控制，但是诗词的独特韵味已经被读出来了。

“感觉不错！”自己的尝试被老师这样肯定，这个女生高兴地坐下了。

老师请全体同学一起按照平仄规律把全诗齐读一遍。孩子们读得都很投入，效果也不错，但干老师还是告诉大家读下去，根据自己的理解会完全不一样，没有必要完全读整齐。

“好，现在大家会读了。第二步就是会背了吗？”

“会！”众口一词。

“会背的话，小组内三个人轮着背。”干老师充分发挥同桌三人作用，让每一个同学的预习情况都能得到检查及反馈。

教室里马上热闹起来，每组同学迅速有序地开始背诵起来，有意思的是，几乎所有的孩子，都在用刚刚学到的平仄法来背，很多孩子还用手打着拍子，背得不亦乐乎。不过一分多钟，所有的孩子就都背完了。

“好，那我们一起背一下。”干老师也同时强调了背的时候要保持诗的节奏，“背的时候不能够走形，也就是说不能够一背书就念经，仍然是要背诗……”

这一遍，学生背得很好。

此环节用时 7 分钟。

从字面上解析诗意

“好，第二关我们过了。第三关，我们该解诗了。”干老师很满意，接着告诉孩子们如何解诗，“诗怎么解，两种办法。一种：哪个字你不理解的，要把它解释出来，比如说‘应怜屐齿印苍苔’的‘应’是什么意思？我考考你。”

“大概，也许。”一个女生非常响亮地回答。

“大概，也许，应该是，大概是。”老师赞同并重复了一遍她的答案，又请这个女生旁边的男生站起来说，“考考你，‘怜’是什么意思？”

“怜爱。”男孩子说。

“怜爱，非常准确。你没有说成‘怜悯’。”干老师又问大家，“可不可以说成‘怜悯’？”

“不可以。”

“对，看样子字词关大家都过了，我不考你们了。那么难的是什么呢？难的是——”

一个学生不等干老师说完，已经脱口而出：“密码！”他的急切引来听课老师会意的笑声。

“也有密码！”干老师的情绪好像和这个孩子处于一个共振频率，“不把这些密码破译出来，我们这首诗就学得不透了。”

这时，大屏幕上对应诗句“应怜屐齿印苍苔”的“应怜”处又出现了一个问题:“谁怜什么？”

干老师又请前排一个没有举手的女生回答，因为这也是预习作业中要完成的问题。她的声音很小，大家安静了细听，结果她说出了“桃花怜”（音）三字，不知其义。

老师请她身边的另一个同学来说，这个孩子预习作业完成得很好，他拿着预习作业纸，说:“园子的主人怜苍苔。”其他举手的同学不觉“唉”了一声，对自己没能回答这个问题表示失望。

“园子的主人怜惜苍苔。很好！”干老师说，“第一个密码就出来了，‘苍苔’！苍苔为什么要怜惜？”

“因为作者穿着的鞋子踩到了苍苔。”后面一个男生思索着说。

“啊？——哈！”有同学在笑了。

“作者穿着的鞋子在故事里在诗里有没有踩到苍苔？”干老师问。

“没有！”“没有！”其他同学纷纷说。

“我问的是为什么要怜惜苍苔？”干老师再一次明确问题的核心在“怜惜”。

“因为主人爱惜苍苔，怕‘我’踩到。”一个女生说。

“好，那么‘苍苔’意味着什么？”

“春天。”有了《寻隐者不遇》的复习，学生在这里自然地开始运用了。

“意味着春天，好，我们看看第一个密码：苍苔。”干老师点击课件，大屏幕上出现了一棵老树，遒劲的树根和树干处被绿莹莹的苍苔覆盖，数片黄叶散落其中，更显清幽宁静。

学生都睁大眼睛看着苍苔，新鲜又好奇，对词语有了一定的讨论后再看到图片，原来已有的对苍苔的经验好像要被更新了。

“好，我们再看一些跟苍苔有关的诗句。”

大屏幕上先出现的是宋朝石道士的诗句，老师和学生一起念了出来：“春来不是人慵扫，为惜苍苔亲落花。”

“诗人说呢，”干老师又作了简单的解释，“春天来的时候落花满地，不是我懒得去扫它，而是因为我爱惜什么？”

“苍苔。”

“因为我爱惜苍苔，所以我连落花都不扫了。那这里苍苔表示什么？”解释完诗句意思，干老师把“苍苔”拎了出来。

“春天。”学生说。

“表示春天，表示那种大自然的清新。”与此同时，“自然清新细微”这一组表示此句中“苍苔”密码的词语也同时显示在这一诗句的旁边。

这时，大屏幕上又出现了第二首跟苍苔有关的，宋代诗人张尧同写的一首诗：“白昼重门寂，苍苔古殿深。老僧香火罢，松柏夜森森。”

“再来看另一首诗。白昼重门寂，是说白天一道道的门，因此很寂寞很冷清，苍苔古殿深，古殿就是古代庙宇的很旧的一重重的房子，布满了苍苔。老僧香火罢，松柏夜森森。”同样对这首诗作了简单理解后，干老师问同学们：“这里‘苍苔’意味着什么？”

“冷清。”“孤寂。”学生的理解很不错。

“好，我们再来看一首诗。”这次出现的是唐朝著名诗人王维的一首诗：轻阴阁小雨，深院昼慵开。坐看苍苔色，欲上人衣来。

“前两句我们先不去管它，‘坐看苍苔色，欲上人衣来。’坐着看苍苔的颜色，爬上了我的衣服，这两句写什么？他坐的时间长了，连苍苔生长得这么慢的植物，都要爬到他的衣服上来了。”老师先带领学生理解了后两句的意思，然后又回到“苍苔”的密码上来：“这里的‘苍苔’意味着什么？”

很多孩子把手高高举起来，一个女生得到了发言的机会，她果然思考得充分，说：“一个是小屋很久没人住了，另一个是春天已经来了好久，没人知道。”

“哦，你看，这个同学准确地说出了一些词语，那就是冷清、孤单。”干老师又让学生回顾大屏幕上的这三首诗，把“苍苔”的密码放在一起总结道，“所以，总的来说，第一个‘苍苔’表示的是自然的、细微的、清新的，第二个‘苍苔’表示的是孤寂、幽深，第三个‘苍苔’表现的是宁静、无言。现在我们把这三个全都带到哪里去？”

"《游园不值》。"学生很机灵。

"对，带进《游园不值》，这样的苍苔要不要人怜惜？"

"要！"学生沉吟片刻后说。

"这样的苍苔代表什么？"

"幽静、孤寂。"

"嗯，我生活的幽静、我的孤寂、隐逸，如果人不断地来，还有我的幽静吗？"

"没有了。"

"不仅仅是破坏了春天，还破坏了我的什么？"

"宁静的生活。"

这段分析过后，学生已经初步理解了"苍苔"在古诗中的密码。

密码：屐齿、柴扉、小扣

"好，这是我们破译的第一个密码，第二个密码就是'屐齿'，我们已经知道了'屐'就是木头鞋子。"与此同时，大屏幕上也出现了一双"木屐"的图片。"那么'屐'表示什么？"

"'屐'表示一种旅游用的工具。"后面一个男生回答。

"他说，'屐'表示一种旅游用的工具，那么'屐'就表示什么了？"老师面向全班同学。

"旅游。"

"游玩。"

"嗯，他要去旅游了，为什么去游玩，找春天，而且还要写春天。"接着，老师又在大屏幕上投出几首带"屐"字的诗句，和学生一起念出来。

> 两屐上层楼，一目略千里。（潘大临）
>
> 会须蜡屐步丹梯，要看奇峰三十六。（成延光）
>
> 蜡屐发兴屡，几为春泥阻。（李吕）

“几次想去春游啊，可是被烂泥把‘我’阻住了。因此，‘屐’表示什么？——游山赏水寻诗。”通过几首带“屐”字古诗的引入，学生马上便理解了“屐”的密码——游山赏水寻诗，这是古代诗人的一种雅兴了。

“那么这么多人来游山赏水寻诗，就把我的小院子给糟蹋掉了。我的宁静破坏掉了，我的苍苔破坏掉了，所以我采取了什么办法？”

“不开门。”

“所以后面就出现了‘不开门’。那么为什么不是‘朱门’呢？”干老师又指着“小扣柴扉久不开”一句，“为什么不是‘朱门’，不是‘门户’，而是‘柴扉’呢？”

很多孩子把手举起来，老师请了前排一个女生来说，她预习得也不错，说：“‘柴扉’在古时候是一种很破旧的门。”

“一种很破旧的门，它是表示清贫。还有吗？”干老师把她的意思用更明确的“清贫”概括出来。

“还有！”一个小女孩很急切地把手举得高高的，“嗯，柴扉，清贫，就显示出这个隐士的高洁。”她斟酌着字句说。

“哇，了不得，柴扉就表示出隐士的高洁。他是个隐士，是个隐逸者。”看到学生之间互相启发，从而有新的收获，干老师也很高兴，他兴奋地夸赞着，并把这个意思表达得更清晰。

又一个学生把手举起来了：“还代表着朴素。”

“哦，柴扉也代表宁静朴素，我们来看一下。”大屏幕上又出现了跟“柴扉”有关的诗句密码：

山中相送罢，日暮掩柴扉。春草明年绿，王孙归不归？（王维《送别》）

白日掩荆扉，虚室绝尘想。（陶潜《归园田居》）

倚杖柴门外，临风听暮蝉。（王维《辋川闲居赠裴秀才迪》）

“‘山中相送罢，日暮掩柴扉。’在山中我把你送走，送走了之后我就把门给怎么样？关上了。‘春草明年绿，王孙归不归。’明年春草绿的时候，你还会再来吗？‘白日掩荆扉，虚室绝尘想。’‘倚杖柴门外，临风听暮蝉。’全部都是刚才那位同学所说的，它含有‘清贫’‘隐逸’‘宁静’‘孤独’。所以我们也把这样的意思带进去。好，现在我们先学到这里，把这首诗读一遍。要读出这个主人的什么来？他是怎样的一个人？”理解了“屐齿”和“柴扉”的密码后，老师让大家把这些理解感受再带回诗句，用朗读来体现。

“隐逸。”

学生说得真好啊。

“好，你自己来品味。”

这一遍读，前两句果然在读出诗节奏的基础上，多了一些“隐逸、飘逸”之气，而后两句还没有学到，就明显缺少些韵致了。果然，干老师也这样评价道：“前面两句读好了，但是后面两句倒读歪了。为什么呢？因为前面两句的密码我们逐渐地给破开了，但是同学们读后面两句的时候把前面两句的味道也带到后面两句去了。这样读可不可以？不可以，那么该怎么读呢？”

“把后面（的密码）也破了。”学生说。

“破后面之前，前面还有一个词。”

“小扣。”学生已经叫出来了。

“嗯，‘小扣’为什么也要学呢？小扣的字面意思你们都知道，就是什么？”

“轻轻地敲。”

“那为什么要轻轻地敲？”

“因为大声地敲就不礼貌。”学生联系着生活经验来说，这就是他们学习的基础啊。

“哦，就像‘轰轰轰’，老张在家吗？”老师形象地模仿着，学生都笑了，“这样敲门显得很粗鲁。”

“很粗鲁，我们都在沿着刚才那个思路想。”干老师引导学生从生活经验中的“礼貌问题”转到另一种思维方式，“在诗中，他还不是粗鲁，那是因为什么？”

“因为诗人的心中很矛盾。又想让主人开，又不想让主人开。”一个学生开始揣摩诗人心境了。

“为什么又不想？”老师抓住了这个新的思路。

“因为他也不想让这满园春色破坏。”学生说。

“哦，他也不想把满园春色（破坏），再加一个更重要的，还有什么？”

“苍苔。”“幽静！”其他同学在说出“苍苔”之后，马上改成了“幽静”。

“你看，这就对了。他也不想把这宁静的春天给破坏掉，或者说，他也不想把这春天的宁静给破坏掉。你看这多静啊，还有鸟鸣声，春天多好啊，现在我捶门大呼，好好的一首诗，因为我咚咚咚地敲门，结果全给破坏掉了，这样好不好？”

“不好。”学生笑着说。

“所以这个‘小扣’确实也值得玩味一下。”这时候，大屏幕上“小扣”密码的下面，也出现了相应的典故：推敲——贾岛、韩愈：鸟宿池边树，僧（推/敲）月下门。

老师问：“谁知道这个故事，能不能给我们讲一下？”

学生纷纷摇头，表示没有听说过。

“一个都没有听说过？好，我给大家说。唐朝的时候有个诗人叫贾岛，贾岛知道吧？刚刚我们学了他的《寻隐者不遇》，他这个人非常喜欢写诗，整天在写诗。一天，他想出两句诗，哪两句诗？鸟宿池边树，僧推月下门，还是僧敲月下门？”老师把一千多年前的公案也交给了孩子们。

看着干老师不断地念叨着这两句，模仿着贾岛推敲“推敲”的动作，学生也在饶有兴趣地揣摩着，是“推”好还是“敲”好呢？

“我觉得应该是‘僧推月下门’，因为如果是敲门的话，‘月下’是晚上的时候，敲门声就会破坏夜的宁静。”一个男同学表达自己的看法。

又一个男生发表了不同意见：“我认为应该用‘敲’，推门很不礼貌。”

"嗯，推门不礼貌，那是小偷，那是另外一种情况，不说。"老师阻止了这个男生想把诗境重带回日常经验去的思路。

"我也觉得推门比较好，因为这样比较宁静，而且还很顺口。"又一个女生说。

"你认为越没声音就越宁静，是不是？所以反正一句话，贾岛们（老师在这里趣称全班同学）——现在你们都是贾岛，反正你们现在就正在街上'推好，还是敲好'想来想去呢……"

"韩愈！"学生们也仿佛进入情境当中。

"撞到了一辆'大轿车'——"没想到干老师这样说，一下子把学生逗乐了，他们继续听老师讲故事，"差点把里面的人都震下来了，这时，'轿车里'走下来当时的一位大官——韩愈，他也是当时最著名的大诗人，怎么回事啊？然后贾岛就说，这个事情真不好意思，我刚才在想两句诗，不知道该是'推'还是'敲'。这个韩愈也是一个爱诗如命的人，就把轿子停下来，然后也琢磨起来。他认为，还是'敲'好，为什么？因为一个，这个'推'呀不太礼貌，给人感觉到'月黑风高，我去偷盗'什么东西。"学生哄堂大笑。

老师又说："重要的不是这个，'敲'能够增加夜的宁静。"

一听这话，下面同学都发愣了，"敲"不是有声音吗？怎么还能增加夜的宁静呢？

老师看着他们困惑的神情，没有急于解释，给他们时间思考。

"鸟宿池边树，鸟已经开始睡觉了，就更显示出了宁静。"这时，一个女孩子起来说。

"嗯？"其他的同学对她的看法并不赞同，并认为她并没有在回答刚才的问题。

这时，学生处于"愤""悱"状态，各种各样的神情让围坐的老师不禁失笑出声。

"道理很简单，这里再引进两句诗。"看看火候差不多，干老师轻点大屏幕，出现了这样的诗句：蝉噪林逾静，鸟鸣山更幽。（王籍《入若耶溪》）

学生齐读一遍后，老师问:“什么叫‘鸟鸣山更幽’呢?”

“鸟的鸣叫，显得山林更加宁静。”一个女生解释道。

“鸟叫起来，显得山更加幽静啊。那么晚上，一个和尚轻轻地叩击门的声音，显得这夜就更加宁静了。”学生都点头称是。

“原来，这声音反而更增加一种宁静，但是，如果‘咚咚咚’大敲，像宝应人放鞭炮一样（宝应地方有放鞭炮的习惯，从早到晚，络绎不绝，声震八方），那能不能叫宁静啊?（学生都笑了，因为也不堪其扰）那是把整个夜晚的宁静彻底地给轰跑了。”

“好，我们再来看这两句诗。”干老师又带学生回到“应怜屐齿印苍苔，小扣柴扉久不开”上，他说:“你看，第一句是想象中的苍苔的颜色，莽莽苍苍的，春天的可爱的景色，接下来第二句就写什么了?”

“声音。”一个小孩子小声作出回答。

“聪明！这个同学聪明，其他同学想到没有?对了，你眼睛看了还不够，接下来还要用耳朵来听，所以呢，第一行写了‘想象之色’，第二行就写了‘所闻之声’。古代的诗词有一个妙处，就是前面写了‘我’眼前所看到的风景，接下来就要写‘我’听到的声音。所以，‘小扣’也有密码，它增加了画面的宁静。”

到此，关于“小扣”密码的学习也在学生的领悟中告一段落。

干老师又请学生回到前两行诗句，在理解的基础上再来朗读。

翻译全诗

“好，接下来由同组三个人，相互把这首诗给翻译一下。”这也同时在检查预习作业 4 了。

学生又开始三人一组，七嘴八舌地译起来。

3 分钟后，老师让大家停下，问:“有没有问题、困难?”

学生都很自信，大声回答:“没有！”

“不过我还是看到有两三个同学可能有困难了，那么你们能在课外的时候帮帮他们吗?反正每个组里的每个同学，都要说出来的，这是一个要求。

下面我就先检查一下。这个同学，请你翻译一遍。”干老师随意指了一位同学。

“也许是可怜自家的青苔……”这个女生还未说完，干老师就打断了她，别的同学也早已把手高高地举起来了。

“怜惜！”“怜爱！”他们已经大叫了。

“好，重新来过。”老师让她重新再说。

“也许是怜惜自家的青苔上留下鞋印吧，我轻轻敲门敲了好长时间也没有人来开，虽然门关上了，但美好的满园春色还是关不住的，一枝红杏已经伸出墙外。”她重新这样说。

“好，我刚才还有个要求，就是尽可能翻译得优美。刚才这位同学后面翻译得不错，现在很明显有同学要挑战她了。”这时，班里还有很多同学也把手举得高高的，想翻译。

“大概是园子的主人爱惜自家的苍苔，我敲了好久他都不开门，我想，园子里的花开得正旺，因为满园的春色是关不住的，有一枝开放的红杏已经出了墙头。”一个男生看着屏幕上的诗句，说出他的译文。

他刚坐下，又有很多同学把手冲老师急切地摆动着，希望能继续挑战。

“这是一个挑战，你必须确信自己能说得更好，这是难度。”干老师仍然把标准再次重申。

第一排一个小男生站起来说：“应该是园子的主人怜惜自己的苍苔，怕木屐（这里，老师引导改成‘怕游人们’）踩坏了园里的苍苔，我敲了好久的门，都没有人开，但是春色在园子里是关不住的，一枝红杏已经探出墙头。”

要想达到“雅”，还是很有难度的，在这个孩子翻译完后，老师又做了一个示范：“我也解释一遍，大概是怜惜园子里的苍苔和小园里的宁静生活，怕陆续而来的游人们的屐齿，踩坏了那苍苔，所以，就早早地把门给关上了。我站在他家的柴门前，轻轻地敲着，很久很久，就是没有人来开门。但是，你不要这么小气，满园的春色是想关也关不住的，你瞧，一枝红杏已经探出墙来。”随着老师娓娓地讲述，学生好像进入了那种“寻而不遇”的境界之中，就在余音袅袅的时候，老师突然又重重送来一句：“送给我整整一个春天！”一下子，由这枝红杏带来的盎然春意就赫然在目了。

这时，前排一个女生忽然站起来说：“老师，我想这样翻译，园主自私，想自己欣赏花儿。”

其他同学全笑了，老师也笑了，问大家：“你们觉得园主自私吗？”

“不自私。”

“他为什么关门？”

“关门有两个原因，第一个是：应怜屐齿印苍苔，担心会把这细微的漂亮的苍苔给踩坏，那是怜惜苍苔；还有一个原因，刚才我们也说了，因为他的隐居生活非常的宁静，他不想给凡俗所破坏了。所以这能不能叫自私呢？我想过宁静的生活，但我怕别人说我自私，我就把门打开，那人们不就全都拥过来了？”

带领着孩子一起又回顾了一下刚才诗句中所解读到的要点，理清这个问题后，老师对这个女生的发言评价说：“但是这个女生有宽阔的胸怀，那也是对的。我家如果有好多好花好草，那我就要所有的人来欣赏。外国人是怎么做这件事情的？那就是把围墙拆了，用栏杆。所有的人路过，都能够看到我园子里的花花草草。又能看见，又免了进来被破坏。”

对于学生表现出来的异质发言，老师不但保护了积极性，而且还提供了更好的解决之道。

“好，这节课我们就上到这里，下节课我们将带领着大家往更高处再走一走！我们才刚刚走进它的第一道门，后面还有第二道门、第三道门、第四道门呢！”

学生纷纷显露出惊奇之色，并充满向往。

第一课时到此结束。

（第二课时）

文眼寻找：“关”在此诗中之妙用

10 分钟休息过后，学生开始向“第二道门”“第三道门”走去了。但是首先要迎接老师的挑战，大屏幕上出现了这样的练习，干老师让学生不要抄题目，直接把答案写在练习本上。

1. 在古诗词中，许多词语有着相对固定的意义，如“柳”一般表示离别，“松”往往象征________，“云”则大多意味着闲适自由，“苍苔”意味着________，“屐”表示________，“柴扉”意味着________，“小扣”意味着________，“红杏”则象征着________。

2.《游园不值》一诗中的“值”的意思是________，“怜”的意思是________。这首诗的作者是南宋江湖派诗人________。这首诗里因蕴含深刻哲理而被人们广为传诵的两句诗是：____________，____________。

学生在做题的时候，老师一边在行道间观察着做题情况，一边反馈道：“要自己做，实在做不出来的，再拿到小组里讨论。”

大约5分钟后，很多同学做完了，老师让先在小组里讨论。2分钟后，老师让小组在全班交流。

1. 在古诗词中，许多词语有着相对固定的意义，如“柳”一般表示离别，“松”往往象征高洁之士，“云”则大多意味着闲适自由，“苍苔”意味着宁静细微之色，孤寂，“屐”表示四处游玩，（老师纠正：只“游玩”即可）；“柴扉”意味着清贫朴素（老师补充，再加一个很重要的，其他学生已经一起说出来：隐逸。老师又补充说，或者“隐者”“隐士”都可以），“小扣”意味着宁静、礼貌（老师表扬概括得很全面），“红杏”则象征着美好的春色（老师评价说：很正确，也可以直接写成：春天）。

2.《游园不值》一诗中的“值”的意思是逢，遇，“怜”的意思是怜爱。这首诗的作者是南宋江湖派诗人叶绍翁。这首诗里因蕴含深刻哲理而被人们广为传诵的两句诗是：春色满园关不住，一枝红杏出墙来。

看着一个小组代表的答案，其他同学也都对照着自己的答案，边听边修改着。接着，干老师针对后两句诗开始了这节课重点知识的学习。

“有同学说不公平，我们上节课学了一节课，写了这么多密码的诗句，结果却不是名句、警句，而‘春色满园关不住，一枝红杏出墙来’却成为了名句和警句！这是为什么呢？”

“因为这一句写了春天无处不在。”一个男同学说。

“嗯，写春天的诗句多吗？（学生都点头称是）那为什么只有这两句成为名句呢？原因何在？”

“因为前面一句只是引出了下一句，所以下一句很重要。”

“哦，你这个逻辑不对。如果只是因为前一句引出了下一句，那么所有的后两句就都是名句了？这不对的。”老师把这个逻辑关系上的错误明确点了出来。

“‘春色满园关不住，一枝红杏出墙来。’也写出了花儿对人们的一种奉献。”又一个女生这样说。

其他同学纷纷举手，表示不同意见。

老师幽默地说：“你看，别的同学都表示不同意见了，我们在学古诗，雷锋叔叔的精神就不要拿进来了。”

“这首诗前虚后实，以小见大，把浓浓的春色写得很好。”一个男生在预习的时候看来查过很多资料。

“这里有八个字，叫‘前虚后实，以小见大’，哪个虚，哪个实？”

呵呵，问题抛出来，孩子们就犹豫了，这四句到底谁虚谁实呢？他们猜测不定。

“这本来是我上课不想讲的，但是你已经在网上看到了。”干老师把这些字板书在黑板上，“我们先来说这‘以小见大’的小是什么？”

很多孩子“哗”一下把手举起来了，老师让他们一起说。

“一枝红杏。”异口同声。

"'大'是什么？"

"满园春色。"

"用'一枝红杏'来体现满园的春色，那么'一枝'能不能改为'几枝'或'数枝'呢？"老师又问。

"不能。"学生纷纷说道。

"不能，一枝足矣。既然一枝开了，那么所有的花都已经开了，或者快开了。既然一片叶子落了，那么所有的叶子都将落了。所以，一叶落而知天下秋，一花开而知春天来，这叫'以小见大'。"干老师详细解释道，"同样的道理，同学们琢磨一下这个'虚'的是什么，'实'的是什么？看谁聪明啊？"老师对学生们充满期待。

很多孩子举手，有几个还迫不及待站了起来。老师请一个很急切的女孩子答，她说："'虚'的是前两句，'实'的是后两句。"

而马上又有更多的手高高举起来，一个男生说："'虚'的是'春色满园'，'实'的是'一枝红杏'。"

"为什么'春色满园'是虚的？"老师追问。

"因为他没有看到'春色满园'。"孩子对答如流。

"他看到的只是一枝红杏。了不得，请坐，两位同学。"干老师大力表扬了这两位同学后接着讲道，"前虚，春色满园是虚的；后实，一枝红杏，实实在在，挂在那里。把这八个字抄在诗的旁边。这是这两位同学的功劳啊。"

全体学生纷纷拿笔，把这个意外的"前虚后实，以小见大"的写作特点抄在了书上。

"好。我们已经走进了诗歌的第四间房子了。我们来看，《寻隐者不遇》这首诗里有一个'文眼'，有一个'眼睛'，是什么啊？"

"隐。"学生说。

"这个字呢，可以说，是诗句中最精练传神的一个字，也是全篇中最关键的一个字，那么你认为应该是哪个字？"

"春""值""关""园"，学生的意见集中在这四个字上。

到底是哪个呢？老师让大家讨论，结果孩子们四个人为一组，“春”“值”“关”“园”地争执了起来。干老师赶紧打住，不让他们这么讨论。孩子们都笑了，又开始了讨论，这次是真正地讨论了，努力说出自己选择的理由，讨论得非常激烈。

两三分钟后，老师让大家说出讨论结果，却发现又多了“出”“满”“游”三字，老师先让大家找出这些字中哪些肯定不是的，学生先说了“园”，因为“园”字可以被“关”字代替，“园门”被“关着”啊，“满园春色”却是“关”不住的，老师引导大家先把这个说出来，然后让同学自由来说。

“我认为应该是‘春’，因为全诗描写了春天的景色。”一个女生说。

“那么这首诗和其他写春的诗就没有什么差别了。再看这句，‘小扣柴扉久不开’，春在哪里？”学生都笑了，这个字是要能概括全篇的。

“我认为是‘春’，因为他本来是游园去的，可是没有开门，有些遗憾，可是看到一枝红杏，就看到了满园春色。”一个学生又说。

“嗯，我问你的是，一首诗的文眼，它要么是最有价值的，用得特别特别好，就像是‘春风又绿江南岸’的‘绿’字，要么是能够把其他的字给包了。你这个‘春’字能不能把其他的字包了？”老师问。

“不可以。”其他同学纷纷发言。

有个同学又提到了“园”字，于是老师就领着学生一起把黑板上这几个字之间的关系分析了一下：“满”是可以到“园”里去的，“春”在“园”里，而“值”虽然不在“园”里，在“园”外，“我”去“游”“园”，结果不“值”，为什么没看到，因为“关”了。这样，黑板上的这几个字都能被“关”表达出来。

关于作为文眼的“关”字，暂时先从字面上辨析到这里，老师又神秘地说：“我发现叶绍翁这首诗是抄来的。”

学生都很惊讶，这时，大屏幕上在叶诗《游园不值》的旁边出现了陆游的《马上作》：平桥小陌雨初收，淡日穿云翠霭浮。杨柳不遮春色断，一枝红杏出墙头。学生读完后，老师抛出了这样一个问题：“陆游是前辈大诗人，叶绍翁是后辈小诗人，叶绍翁诗的后两句显然是从陆游的诗里化过来的，你认为谁的句子应该是名句？”

学生两种意见争执不休，老师请他们说出理由。一个孩子认为，就像一篇作文，经过了另一个人的手，就好像把它美化了一番，就会比第一篇还漂亮。因此是叶绍翁的诗好。也有一个同学认为，真正好的应该是“春色满园关不住”。

紧接他的话题，老师让大家辨析“杨柳不遮春色断”和“春色满园关不住”差别在哪里。“杨柳不遮春色断”的意思是杨柳没把春色遮断，一枝红杏就出现在墙头；而“春色满园关不住”则是说“园子”“柴扉”本来是要把满园春色“关”住的，老师又形象地用拟人化语言说：“我拼命地要把你关住，看你怎么办？”这样学生就知道了：“遮住”力量上比“关住”要差远了。另外，老师又结合刚才黑板上板书的“前虚后实，以小见大”八个字的写作特点，让学生鉴赏，在陆游诗中就无此妙用，他所看所写都是实的，另外诗人所想到的春色也没有叶诗中的开阔广大，叶诗中的“想关”和“关不住”之间有巨大的张力，就好像两个武功高手在打架，这样就好看了，而陆游的诗中有没有“打架”呢？没有。所以说叶绍翁的才是名句。

分析了叶诗比陆诗高明的地方之后，老师又让学生把注意力聚焦到“文眼”上：“名句名在哪个字？”

“关！”学生脱口而出。

随着幻灯片的播放，老师再一次总结道：“‘不值’就是‘关’了门，‘应怜屐齿印苍苔’是关的原因，‘小扣柴扉久不开’是‘我’被‘关’在门外了，‘关’的情形，‘春色满园关不住’就在说‘关’了，‘关’的结果是什么？‘一枝红杏出墙来’。‘关’成功了吗？”

学生七嘴八舌：“没成功。”

“好，‘关’的这种张力，后两句能不能像前两句那样读啊？”老师又提出了如何朗读的问题。

“不能。”

“对，后两句体现了两种力量的争斗。”

又一个学生起来补充说：“还是‘关不住’和‘出墙来’两种力量的对

比。”老师表扬了她，并让大家把“对比”一词也写在书上诗句旁边。

“好，我们来读一下，前两句要读出宁静，后两句要读出力量来。”

全班一起又读了一遍本诗，学生读完后老师又进行了评价，并且做了示范，让学生再读，果然，这种生命的不可遏制的张力就出来了。

解决了文眼问题，共用时 27 分钟。

知宋诗理，悟本诗主旨

“好，我们再向前进一层。”大屏幕上出现了一行醒目的红色字体：唐诗尚情，宋诗尚理。“这句话什么意思呢？你们看这几首诗就知道了。”接着，大屏幕上又出现了几句宋诗：

> 横看成岭侧成峰，远近高低各不同。（苏轼）
> 小荷才露尖尖角，早有蜻蜓立上头。（杨万里）
> 山重水复疑无路，柳暗花明又一村。（陆游）

这些诗都是学生学过的，干老师让他们一一说出每句诗中蕴含的道理。

对于第一句，一个学生说“当局者迷，旁观者清”。

“嗯，我也告诉你一个，从不同的角度去看待事物，结果是不一样的。比如你，一个喜欢你的人和一个不喜欢你的人，看你是不一样的。”老师顺口举出形象的例子。

对于第二句，学生不能用很明确的语言来概括了，老师告诉他们：“‘小荷’也有密码，就是新生事物，新生的美好事物，这一句的意思就是说，新生的美好事物一出来就受人欢迎。”

第三句学生理解得不错，有个女生脱口而出：“不能永远生活在阴影里，要勇敢地走出来，就是柳暗花明又一村了。”老师肯定了她的说法，同时也补充道：“这一句就是说眼前的困难、挫折、打击、失败，不要太伤心，不要投降。‘山重水复疑无路’的时候，突然就发现，‘柳暗花明又一村’，希望在眼前，成功在未来。”

“那么今天学的《游园不值》有没有道理呢？道理在前面还是在后面呢？”干老师又让学生带着刚刚学到的知识，再次回到本诗中来。

“后两句。”学生很准确地说出了道理所在的诗句，但是却不能用语言准确表达出诗中道理，陷入了思考之中。

片刻，几个学生把手举了起来，一个男孩子说：“美无处不在，只是我们眼睛缺少发现它的机会。”这个孩子，把罗丹的名言和这首诗联系在一起了。

“那这个‘关’字在哪里呢？”干老师紧扣“文眼”追问，“我们知道这首诗很重要的‘文眼’就是关字啊，你的道理中没有‘关’，那就不成了。”

又一个同学站起来说：“春天是象征着美好事物的，不是一些墙就能围住的。”

“嗯，美好的事物不是可以被掩盖的，围住的，封锁的。”老师肯定了他的说法。

又有一个女孩子站起来说：“从‘关’这个字还可以看出春天的植物有一种旺盛的生命力。”

“美好的事物具有旺盛的生命力，你是关不住的，你是封锁不住的。”老师把她的意见又重复了一遍。

这时，又一个男生起来说：“一切新生事物的发展是无法阻止的。”他的发言博得了大家的一致称赞，连干老师也赞说：“了不得！”这个孩子把这种生命力的不可遏制的发展势头表达出来了。

“我这里再介绍一首诗，大家来看一下。”看到学生对于本诗主旨悟得差不多了，干老师又引入新的内容。大屏幕上《游园不值》诗句的旁边又出现了另一首诗：杨万里的《桂源铺》。学生读完后，有学生说两首诗一样。干老师故意装糊涂，问：“这两首诗明明不一样嘛，一个写的是春色与杏花，一个写的是小溪，哪会一样？”

很多孩子把手举了起来，老师请一个没有发过言的男生来说，他站起来，很流畅地说道：“新生的美好事物，是拦不住的，即使有千难万阻，嗯，终究还是拦不住的。”他最后的一句逗得大家都乐了。

“嗯，我们来看一下这首诗。这里的‘万山’像什么？”老师让大家进行比较阅读。

“围墙。”“柴扉。”学生说。

“那这里的‘一溪’和‘堂堂溪水’象征什么？”

“春色和一枝红杏。”学生仍然很准确。

“这里的‘不许’就是‘关’，然后拦住了就是‘喧’，也表示‘满’，最后的结果是什么？”

“出！”学生声音中透出的力量也是不可遏制的。

“道理刚才那个同学已经说了，一切美好的事物是封锁不住，禁锢不了的。它必能冲破任何束缚，蓬勃发展。”

又有一个女生忍不住站起来发表感受，说这两首诗都表达了一种要发展的“坚决的心”。

在这样的感受中，大家又把这两首诗有感情地读了一遍。

“我们经过了四个步骤：读、背、理解，最后要领悟它的意思，现在再看这首诗，它跟刚才上课之前看的一样吗？”于老师把这两节课学习本诗的四步法在大屏幕上投出，再问学生。

“不一样了。”学生很有感触。

“好，带着这不一样，再来读一遍。”

这一遍学生读得非常好。

红杏出墙的现代符码

“既然‘春色满园关不住，一枝红杏出墙来’，我们是不是应该像红杏一样，‘红杏出墙’？”此时，大屏幕上出现了“红杏出墙”这个成语，后面被重重打上了“？”。

学生都笑了。

老师叫了几个同学回答为什么不能“红杏出墙”，限于生活经验，所以学生不理解，答非所问。于是老师把成语词典上的注释投在大屏幕上，向学生略略介绍了“红杏出墙”这一句本出自叶绍翁诗句，用以赞美新生美好事物蓬勃的生命力的密码，在现代社会中又被赋予了新的密码含义。

成语：红杏出墙

解释：形容春色正浓，情趣盎然。

出处：宋·叶绍翁《游园不值》："春色满园关不住，一枝红杏出墙来。"

语法：主谓式、做主语、指妻子有外遇。

看到后，学生都笑起来，笑得也有些神秘了。

"我为什么要提醒这一点，同学们，我们写文章的时候，难免会用到一些典故，今天我们学了《游园不值》，就写：我要像红杏一样勇敢地出墙。"学生听了后又大笑了。

"本来是这样的意思，可是被后来人用用用，好好的一句诗就给用歪了。要表达这种精神，'春色满园关不住，一枝红杏出墙来'就已经用不了了，怎么办？这首诗记住又忘掉，我们学这首诗——《桂源铺》，读！"

伴着美妙的图画，"堂堂溪水出前村"的不可阻挡的气势，孩子们开始大声诵读《桂源铺》。

"我们生命的小溪万一被拦住了，你能不能停止啊？"

"不能！"

是啊，我生命的溪水哪怕被"拦得溪声日夜喧"，但是我也不会放弃努力，我相信"到得前头山脚尽"，我这"堂堂溪水出前村"！

课后对话

陈金铭：干老师此课意义比之前的《六月二十七日望湖楼醉书》还要大。此课对符码、互文、诗眼等解诗路径的讲解淋漓尽致。

干国祥：宋诗之理，如何从诗句中提取？学生语言的精彩超过我的想象。归纳得竟然如此精确！

陈金铭：诸向阳校长说，此课对解读武器的运用是非常"自觉"的，我完全同意。能从课上学其法，这是学习这首诗，或者说是学习宋诗的最大收获。或许唐诗或者其他能给人兴发感动的诗能用王国维的感发之路去解，而此诗的解读显然不宜直接兴发感动。没有前面的“密码”的破解，后面的“兴发”纯属高飘。从一定意义上说，我们老师一般所采用的创设情境、感悟诗情等，是“兴发感动”的一种低劣的变形运用。

干国祥：关键在于“得其法”——可以迁移的，举一反三的方法。其实兴发，也能讲，也能有法可循。写诗，无法可依；解诗，有法可循。对后世诗歌，无论是唐诗宋词元曲，意象（符码）分析都是有价值的。但对早期诗歌，尤其是《诗经》及汉诗，就难了。因为当时的符码还未成型，它处于形成之初，带有原初之辞的味道。

是的，这是苦心孤诣之类的诗词，即工于雕琢。所以我认为，它未达一流之境。杜甫也工诗，但是，仍然是兴发在先，雕琢在后。南宋诗歌，在生命力上大不如前辈，所以即使寻章摘句老雕虫，也少有大家。这样的诗，其实容易讲，因为其法显而易见。但讲李白就太难了，不好讲。只能心印声证。

《望湖楼醉书》难讲，但也能分析意象：翻墨、跳珠、卷地风、水如天。只是停留于此，是不可能抵达诗人的创造力与生命力的。可以说，叶绍翁只是利用既定意象，而苏轼则是创造意象。在文学批评界来看，苏是强劲有力度的诗人，而叶绍翁只是继承传统的二三流诗人。后者更能讲传统的符码（意象），而前者，则绝对不会被这些所囿。但是，《望湖楼醉书》和《归园田居》则非常难。虽然前面部分也一样是意象分析云云，但是，若无后面的提升，事实上是没有抵达诗的较本真的境界。而就这一点来说，老师们不是学养不够，而是生命力不够。不过这已经超越有效教学的范围，而回到深度语文当初所讲的存在之境，只能暂时放过。

感谢与说明

感谢所有关注、参与新教育实验构筑理想课堂项目的老师们。

尤其是感谢历次主持本项目的老师，以及主持新教育有效教学框架研讨的陈金铭、王云两任项目主持人。

感谢新教育小学（宝应）的老师们，本书中的许多课例，就是从大家共同生活、共同研究的大量案例中择取出来的。

感谢山西绛县等试用新教育有效框架推进教学改革的实验区、实验学校和实验老师，正是你们的热忱和真诚，激励着我们不断地向前迈进。

“构筑理想课堂”是新教育实验第二阶段的三大项目之一，它和“教师专业发展”“新教育儿童课程（晨诵、午读、暮省）”一道构成了本阶段实验的主体内容，并和“六大行动”“每月一事”等项目，共同构成了新教育实验的课程探索。

因为实验是一个永无止境的探索过程，所以，本书只是对三年来项目研究的一次小结，而不是一个完备的终点。因此，本项目书确定为2009年版，意在在未来的两三年内，通过在新教育基础学校和实验区更深入地推进、反思、修正，尤其是在学生的训练有素和整个学科课程的建设上，有了突破之后，再进行修订。